国学的天空

傅佩荣 著

CNS PUBLISHING & MEDIA 岳麓書社 博集天卷 CS-BOOKY

前言

国学的天空

“国学”是个宽泛的名词，但是不论你如何分类，都会把儒家与道家列为重点。儒家的代表是孔子与孟子，道家呢？自然是老子与庄子了。

这四位古人最主要的身份是哲学家。哲学家的文章有三点特色，就是：澄清概念、设定判准、建构系统。譬如，孔子一再回答学生问“仁”，孟子多次说明“心之四端”，老子对“道”加以描述，庄子由各种角度形容“游”与“化”，这些概念都是他们各自的心得，用以掌握生命的真实本质。

其次，为了设定判准，对于真伪、善恶、美丑、是非，都必须反复检验，再提出一套合理的说辞，让读者在学习之后，可以明白人生应该何去何从。国学对现代人的意义，不就是要归结为价值观的塑造与补强吗？简单说来，学习儒家与道家之后，如果在言行上没有任何改变，那就不能算是学过了。

然后，最大的挑战是建构系统。譬如，孔子期许我们行善避恶，在必要时还应该杀身成仁。试问理由是什么？他的志向定为“老者安之，朋友信之，少者怀之”，这种人类历史上不曾实现过的理想为什么会成为他的志向呢？他说自己“五十而知天命”，又说“获罪于天，无所祷也”，那么“天”对孔子到底有何意义？把上述几个问题合并思考，就知道孔子的一贯之道的大概内容了。这一切构成了一个系统，而其动力来源则在于人的真诚。由真诚而觉悟内在的力量，由此呈现人格的尊严。

孟子把孔子的“仁”推广应用为“仁政”，但是他并未忽略具体生活的需求。他要强调的是“饱食暖衣，逸居而无教，则近于禽兽”。人与动物的差异只有一点点，那就是“心”。心有四端，可以扩充为四善：仁、义、礼、智。教育使人明善，配合真诚的自觉，产生行动的力量。孟子认为：人性与善的关系，就像“火之始然”“泉之始达”“兽之走圹”，亦即人性是向善的。“向”代表动力，在真诚时自然由内而发，“善”则是孝、悌、忠、信等德行，都是指涉“我与别人之间适当关系之实现”。个人的成就与群体的改善是不可分离的。儒家的基本性格亦在于此。

再看老子，他在面对天下大乱时，为了化解虚无主义的危机，做了极深刻的思考，展示了深邃的智慧。试问：万物在生灭变化的过程中，难道只是幻觉吗？或者，万物有一个来源与归宿？老子认为应该是有的，它是“独立而不改，周行而不殆”的，无以名之，勉强称之为“道”。换言之，道是究竟真实，是一切相对而无常的万物之底基。若是离开了道，一切只是梦幻泡影。因此，人生只有一个目标，就是悟道。

到了庄子手上，悟道之后还要与道同游。“以道观之，物无贵贱”，万物平等，人也不妨敞开胸怀，进而欣赏万物，这称作“天地有大美而不言”。在处世态度上，则以“外化而内不化”为原则。外表上顺其自然，但是“顺人而不失己”，内心从未脱离道，有如鱼之相忘于江湖。

香港凤凰卫视在2008年上半年约我主讲《国学天空》，每集八分钟，共讲了一百三十七集。我珍惜这个机会，把自己长期以来对于儒家和道家的研究心得，一点一滴地向电视观众做了介绍。八分钟很短，每一次只能就《论语》《孟子》《老子》《庄子》这四本经典中的一句话加以引申发挥。如何选择材料，就成为挑战的焦点了。现在这些材料集结在一起，我再度细读一遍，可以肯定地说：我没有错过任何一段重要的部分。希望这本书能为喜爱国学的朋友带来阅读的乐趣。

傅佩荣

目录

第一部 孔子的真诚

第一章 立志于学

第二章 立志行仁

第二部 孟子的向善

第一章　人性向善

第二章　人格之美

第三章　人我之间

第四章　仁政理想

第五章　自我超越

第三部 老子的智慧

第一章　老子的道

第二章　圣人之道

第三章　治国之道

第四章　立身之道

第五章　阅世之道

第四部

庄子的逍遥

第一章　转化生命

第二章　修炼方法

第三章　审美情操

第四章　处世态度

第五章　与道相通

第一部

孔子的真诚

第一章　立志于学

1.孔子之学

孔子，名丘，字仲尼，生于公元前551年，时为春秋时代末期，周室衰亡，礼乐崩坏，文化传统濒于断绝。孔子的祖先为宋国人（殷朝后代），后迁于鲁国定居。他生于鲁国郰邑（今山东曲阜市附近的尼山），三岁时，父亲叔梁纥去世；他由母亲颜征在抚养长大，接受一般乡村孩子的教育，至十五岁告一段落，再自己立志学习，终于以博学知礼而闻名。

孔子十七岁时，母亲去世。二十岁时娶亓官氏（宋国人）为妻，翌年生子孔鲤。孔子做过的职业包括委吏（管理仓库）、乘田（管理牧场）与助丧（承办丧事）等。三十岁前后就有学生求教并追随他，形成一个独特的师生团体，以讲学修德与治国利民为其目标。孔子学不厌而教不倦，学问与见识渐成系统，四十岁已可“不惑”，五十岁达到“知天命”，明白自己的天赋使命乃承启文化道统。五十一岁至五十五岁，孔子在鲁国从政，先后当过中都宰（县长）、小司空（工程部门副长官）、司寇（司法部门长官）等职，位列大夫，政绩卓越。但由于与当权者政见不合，且不满鲁定公沉湎美色等，终于去职离乡，开始周游列国。这一去，便是十四年，遍历卫、曹、宋、郑、陈、蔡各国，推行教化，知其不可为而为之，甚至两度面临生命危险。六十八岁时，鲁国新的执政者正式召请他回国。七十岁，独子孔鲤去世。七十一岁，他最喜爱的弟子颜渊去世。七十二岁，忠心耿耿的学生子路去世。七十三岁，孔子辞世。

综观孔子这一生，其实并没有什么惊天动地的大事业，但却以身教和言教开启了中国历史上最具影响力的儒家学派，成为两千五百多年来最伟大的“至圣先师”。孔子的智慧是什么呢？首先即是“真诚”。人若真诚，将能体察内心有一股自我要求的力量，期待自己去行善。所谓“行善”，是指努力实现“人与人之间的适当关系”，亦即包含古代所说的五伦以及今日复杂多样的人际关系。由真诚引发的社会关怀，将会随着个人角色的变动而由近及远，其最高目标则是孔子亲口叙述的志向：“老者安之，朋友信之，少者怀之。”这个看似不可能的任务，正好反映了人类生命的最高价值。只要肯定自己正在朝着这个目标前进，自然可以心安理得。

其次，孔子重视知识和教育，给予理性思维极高的评价。他立志之后就非常好学，而且坚持了一辈子。他说：“十室之邑，必有忠信如丘者焉，不如丘之好学也。”（《论语・公冶长》）有十家人的地方，必定有忠信如我的人，但却不像我这么好学。事实上，他凭什么断定呢？就是因为他无时无刻不在读书、学习。他说：“三人行，必有我师焉。”一个人在世上生活，只要耳聪目明，能够开放心灵，那么整个宇宙、人类都可以当他的老师。到了最后，这样的人往往是最杰出的，因为他得到了众善之所长，就像所有的河流汇集到江海一样。这就是孔子立志向学的情形。

孔子的学问有三个特点：

一、学习传统。传统包括《诗》《书》《易》《礼》《乐》五经。诗代表文学，书代表历史，易指哲学，礼是社会规范，乐则是艺术修养。此外，还有六艺，即礼、乐、射、御、书、数。礼是礼仪，乐是音乐，射是射箭，御是驾车，而书、数则是书写、计算等技能。当时的人只要具备这六项技能，就可以在社会上立足了。孔子不仅学习传统的智慧结晶，也习得传统的技能，到他三十岁的时候，已经展现为一个人才的典范了。

二、学思并重。孔子知道光靠学习是不够的，还必须思考，否则一味接受外来的资料与信息，没有一个中心思想予以统合，难免导致混乱。他说："学而不思则罔，思而不学则殆。"（《论语·为政》）光学习而不思考，到最后毫无心得，白学了；反过来，如果只就自己的生活经验去思考而不念书学习，就会陷于迷惑。别的不讲，光是善恶报应，你就搞不清楚。

三、学行并重。孔子的学并非只是一种理论而已，同时也是一种道德实践。孔子说："君子食无求饱，居无求安，敏于事而慎于言，就有道而正焉，可谓好学也已。"（《论语·学而》）也就是说，"好学"首先要降低物质享受的欲望，其次要在言行上磨炼自己，然后再虚心向良师请益，使自己走上正途。此外，孔子还说："弟子，入则孝，出则悌，谨而信，泛爱众，而亲仁。行有余力，则以学文。"（《论语·学而》）把该做的事认真做好，行有余力，再去努力学习书本上的知识。有一次鲁哀公问他，你这么多学生里面，谁最"好学"？孔子说只有一个学生颜渊好学，很可惜已经过世了。为什么只有颜渊好学？因为颜渊"不迁怒，不贰过"。这乃是道德实践的表现，也说明了好学和具体的行动有关。

孔子立志于学，不是为了独善其身，而是为了"己立立人，己达达人"，因此他在"学不厌"之后，还要"诲不倦"，由学而教，为人师表，开启了平民教育的先河。他有教无类，有弟子三千，贤者七十二人。这些人各在德行、言语、政事、文学方面有所成就，成为当时知识阶层的中坚力量，并且汇聚为儒家学派，影响中国人生活的方方面面，直至今日。

2.珍惜时间

走在人生路上，很多人会觉得时间过得很快，过去的一切想留也留不住，未来呢，又很难去把握。孔子有一次站在河边说："逝者如斯夫，不舍昼夜。”（《论语·子罕》）消失的一切就像这样啊，白天黑夜都不停息。“逝者”指时光，也是时光中的事件，人的生命当然也在其中。人的生命是在时间里展开的，你只有把握住时间，才能让自己的人生不至于虚度。而人生不虚度又是为了什么呢？如果你把目标放在外在的事业成就上面，那也是一种选择；但在孔子看来，人把握时间的目的是要“造就自己”。

孔子在年轻的时候，对于时间就有特殊的体认。别人恭维他是“天纵之圣”，孔子说，不是这样的，一方面“我非生而知之者，好古，敏以求之者也”（《论语·述而》），是靠着努力向古代的圣贤学习，逐渐温故知新、融会贯通，才取得眼前的成绩；另一方面是因为“吾少也贱，故多能鄙事”，年轻时家里贫困，没什么社会地位，为了养家糊口，不得不学会一些琐碎的技艺。据孟子的记载，孔子曾替人看管仓库，把账目写得清清楚楚；后来被派去管理牧场，一年下来，牛羊健壮，繁殖很多，因此受到别人的信赖。

尽管做了这么多零碎、卑微的工作，但孔子从来没有忘记一件事：学习。他利用一切时间学习知识，提高自己的文化修养。在他生活的时代，普通人家的子弟到十五岁就不能再念书了，大学是专门为贵族子弟开设的。孔子不仅自学了所有大学的内容，而且比一般贵族子弟还学得好，以至鲁国的贵族孟氏请孔子当家教，教他的孩子礼仪。到了“三十而立”之后，孔子仍不放弃自我成长的机会。他说：“吾不试，故艺。”我不曾为国家所用，所以学得一些技艺。学习技艺的目的是谋得一官半职，可以发挥所长，贡献社会人群；现在所谋未遂，只好继续培养各种专长，等待时机成熟。这种态度对我们现代人深具启发。一个人在年轻的时候，必须了解生命是有阶段的，你要先充实自己；如果没有机会，自己要先培养好条件，机会一出现，自然可以把握。孔子说，富与贵是每个人都要的。但问题是，你够这个条件吗？如果条件不够，时机不成熟，那你就要安分，把自己的事情先做好。怎么做呢？珍惜时间，修炼自己，“不患人之不己知，患其不能也”。

孔子提到两种浪费时间的情况是“难矣哉”，很难走上人生的正路。第一种是：

饱食终日，无所用心，难矣哉！不有博弈者乎？为之，犹贤乎已。

（《论语 · 阳货》）

整天吃饱了饭，对什么事都不花心思，这样很难走上人生正途啊！不是有掷骰子下棋的游戏吗？去玩玩也比这样无聊要好些！

人最怕两个字：无聊。有一次一位母亲跟我聊天，谈起她怎么教育孩子。她对念小学五年级的孩子说，假设你是妈妈，会怎么教导像你这样的孩子？结果小孩说，你不让我无聊就好了。换句话说，从小到大，每个人都怕无聊。无聊之后怎么办呢？说不定就会“饱食终日，无所用心”。孔子建议说，那你还不如去博弈吧。“博弈”两个字要特别小心，不要当成“赌博”。孔子劝我们赌博，那还得了？博弈是指游戏。人类为什么需要游戏？因为人活在世上，受到各种条件的限制，大部分的成与败都定了，很少有人可以改变。这时候通过游戏制订一个规则，老板也好，员工也好，大家机会均等，按规矩来玩，每一个人都有获胜的机会，人生的压力也许就能在游戏中化解一点。所以孔子说，你无聊的时候就算去玩游戏，下棋也好，打篮球也好，打高尔夫球也好，不管玩什么，都比纯粹浪费时间要好。

第二种浪费时间的情况是：

群居终日，言不及义，好行小慧，难矣哉！

（《论语 · 卫灵公》）

一群人整天在一起相处，说的是无关道义的话，又喜欢卖弄小聪明，实在很难走上人生正途。

我有一个朋友在中学教书，一天中午休息时间，他坐在校园的一棵大树下面。树的另一边有三四个同学，不知道那一边有老师在听，他们就聊天。我朋友说，他听学生聊天聊了半个小时，最后得出一个结论，他们讲的话没有一句是有意义的。我听了跟他说，学生上课已经很辛苦了，你叫他们下课聊天还要讲有意义的话，不是太严苛了吗？而且到底有没有意义，也不能以老师的标准来判断。但是，不管怎么样，我们要提醒自己，讲话最好言之有物，你说什么事情，表达什么思想或情感，说出来要很具体、明确；不要整天言不及义，扯一些八卦新闻，或者卖弄自己的小聪明，这样是很难走上人生正路的。

孔子非常了解时间在生命发展上所具有的意义，人都有一种潜能，只要活着就可能登上更高的境界。所以，走上人生正路的第一步，就是要懂得珍惜时间。一个人如果在年轻的时候，懂得把握时间，很可能有不凡的未来。孔子说“后生可畏”，年轻人值得敬重，因为你不知道他们将来的表现怎么样。我们有时候看年轻人好像一代不如一代，又不用功又不长进，但是先不要这么快下结论，年轻人是说觉悟就觉悟，说奋斗就奋斗，经常因为听到一句话或看到一句话，就突然想通了，所以“焉知来者之不如今也？”不过，孔子在这句话后面加了一句，“四十、五十而无闻焉，斯亦不足畏也已”，一个人如果到了四五十岁还没什么好名声的话，那就没有什么好值得尊重了。为什么？因为名声是慢慢培养起来的，等到四五十岁的时候，人生已经过去了一大半，这时候还没有培养起好名声，就说明他不用心，没有在成长的过程中努力奋斗，这是很可惜的。

3.用心专注

懂得了珍惜时间，就要好好利用时间进行学习。学习的秘诀是什么？用心专注。

子曰：“学如不及，犹恐失之。”

（《论语·泰伯》）

孔子说：“学习时要像赶不上什么一样，赶上了还担心会失去啊。”

在孔子看来，学习好像赶火车一样，很怕赶不上，赶上了还怕会失去。

火车赶上之后，就不用担心了，自然可以抵达目的地。但学习不同，学习最怕考试的时候忘记，念了半天，睡一觉起来要考试了，忘了，怎么办？再念。很多知识熟能生巧，多念几遍慢慢熟悉了，然后加以实践，久而久之就变成你的一种能力。我们常常讲，知识与能力两者要配合起来，能“知”也能“行”，才是真正的学习心得。

孔子有一个学生叫子夏，说了一句很好的话。他说什么叫好学，“日知其所亡，月无忘其所能，可谓好学也已矣”，每天学习一点新东西，每个月再复习自己学过的，希望所学的没有忘记，这就是好学了。孔子的另一位学生子贡，特别聪明，口才好，喜欢评论比较，说谁比谁杰出，谁哪一方面更好。孔子劝他：“赐也贤乎哉？夫我则不暇。”子贡，你已经很杰出了吗？要是我，是没有空闲的。换句话说，你没有时间去管别人的闲事，要管是管不完的，每天多少八卦新闻，多少莫名其妙的事情，你如果去关心这些事情，还剩下多少时间专心读书呢？就像现在很多人喜欢看电视、上网，每天去追逐很多新的讯息，说不定过几天又会发现这些信息是错的、假的，既然如此当初又何必花那么多时间去关心呢？所以孔子说，你去管别人的闲事，去比较谁好谁坏，去追逐新的信息，还不如安静下来，修养自己，把所有时间用来专心学习。

据我所知，不管哪个国家，所有伟大的人物在年轻时没有不喜欢专心学习的。也许后来有了成就，事情多了，心思不再能专注在学习上，但在他年轻的时候，要胜过同时代的人，要找到自己生命的方向，就一定要去用功读书。譬如拿破仑，他说自己年轻的时候，抓到任何书都好像海绵吸水一样，拼命念。因为他出身背景不好，没有什么学习机会，所以抓到书就念，而且学了之后还能够消化吸收，成为自己的心得，所以后来才能建立很大的功业。再譬如希腊的亚历山大大帝，虽然只活了三十几岁，但在小时候有幸遇到一位好老师：亚里士多德。亚里士多德是古希腊大哲学家，他到马其顿宫廷去教十三岁的王子，这个王子后来成为亚历山大大帝。亚历山大大帝之所以会在那么早的时代就能有一种全球化的观念，要把他的功业推广到世界各洲，就跟他从小跟着伟大的老师专心学习有关。知识开阔了他的心胸，开阔了他的视野，使他的眼界超出了同时代的人。可惜他后来走偏了，只知道用武力去征伐其他国家。所以，一个人在年轻的时候，不要管别人的闲事，养成专心学习的习惯非常重要。因为年轻人心思比较单纯，记忆力又好，这时候不学习就可惜了。而年轻时候学习，等于积累了资源，为将来的工作生活打下了基础，一旦有机会学以致用，就会爆发出潜力，使人刮目相看。

《孟子》里有一个故事，说有两个智商差不多的人，同时拜在围棋国手弈秋的门下学习，结果学习成绩大不相同。原因何在？因为第一位同学专心致志，认真听讲；第二位同学胡思乱想，以为会有天鹅飞来，准备要拿弓箭射它，最后当然学习效果不同。《庄子》里也讲了一个故事，说孔子看到一位老人家粘蝉，技术出神入化，像在地上捡树叶一样，很快把一麻袋装满了。孔子请教他，老人家你怎么有这样的本事？老人讲得很简单：我用心专注，天地那么大，都不能拿来跟我交换蝉的翅膀。为什么？因为各种诱惑我通通不看，只看蝉的翅膀。换句话说，你做什么就要像什么，今天做这件事就把它做好，现在念这本书就不要去想别的书。如果学开车，心中想到游泳；学游泳，又想到打字；学打字，又念念不忘下棋，那么到头来注定什么都学不成。我记得我们以前念书的时候，上数学课看英文，上英文课看数学，为什么？因为下节课要考那一科。结果该上的课没上好，拼命准备下次要考的试，到最后每一科上课都不专心，只是应付考试而已。所以，不管你是正在学习还是做一件事情，不妨问问自己，我能用心专注吗？能像孔子那样，把学习当成赶火车吗？能够赶上了，还害怕失去吗？如果能做到这一点，那么，什么都可能学会。

4.把握时机

“学而时习之，不亦说乎？”两千多年来，中国所有的读书人从小就对这句话朗朗上口。这话什么意思呢？我跟学生说：“请你们用白话翻译一遍。”学生一听，没反应了。为什么？这么简单的问题，恐怕有诈。经我再三鼓励，有个学生站起来说：“这句话的意思是，学了以后时常去复习，不也觉得高兴吗？”他讲完以后，我说：“反对的请举手。”没人举手。我说：“那好，再问第二个问题。从小学念到大学，哪一个人是学了以后时常复习而高兴的，请举手。”没人举手。怎么回事？是孔子讲得不对，还是我们没念懂？我想是我们念错了。

子曰：“学而时习之，不亦说乎？”

（《论语·学而》）

孔子说：“学了做人处世的道理，并在适当的时候印证练习，不也觉得高兴吗？”

这里的“时”不是“时常”的意思，是“适当的时候”。譬如你孝顺父母，要父母在场，才能够孝顺；你学习游泳，要在游泳池里或者江河湖水里，才能够练习。一个人无论是学习任何东西，还是做人做事，都要在适当的时候对自己的所学加以印证练习，这样就会感觉到高兴。为什么呢？因为你通过实践，有了体会，有了心得，觉得以前不懂的现在懂了，以前不会的现在会了，觉得自己的生命成长了，当然高兴。其实，不光学习是这样，治理国家也一样。孔子说管理一个国家要“使民以时”，选择适当的时候征用老百姓服劳役。古代是农业社会，春耕、夏耘、秋收、冬藏，让老百姓在春天筑长城、修水坝，那农田怎么办？到了秋天，没有收成，明年怎么办？所以孔子说，让老百姓去服劳役，也要找适当的时机，不要违背农业社会的基本原则。

孔子教导学生，能够做到随时点拨，因材施教。有一次他带着弟子经过一座山上的桥梁，看到几只山鸡“色斯举矣，翔而后集”（《论语·乡党》），人的脸色稍有变化，山鸡就飞起来了，在天空盘旋一阵之后，再聚到一起。为什么人的脸色一变，山鸡就飞走了呢？在旅游景点或广场之类的地方喂过鸽子的朋友大概有类似体会。这些观赏鸽有时候赶都赶不走，在你身边跳来跳去，希望你给它一点食物吃，但是如果你起了念头，心想我抓一只来吃烤鸽，它立刻就飞走了。为什么？因为鸽子会看人的脸色。人一有意念，就有一种力量表现出来。譬如我们看武侠小说，常常看到一个人还没出现，杀气就来了，因为这个人动了杀人的念头。念头也是一种力量，亦即所谓的“念力”，动物很敏感，看到人的脸色一变，知道这个人恐怕要对自己不利了，立刻飞走。飞走之后，看看没事，再飞回来。孔子看到这种情况，称赞这些会看脸色的母山鸡，“山梁雌雉，时哉时哉”，说它们懂得时宜，该飞就飞，该停就停，能够判断时机。子路听见老师称赞山鸡后，就向这些山鸡拱拱手。结果他一拱手，山鸡又飞走了。

从这段故事可以看出，孔子随时随地观察自然界的现象，加工之后作为教材来教导学生。这个故事提醒我们，人也应该依时机而行动，懂得判断“时”的重要性。孟子就曾推举孔子为“圣之时者”，能够随着时机改变而调整观念与行为，当进则进，该退则退，做任何事都能够恰如其分，这非有高度的智慧和修养不可。我们学习儒家，也要注意时机的重要性，随时随地去寻找启发自己的机会。因为老师不见得常常在你身边，你自己要培养出比较敏感的心灵，看问题看事物，要想想自己能从中得到什么样的启发，学到什么样的教训。只要有任何一点可以让你学习的，就要珍惜它，然后在生活里加以实践印证。人生其实没有秘诀，就看你如何把握时机，“学而时习之”，用心专注，不断提高能力，让自己不断成长。这样的人生，肯定愈来愈丰富。

5.不厌不倦

“学不厌，教不倦”这句话我们从小都知道。我自己在大学教书快三十年，很惭愧我是学就厌，教就倦。为什么？因为书是看不完的，念到最后发现能够既有心得又有创见真是太难了。学习要有真正的心得，必须配合实践；没有实践，只是书呆子而已。至于“教就倦”，是因为老师在学校教书，“学生是过客，老师是归人”，学生来来去去，老师每年面对不同的学生，教同样的教材，真的需要很大的耐心。但孔子不一样，他能够学不厌、教不倦，所以令人佩服。

子曰：“默而识之，学而不厌，诲人不倦，何有于我哉？”

（《论语·述而》）

孔子说：“默默存思所见所闻，认真学习而不厌烦，教导别人而不倦怠，这些事情我做到了多少？”

孔子的特色是看到什么听到什么，就默默地把它记下来，学习而不厌烦，教人而不倦怠。接着他说：“何有于我哉？”这句话有两种解释，第一种有点夸张，解释为这些事太容易了，“对我有何困难”，但这不太像孔子说话的口气，孔子是很谦虚的人，不会这么骄傲；第二种解释是“何者能有于我”，好像这些事情我都没有做到，这又太谦虚了，也不符合孔子的风格。孔子是“知之为知之，不知为不知，是知也”，很真诚，对于自己知道或做到的事，不会故意谦虚。我的理解是，“何有于我哉”，这些事我做到了多少？在此，“多少”是侧重“程度”而言，表示已经做得不错了，但还要提醒自己继续努力，求其更为完美。人生要常常记得“不错但是不够”这句话，这也是我的座右铭之一。譬如念书念得不错但还不够，代表你可以念得更好；做事做得不错但还不够，代表你可以做得更好。只要想到还不够，人就有了奋发向上的动力。

《论语》另一个地方也提到“诲人不倦”。

子曰：“若圣与仁，则吾岂敢？抑为之不厌，诲人不倦，则可谓云尔已矣。”

（《论语·述而》）

孔子说：“像圣与仁的境界，我怎么敢当？如果说是以此为目标，努力实践而不厌烦，教导别人而不厌倦，那么或许我还可以做到。”

孔子说这话说明有人称赞他。因为他在鲁国教的很多学生，后来都有杰出的表现，有人就说，孔老先生您应该也算是圣人和仁者了吧。孔子听到之后，说“则吾岂敢”，不敢当。这倒不是客套话，孔子既不会骄傲自大，也不至故意谦虚。他说，有十家人住的地方，一定有人跟我一样忠信，但是比不上我这么好学。可见，他对自己比别人好学这一点是很自信的。但是圣人和仁者这两种境界太高了，他说我不敢当，我能做的只是把圣与仁作为目标，不断地实践而不厌烦，不断地教导学生而不倦怠罢了。“学而不厌”“为之不厌”，知行配合，学习和实践都不厌烦；光学习不厌烦，只是书念得好，配合实践而不厌烦，那就不简单了。这就是“不错但是不够”，好了还要更好，永远向上去奋斗。

但“诲人不倦”只是老师的工作吗？不是的，至少有三种情况与此有关。第一种是老师教学生，第二种是父母教子女，第三种是长官或老板教导下属或同人。你自己有很多经验和智慧，可是教导别人的时候会不会不耐烦呢？会的话，就要记得孟子那句话“人之患，在好为人师”，人们的毛病就是喜欢充当别人的老师，喜欢教导别人这样做那样做，但你自己做到了没有呢？不一定。孟子做了一个比喻，说一个人最大的毛病是自己的田不耕，去耕别人的田，耕到最后有收成的是别人，自己的田反而荒芜了，这太可惜了。所以，你如果要教导别人，自己先要修养好。这是儒家的思想。怎么修养呢？孔子提醒我们四个字：不厌不倦。

学习的内容其实非常多，可以学习不同的学科，不同的知识，向不同的人请教，这一下学习就变得多元化、多样化了，让人感到很丰富、很有趣，不会感到厌倦；另一方面，在实践的时候，一次没做好，就再做一次，别人一次做完，我做一百次，别人十次做完，我做一千次，最后自然而然就做成了。至于教导别人，要记得孟子的话，“人之患，在好为人师”，教别人做的事自己首先要做到，自己没做到，至少要跟别人说清楚，我们一起来努力，所谓“闻道有先后”，当老师的不见得比学生做得好，但是大家彼此鼓励，共同上进，就能一起向着目标奋斗。

6.老师帮不上忙

孔子虽然“诲人不倦”“有教无类”，但也有教不来的学生。西方学者说有三种职业特别需要合作。第一种是农夫，农夫再怎么辛勤耕耘，如果老天不配合不帮忙，也不会有好收成；第二种是医生，哪怕你是华佗再世，你开出的药方病人不肯按时吃药，不肯照吩咐去做，一样治不好病；第三种职业就是老师了，一个老师教一班学生，教出来的效果个个不同，有的学生终身受用，有的学生过耳即忘。为什么？学生的资质不同。孔子认为，有两种学生是不必教也教不来的。第一种是不愿意反省自己、认识自己的人。

子曰：“不曰‘如之何，如之何’者，吾末如之何也已矣。”

（《论语·卫灵公》）

孔子说：“不说‘怎么办，怎么办’来提醒自己的人，我对他也不知道怎么办才好。”

换句话说，如果你想从老师那里学到一点东西，你先要经常问自己“该怎么办”。因为能够回答问题的人，往往是提问者本身。我教书教很久了，有时候学生提问，我回答完了，学生说，这不是我的意思啊。可他的问题明明就是这样嘛。由此可知，回答问题的人有时并不能切中提问者真正关心的层面。况且就算老师再好，也不可能天天在你身边，你提问题是在教室里，你碰到问题是在实际生活中，如果自己不能去反省思考，找到答案，老师也帮不上忙。所以，每一个人最好的老师是他自己。你要做自己的老师，同时也要做自己的学生，从过去的经验中去了解自己的个性，反思自己的特质。古希腊时代的德尔菲神殿上刻着一句话：“认识你自己。”这是探讨人生奥秘的箴言。直到现在还有许多心理学家喜欢跟人讲这句话。你要先认识自己，了解自己，思考这一生自己到底要追求什么。人生不能什么都要，你选择了这个目标，可能就要舍弃其他欲望。一个人只有先问过自己“该怎么办”之后，别人才有办法给你提供建议。所谓“自助者天助”，就是这个意思。

还有一种学生孔子是教不了的，就是乡愿。

孔子曰：“过我门而不入我室，我不憾焉者，其惟乡原乎！乡原，德之贼也。”

（《孟子·尽心下》）

孔子说：“走过我的门口而不进我的屋子，我不感到遗憾的，大概只有乡愿吧！乡愿是伤害道德的人。”

乡愿为什么是伤害道德的人呢？因为他就是一般所谓的好好先生，貌似忠厚而其实没有原则（或许这就是他的原则）。他们谁都不得罪，表面媚俗而心中毫无理想。譬如他看到有人吵架，就说你们不要吵了，你们两个都对。这种息事宁人、做和事佬的态度将导致是非善恶不分，只想着大家凑合着继续过日子算了。这种人一多，社会还有正义吗？讲得更明白一点，乡愿是不真诚的人，而儒家最强调真诚，强调自我反省，随时注意自己跟别人之间的关系是否适当。所以孔子虽然有教无类，但有一种学生不教，就是乡愿，因为他不真诚。

事实上，乡愿自己也绝对不会向孔子请教，因为他认为自己早就认清了是非善恶的标准，知道“在什么情况下，对什么人，说什么话，做什么事”，聪明才智都用在察言观色、送往迎来上面，不但不会得罪人，反而人人都满意他，好人如此，坏人亦然。像子贡这么杰出的学生，都难免觉得困惑。他请教孔子：“乡人皆好之，何如？”古人安土重迁，一乡之人久居一地，不难互相认识。如果乡人都喜欢他，这个人怎么样？反之，“乡人皆恶之，何如”？孔子的回答令人惊讶。他说：“不如乡人之善者好之，其不善者恶之。”让好人喜欢我，坏人讨厌我，这是最理想的。

在今日资讯发达的时代，真正的乡愿要想面面俱到，讨好每一个人，其实是不太可能的。以大家熟知的“利益团体”一词来说，往往不分是非，只看利益，而利益必然是互相冲突的。要做乡愿，势必十分辛苦，让人同情。即使如此，乡愿的心态仍然到处可见，如“见人说人话，见鬼说鬼话”，对上级唯唯诺诺、奉承讨好，对部属疾言厉色、端出架子。做不成乡愿，却做成了小人。这样的人，孔子不教，是一点遗憾都没有的。

7.学生不争气

每一位老师都希望教出好学生，就像父母都希望孩子成龙成凤一样。历史上最令人羡慕的老师是谁呢？苏格拉底。苏格拉底没写过一个字，却成为大哲学家，就靠他教到的一位好学生：柏拉图。柏拉图的《对话录》把老师苏格拉底的思想用文字表达出来和记录下来。

孔子也有一位非常杰出的学生叫冉有，列政事科第一名。孔子的学生分德行、言语、政事、文学四科。政事科是当官从政的学生，第一名冉有，第二名子路。子路年纪比冉有大得多，孔子却把他放在冉有后面。孔子多次称赞冉有“艺”，多才多艺，能力很强。后来还推荐他做官，但是做得好不好呢？对于领导来说，非常好；对于底下人，就不一定了。结果，冉有当了官，反倒成了孔子学生中的反面教材。

季氏旅于泰山。子谓冉有曰：“女弗能救与？”对曰：“不能。”子曰：“呜呼！曾谓泰山不如林放乎？”

（《论语·八佾》）

季氏将去祭祀泰山。孔子对冉有说：“你不能阻止他吗？”冉有回答：“不能。”孔子说：“呜呼！难道你们认为泰山之神不像林放一样懂得礼吗？”

林放也算孔子的学生，曾经向孔子“问礼之本”。孔子听了很高兴，说你提的真是大问题。“礼，与其奢也，宁俭；丧，与其易也，宁戚。”（《论语·八佾》）一般的礼，与其铺张奢侈，宁可俭约朴素；至于办丧事，与其礼仪周全，不如心中哀戚。这说明“礼”的本质在于内心情感是否真诚，而不在外在那些形式。当时冉有担任季氏的总管，按照礼的规定，只有天子与诸侯可以祭祀境内的山川，而季氏只是鲁国的大夫，本来是没有资格去祭祀泰山的。所以孔子让冉有劝季氏不要去，这是违背礼仪的事情。冉有也很诚实，他说，我劝不了。孔子说，呜呼！你以为泰山的神不懂得礼吗？

整部《论语》只有这个地方出现“呜呼”二字，代表孔子非常难过，对冉有很失望。“泰山”代表泰山的神。有些人做坏事的时候，怀着侥幸心理，心想下一次祭献多准备一点贡品，神就不会惩罚我吧，甚至还可能喜欢我。但是神如果真能被你买通，又怎么能算神呢？柏拉图的《对话录》里说，一件事情因为神喜欢才是好事，或一件事情因为是好事所以神喜欢。泰山的神当然属于第二种，你做了好事我才喜欢，而不是只要我喜欢你，你做的坏事也可以变好事。没有这样的神，有的话也不是善神，因为神的本质一定是赏善罚恶的。

孔子让冉有劝季氏不要去泰山祭神，冉有说，劝不了。他进一步解释说：

“非不说子之道，力不足也。”子曰：“力不足者，中道而废，今女画。”

（《论语·雍也》）

“我不是不喜欢老师的人生观，只是我的力量不够。”孔子说：“力量不够的人，走到半路才会放弃，你现在却是画地自限。”

冉有为自己辩解说：“我不是不想劝阻季氏，而是我的力量不够，做不到，说了季氏也不会听。”孔子怎么回答呢？他说：“你如果真的力量不够，总要去劝告一下，实在劝不动，你再放弃；但是你现在根本还没开始劝，就说劝不成，这不是画地自限，为自己找借口吗？”等于孔子根本不想听冉有的解释，对这个政事科第一名的学生很失望。

后来，冉有做的事就更加不能让孔子接受了。他帮季氏聚敛财富，以至季氏的财富超过了鲁国的国君。孔子看了真的很生气，他说冉有“非吾徒也，小子鸣鼓而攻之，可也”（《论语·先进》），冉有不再是我的同道了，各位同学可以敲着大鼓去批判他。“鸣鼓而攻之”，孔子说出这么严厉的话，等于承认自己教学失败，希望其他弟子找一个机会去批判冉有，让他及时悔悟。孔子认为读书人做官是为了造福百姓，而不是去讨好长官。结果冉有让他的长官越来越富有，这就说明百姓受到的盘剥愈来愈重。孔子对自己教出这么个不争气的学生，实在是非常失望。

8.学生启发老师

教学相长。老师教导学生，学生有时候也会启发老师，像韩愈说的："弟子不必不如师，师不必贤于弟子，闻道有先后，术业有专攻。"在孔子的学生中，谁能带给孔子启发呢？《论语》里提到的只有一个子夏。

子夏问曰："'巧笑倩兮，美目盼兮，素以为绚兮。'何谓也？"子曰："绘事后素。"曰："礼后乎？"子曰："起予者商也！始可与言《诗》已矣。"

（《论语·八佾》）

子夏请教说："'笑眯眯的脸真好看，滴溜溜的眼睛真漂亮，白色的衣服就已经光彩耀目了。'这句诗是什么意思？"孔子说："绘画时，最后才上白色。"子夏接着说："那么，礼是不是后来才产生的？"孔子说："能够带给我启发的，是商啊。现在可以与你谈《诗》了。"

子夏，姓卜，名商，字子夏，比孔子整整小四十五岁，是文学科的高才生。他对于文献知识、《诗经》《书经》特别熟悉。有一次他请教老师说，《诗经》里有一句话我不太懂，"巧笑倩兮，美目盼兮，素以为绚兮"是什么意思呢？前两句"巧笑倩兮，美目盼兮"出自《诗经·卫风·硕人》，是在形容一个女孩子天生丽质，一笑起来眼珠滴溜溜转，很好看；可是后面又加上一句"素以为绚兮"，穿上白色的衣服，非常光彩耀目。子夏觉得奇怪了，为什么非要穿上白色的衣服，才会很吸引人呢？

孔子回答了四个字：绘事后素。古代的绘画是先上各种颜色，最后以白色分布其间，使众色突显出来。这与后来的绘画不一样，后来人们能造出很好的白纸，画画是在白纸上绘彩色。而现在挖出来的汉帛都是有颜色的，接近咖啡色或树木的颜色，所以孔子那个时代画画要最后上白色，白色一上，前面黄的、红的、绿的、黑的全都突显出来。换句话说，白色本身没有颜色，却可以突显其他彩色。

因此，“绘事后素”是说一个女孩子丽质天生，底子好，不必多做装饰，只要穿上白色的衣服就很漂亮了。本来这时候可以下课了，子夏突然心血来潮，接着问了一句，“礼后乎？”礼是不是也是后来才产生的呢？孔子一听，非常高兴，“起予者商也”，能够带给我启发的是子夏啊，现在可以跟你谈谈《诗》了。为什么孔子听到子夏的问题这么高兴？这与他对人性的观察有关。很多人认为人是一张白纸，学了礼之后，等于加上了彩色，说话有礼貌，行事有分寸，文绉绉的。事实不然，按照孔子的理解，人性向善，本身就有各种各样的颜色，而礼是后加上去的，是白色的，学礼是为了使人性原有的美质展现出来。因为任何彩色都需要真诚的情感，礼就是把人真诚的情感恰到好处地表现出来。由此可知，儒家推崇“礼教”的目的，是让人的内心感受有一个表达的形式，这个形式是社会人群所共同接受的；而不是教人礼乐之后，变成一种包袱，反而束缚了人的自由天性。

《易经》里有一个“贲卦”，卦象上面是山，底下是火，亦即“山火贲”。《序卦》说，“贲者，饰也”，代表它可以作为装饰。讲贲卦时，有一句“上九：白贲，无咎”。《易经》每一卦分六爻，最后一爻叫上九或上六，这一爻大部分都有凶兆或不利之兆，但在贲卦里却是“无咎”的意思。意思是：你占到贲卦，本来是要装饰的，但记得用白色来装饰，就没有灾难了。为什么？因为白色是最好的装饰，能让你淳朴的本质和内在的本性突显出来。孔子认为，礼是白色的，它不是要给人性加上什么色彩，而是把人内在向善的本质表现出来。

第二章　立志行仁

1.立志行仁

自古以来，圣贤教人一定要先“立志”。志向不立好，等于没有方向。“志”是“士心为志”，士是念书人，念书人心之所向就是“志”。《论语》里孔子三次提到立志，第一次是立志于求学，第二次是立志于行仁，第三次是立志于行道或求道。所以谈到志向，三个字跟它有关，第一是学，第二是仁，第三是道。

“仁”是什么？《论语》五百一十二段话中，有五十九段讨论“仁”，“仁”字共出现了一百零九次。从《论语》开篇念起，第三段就是一段很短的话：

子曰：“巧言令色，鲜矣仁。”

（《论语 · 学而》）

孔子说：“说话美妙动听，表情讨好热络，这种人是很少有真诚心意的。”

孔子这么说是不是太严格了？在今天这个时代，假如你去求职，你说我不能巧言令色，我要刚毅木讷，那谁会让你工作呢？找工作的时候，你一定要设法把话说得好听，表情非常热络，才有机会。难道这样做就“鲜矣仁”吗？不要误会，这里的“仁”是指“真诚”。

学习儒家首先要知道“真诚”二字的重要性。因为人是所有动物里，唯一可能不真诚的动物。你什么时候看见猫学狗叫，或狗学猪叫的？没有。只有人会伪装，会造作，会选择我要以什么样的方式跟别人来往。西方人谈到“人格”用“person”这个字，“person”源于拉丁文“persona”，“面具”的意思，也即做一个人是要戴面具的。面具代表你有各种能力，扮演不同的角色。譬如碰到父母，你是子女；碰到兄弟姊妹，你是兄弟姊妹之一；在学校当老师，老师是你的面具；在家中为人妻，妻子也是你的面具。每一个人碰到不同的对象，他本身的角色和身份也要跟着调整。这是西方人的观察，儒家也一样。一个人怕就怕一辈子都不真诚，一直在演戏、作秀、玩假的，那就没意思了。

儒家讲“仁”，从真诚开始，不虚伪，不掩饰，犹如赤子之心。《中庸》讲：“诚之者，人之道也。”真诚是人生的正路。孔子说：“人而不仁，如礼何？人而不仁，如乐何？”礼乐是教化的主要内容，使人进入社会立身处世；但是如果只重外在的表现而忽略内心真实的情感，难免流于形式主义，装模作样，恰恰违背了礼乐的真正目的——让人有适当的途径去自我实现。

“真诚”牵涉两个问题：一、我要普遍地对每一个人都真诚；二、我的真诚也要看对象，什么样的对象要求我做什么事，我都用真诚的方式把事做好，把角色扮演好。所以，你可以“巧言令色”，但不要忘记内心的真诚。譬如我在学校教书很久了，上课也会巧言令色，说话美妙动听，表情讨好热络，但我的心是真诚的，是为了让学生愿意听。因此，只要能做到从真诚出发，巧言令色不是问题。

“仁”的第二要求是“主动”。人活在世界上，从小时候开始，大部分的行为都是被动的。父母叫我们做这个，做那个；老师教我们这样是对的，那样是错的；我们被要求守规矩，按原则，一切都纳入规范。如果有一天没有人管我们，没有人督促我们了，我们还会主动去做好事吗？很难讲，说不定只要没人注意，我们就胡作非为了。所以，一个人是否做到主动行仁，关系到他的生命是不是属于自己的。如果是被动的，什么事都要别人看着、管着，那你是在应付别人，万一出了事，也会找各种理由、借口。孔子有一句话叫：“仁远乎哉？我欲仁，斯仁至矣！”行仁的机会离我很远吗？不是的，只要我愿意，仁立刻就来了。譬如我坐公交车，上来一位老太太，我愿意让座，立刻可以行仁；我过马路，看到一位盲人伯伯，我帮他一把，马上也是行仁。每一个人在生活中，只要跟别人来往，一定有很多机会可以行仁，但是必须从被动变主动，成为自己愿意做的好事，才具有道德价值。孔子说：“为仁由己，而由人乎哉？”（《论语·颜渊》）一个人要行仁，须从自己开始，而不能从别人开始。别人不能帮你行仁，或强迫你行仁。如果是别人叫我做的，那我只是别人的意志工具而已。行仁需要有个主体性——就是你自己，主体性确立之后，才能有主动性。

综上所述，儒家所讲的“仁”有两个要求，一是真诚，二是主动。当这种真诚而主动的力量出现之后，就是孔子所谓的立志行仁，走上了人生的正路。走上人生正路，人格的尊严和价值会不断地展现出来，人的生命也具有了自我完善的可能。

2.行仁与为善

善与恶是我们熟悉的概念。有人问，既然儒家叫我们行仁，那么行仁与为善有什么关系呢？它们是同样的意思，还是有不同的内容？回答这个问题之前，我们先要问，孔子提到行仁以前，天下有没有好人？当然有，而且多得很。既然这样，孔子又何必另造一个“仁”字来鼓励大家呢，直接讲

"善"不就行了吗？可见，行仁和为善还是有差别的，关键在于一般人做好人往往是符合社会的规范或别人的期许，不见得知道为什么要做好人。知道人为什么要做好人、做好事，牵涉人性是什么的问题。

儒家关于人性的看法，基本上有两种立场，一是本善，一是向善。"向善"是我这些年来研究儒家的心得。孔子有没有说过人性是什么呢？没有明确说过，但他隐然接受的信念是"人性向善"。譬如他说："性相近也，习相远也。""性相近"是指性本善吗？如果是性本善，应该说性相同了。所以"性相近"是指性是具有可塑性的，在每个人身上只是相近而已。再譬如孔子说："子欲善而民善矣。君子之德风，小人之德草。草上之风，必偃。"当领导者体现出善行时，老百姓自然闻风景从，说明人性有向善的共同趋向。因此，"仁"这个字，虽然离不开"善"的含义，却不仅仅如此，孔子的"仁"与其说是名词，不如说是动名词，指涉动态的人之性——人性向善，同时也指涉动态的人之道——择善固执。所以，一个人立志行仁，是从真诚觉悟了内心向善力量而开始，积极主动地要求自己去为善，这样的善行是由内而发的，不是为了任何外在的目的，只是为了我该这么做。

子曰："苟志于仁矣，无恶也。"

（《论语·里仁》）

孔子说："只要立志行仁，就不会做坏事了。"

为什么？因为"仁"既真诚又主动，一个人真诚而主动地为善，代表他行仁的开始。在儒家思想里，真诚与邪恶是势不两立的，因为人性是向善的，人性向善有一个重要前提，即人要真诚。一个人真诚向善，才会自发地要求自己去做该做的事。

举个例子，一家小小的店面，贴着"童叟无欺"四个字。第一种考虑是为了我将来生意更好，不管老少，我一样价钱，绝不欺骗你们，讲信用；第二种是我不考虑将来生意好不好，只为了我应该"童叟无欺"，我就要做到"童叟无欺"。行仁与为善的差别就在于此，儒家的行仁是第二种，是一种自我要求，一种道德价值。我不考虑外在的利害，只考虑我该不该做。接着孔子讲了另外一段话：

子曰："唯仁者能好人，能恶人。"

（《论语·里仁》）

孔子说："只有行仁者能够做到喜爱好人，厌恶坏人。"

什么意思呢？通常我们一般人是喜欢朋友，讨厌敌人。但我们的敌人不见得就是坏人，他跟你为敌恐怕是因为利益或观念上的某些冲突。真正的仁者怎么做呢？客观判断，没有任何偏私之心或其他顾虑。不能因为这个人是我的朋友，他做了坏事我也包庇纵容；这个人是我的敌人，他做了好事，我也不去加以肯定。这样一来，就变成不问是非了。如果对方也按照这种方式来对待你，恐怕你就要受委屈了。所以，仁者对于坏人好人，都有一种客观的评价，绝不因为你是我的朋友或敌人，而丧失公正的原则。

这就是善者与仁者的差距，也许表现出来的行为一样，但内心的动机却有差别。"为善"可能还会考虑到将来的利益或自己的私心，"行仁"则只会考虑到自己该不该去做，不管外面条件怎么改变，也许要冒各种风险，也许会遭受批评，但是你只要认为自己该做，就可以坚持。相反，如果只考虑到外在的利害，那么外面条件一变，你恐怕也就跟着变了。所以，孔子对于"善人"总是不太放心，总觉得一个人做好事做好人，可能只是做到外在各种善的要求，不见得他内心真的觉悟了人性向善的力量，自我要求去做该做的事。两者开始很相似，后面的表现就可能"失之毫厘，谬以千里"了。

3.六位仁者

人生有目的吗？如果有，目的是什么？如果没有，活着又是为了什么？

这个问题如果我们拿去问孔子，他恐怕会说，人生的目的就是行仁啊。听到这样的答案，大概每个人都会感到压力。因为根据我的简单研究，孔子在《论语》里只称赞六个人合乎行仁的要求，并且这六人当中的五位，下场都很凄惨。

《论语·微子》开篇就说，“殷有三仁焉”，商朝末年有三位行仁的人：

微子去之，箕子为之奴，比干谏而死。

微子离开了纣王，箕子沦为他的奴隶，比干劝谏他而被杀死。

换句话说，这三人能够入选，都跟一个有名的坏人——商纣王有关。第一位仁者微子启是商纣王的庶兄，母亲生他的时候还不是王后，只是“帝乙之妾”，后来被立为王后，生了纣，所以由纣来继承王位。商纣王后来变坏了，微子屡次劝谏，纣王不听，微子便跑到“微”这个地方——今天山西、山东一带，是他的封国。后来武王伐纣，微子“肉袒面缚”乞降，袒露上身，双手捆缚于背后，跪地膝进，左边有人牵羊，右边有人秉矛，向武王请罪。武王将他释放，宣布恢复他原有爵位，以示宽厚为怀。

第二位仁者箕子是商纣王的叔父。《史记·十二诸侯年表》载：“纣为象箸而箕子唏。”看到商纣王变坏，他只好装疯卖傻被当作奴隶，后来被关进牢里。武王灭商后，把他释放，亲自向他请教治国之道。结果，箕子不愿当周朝顺民，领了几千人经山东东渡朝鲜半岛，创立了朝鲜历史上的“箕子王朝”，周武王也就干脆送个顺水人情——“以朝鲜封之”，现在朝鲜还有箕子的墓和庙。

第三位仁者比干也是商纣王的叔父，被誉为“亘古第一忠臣”。他二十岁以太师高位辅佐帝乙，又受托孤重辅帝辛，即纣王。兢兢业业干了四十多年，轻徭薄赋，发展生产，富国强兵，却在六十三岁上，因为谏言纣王被剖心而死。

这三位仁者的下场这么悲惨，另外两位仁者的下场也令人同情。他们是孤竹国的两位王子，一个叫伯夷，一个叫叔齐。伯夷为了让叔齐继承王位，离开国都，谁知叔齐知道后，也跟随而去。两人都不想继承王位，跑到西边周武王的地盘，当时周武王正准备起来闹革命。伯夷和叔齐说，你最好不要革命，因为商朝已经统治六百多年了，大家都习惯了，你起来革命等于造反。但周武王说，商纣那么坏，不革命不行，要对百姓有交代。结果周武王革命成功，商纣王被杀，中国变成了周朝的天下。伯夷、叔齐两兄弟就说，不行，我不要吃你周朝的食物。其实食物哪里分什么周朝商朝。但这两个人非常清高，逃到首阳山上活活饿死。司马迁写《史记》时，特别给他们写了列传，替他们打抱不平，说：天道能告诉我，这是怎么回事吗？为什么这么好的人有这么可怕的命运呢？等于善没善报，恶没恶报。可是孔子说，伯夷、叔齐这两个人是“求仁而得仁，又何怨”，他们所追求的是行仁，也达到了行仁的结果，因此不会抱怨。那么，行仁是不是都会下场很惨，甚至杀身成仁呢？孔子并不是这个意思，只是说：“志士仁人，无求生以害仁，有杀身以成仁”，仁者不会为了追求活命而伤害仁义，他可以杀身成仁。但这是一种极端情况，一般情况下没有必要如此。

这五位之外，《论语》里提到的第六位仁者是管仲。管仲的命运就完全不一样了，他是齐桓公的宰相，一辈子只有年轻时比较辛苦，后来享尽荣华富贵。这样一个人，孔子为什么称赞他呢？因为他做了一件事，通过外交手段避免了春秋初期的战争，使百姓不会生灵涂炭。“桓公九合诸侯，不以兵车，管仲之力也”“民到于今受其赐”（《论语·宪问》），以一人之力造福百姓，百姓到今天还受到他的恩赐。所以孔子说他合乎行仁的要求。

由此可见，儒家思想不是一种泛道德主义，不是说你只要做好人就行，做好人不能离开外在的事功，事业、功劳与德行要配合起来。要能够替众人积极地做一点好事，让大家和睦相处，让社会更为和谐，譬如你当县长，能够把整个县治理得很好，孔子也会称赞你达到了行仁的要求。

“仁”这个字，孟子说是上天给人最尊贵的爵位，是人活在世界上最安稳的住宅。儒家讲“仁”是人生的目的，人活在世界上，从真诚开始，主动走上正路，一步一步把自己的生命跟大众的福祉结合在一起，做自己该做的事情，甚至牺牲自己的生命也在所不惜，真正的儒家应该是这种立场。孔子本人，虽然自称“若圣与仁，则吾岂敢”，但他学而不厌，诲人不倦，最后以自己的德行和学问开创了儒家学派，使后世每一个学过儒家的人都能了解人生的目的在于行仁，由这个目的出发，人的生命才能不断成长，最后达至圆满的阶段。从这个意义上说，孔子也是一位仁者。

4.立志求道

有一次，我得到一个机会到山东曲阜参观孔子研究院。一进门就看到四句话，前两句是“志于道，据于德”，再往里面走，是“依于仁，游于艺”。孔子研究院一定认为这十二个字能够代表孔子的思想，所以才放在进门的地方。但这句话到底是什么意思？为什么先说了道、德、仁，最后又来了个艺术的“艺”呢？

子曰：“志于道，据于德，依于仁，游于艺。”

（《论语·述而》）

孔子说：“立志追求人生理想，确实把握德行修养，绝不背离人生正途，自在涵泳艺文活动。”

第一个“志于道”，“道”代表人生的康庄大道，指人生理想或完美人格，所以要立志追求。也就是说，你要做一个人，不能只做生物而已，要立志于走上人生的正途。人一般立志做什么事情的时候，代表现在还没有做到，已经做到就不用立志了。“志于道”的“道”恐怕一般人一辈子也做不到，但是做不到也要有这个志向，没有志向就没有方向，没有方向你的生命只会在原地打转。

第二个“据于德”，“德”指个人的德行修养。一个人做好人做好事，修炼自己的道德，到最后会有心得，而这个心得你一定要紧紧把握住，要不然进一步退两步就很可惜了。“据”是紧紧把握的意思，好不容易修炼出一点德行，要好好抓住它，不要退步，要一直往前走下去。

第三个“依于仁”，“仁”是在个人身上显示的人生正途。“仁”与“道”不同，“道”是人类共同的、普遍的路，“仁”不能离开个人，是个人的路。每个人都不同，譬如你做生意，他是学者；你要选择自己本身可以走的路去走，择善固执，绝不背离，叫作“依于仁”。

最后“游于艺”，“艺”是六艺：礼、乐、射、御、书、数，可以统称为艺文活动。“游”代表优游自在，涵泳其中。人的生活不能太紧张了，一天到晚讲人格、德行、仁义，神经绷得很紧，会带来压力。人的生命需要调节，“游于艺”是说你在休闲的时候，不妨下下棋、唱唱歌、打打球，放松一下。今天所谓的运动休闲活动都属于“艺”的范畴。由此也知，我们以前讲孔子，很容易把孔子说成是硬邦邦的人，好像每天都在教导别人；其实不是的，孔子的生活很丰富，爱好广泛，情感细腻，这都跟“游于艺”有关系。

接下来，孔子说：“士志于道，而耻恶衣恶食者，未足与议也。”（《论语·里仁》）一个读书人如果立志走上人生正途，但却耻于粗糙的衣服与恶劣的食物，这样的人不值得与他多谈，因为他的立志是假的。为什么呢？因为以生活贫困为耻，代表他志向卑微。而在孔子心目中，“士”，也就是读书人，应该努力成为君子，应该努力培养才德、获取官位、造福百姓。

当然，孔子这么说，并不是让读书人一定要过贫穷的生活，而是说读书人心里挂念的不应该是生活条件，而应是人生的理想。所谓“士而怀居，不足以为士矣”（《论语·宪问》），读书人如果留恋安逸的生活，就没有资格做个读书人。因为衣食住这种具体的生命要求，是人的必要条件，而非充分条件。例如，一个人需要吃饭，不吃饭就会饿死，因此吃饭是人的必要条件。但是光吃饭，不足以做人，“足以”二字是充分条件的意思。那么，足以做人的东西是什么呢？道。《论语》里有一句话可以参考。子贡以前穷困，后来发财了，他请教老师，如果一个人贫穷而不谄媚，富有而不骄傲，老师以为如何？孔子说，不错了，但是还不够好，“未若贫而乐道，富而好礼”。“道”是人生正途。一个人不论在什么环境下，如果都能坚持行道，并且以此为乐，就接近“人之成”的境界了。所谓“三军可夺帅也，匹夫不可夺志也”（《论语·子罕》），即使一国的军队可以被夺去主帅，一个老百姓的志向却不可轻易放弃。一个人如果放弃志向，就会分散、漂浮，失去人生的方向；就好像一艘船在茫茫大海里航行，没有了罗盘针，那么它就根本没有什么“航海”的问题，只是在漂浮而已。用船行大海来比喻人生在世，是很恰当的。人生在世，如果能“志于道”，他就会有方向，每天顺着方向努力去走，再怎么慢，也有走到终点的一天。

5.一以贯之

“一以贯之”这四个字太重要了，孔子在《论语》里说：“吾道一以贯之”。可惜很少有人知道他在说什么。今天如果做测验，让从小学到大学的学生们回答，孔子“一以贯之”的道是什么？恐怕大多数人会说出曾子那句“夫子之道，忠恕而已矣”。“忠恕”果真是孔子的道吗？

“一以贯之”有一次出现跟孔子的学生子贡有关。子贡小孔子三十一岁，非常聪明，口才了得，是言语科里的高才生。但聪明人说话爱犯一个毛病——比较，喜欢比一比谁好谁差。他观察自己的老师，认为孔子“多学而识之”。

子曰：“赐也，女以予为多学而识之者与？”对曰：“然，非与？”曰：“非也，予一以贯之。”

（《论语·卫灵公》）

孔子说：“赐（子贡的名为端木赐），你以为我是广泛学习并且记住各种知识的人吗？”子贡回答说：“是啊，难道不是吗？”孔子说：“不是的，我是有一个中心思想来贯穿所有的知识。”

子贡以为老师年纪大，书念得多，记忆力不错，然后出来教学生，好像一个有脚书橱。但孔子认为自己虽然有很多学问，却有一个“一以贯之”的中心思想来贯穿。一个人如果没有一个中心思想把他的学说连贯起来，怎么可能成为一个好老师呢？又怎么可能成为一个好的哲学家呢？可惜子贡没有接着请教老师，到底什么是您一以贯之的东西？这个事情变成公案，不了了之。

我觉得，孔子心里大概很想找个机会公开说一下，自己“一以贯之”的道是什么。他教五经六艺，教礼乐诗书，却不能教自己的思想。因为学生跟老师念书是希望将来做官，做官只问你知识学会没有，不问你有没有学孔子的思想，因为孔子当时还活着，还没有成为大家推崇的哲学家。孔子有一次上课主动对曾参提起这个话题。

子曰：“参乎！吾道一以贯之。”曾子曰：“唯。”子出，门人问曰：“何谓也？”曾子曰：“夫子之道，忠恕而已矣。”

（《论语·里仁》）

孔子说：“曾参啊，我的人生观是由一个中心思想贯穿起来的。”曾参说：“的确如此。”孔子出去后，别的学生就问曾子：“老师所指的是什么？”曾子说：“老师的人生观只是忠与恕罢了。”

我觉得，曾子的这个说法恐怕有些问题。第一，曾参的年纪比孔子小四十六岁，比他更年轻的学生只有一位子张，比孔子小四十八岁。就算他十五岁跟着父亲曾点去听孔子的课，也只有十年左右亲炙孔子的机会。孔门资深弟子甚多，跟着老师周游列国的都算在内，也不见得有谁可以了解孔子。第二，曾参在孔子的学生中属于反应比较慢的，孔子说他“参也鲁”，鲁就是鲁钝，资质与慧根均非上乘。至于本性善良、事亲尽孝，则是他的特色。因此，如果弟子中有人可以了解孔子的道，大概还轮不到他。第三，孔子自己曾经叹息：“知我者其天乎！”（《论语·宪问》）没有人了解我啊！

但是为何孔子会选择曾参来表示心意呢？也许因为曾参年纪较轻、比较好学，也许因为曾参正好在孔子身边。结果孔子主动提起这个话题，曾参却回答："的确如此。"孔子听了，马上离开教室，反应很激烈。也许他本来希望曾参问"何谓也"，老师，您一以贯之的道是什么？没想到曾参居然说："是的。"连这么年轻鲁钝的学生都懂得我的道，那我还说什么呢……后面悲剧就发生了。别的学生问曾参，老师说的道是什么？曾参回答，老师的人生观只是忠与恕罢了。最后三个字"而已矣"太不负责任了，孔子这么重视的一以贯之的道，居然被曾参说成"忠恕而已矣"，这是初中生说话的口吻。

这是孔子教学失败的案例。"忠恕违道不远"，语出《中庸》，忠恕离开道不远，代表忠恕并不是道，只是离道不远而已。孔子的道绝不只是"尽己之谓忠，推己之谓恕"（朱熹《论语集注》），这只是人我关系，为立身处世的原则。孔子的道还包括知行——我所知道的跟我的行动一致，包括生死——如何生与如何死，包括天人——天命与人性，这些都可以归结为一个字：仁。"仁"才是孔子"一以贯之"之道的标准答案，所以他才会说出"杀身以成仁""蹈仁而死"这样的话。而曾参所说的"忠恕"只是他自己对于孔子人生观的理解，并不等于孔子的思想。我们读《论语》时，对于孔门弟子的话要有一个分辨，就是：学生的话代表他们个人的心得，而未必"完全等于"孔子的想法。而且孔子过世时，曾子才二十七岁，即使认真致力于学与行，仍不能说明他在年轻时就能领悟孔子一以贯之的道是什么。我们后来看他谈到"任重而道远"，指出仁与死的关系，则又显然肯定"仁"才是一以贯之之道了。

第三章　自我修养

1.化解我执

宋朝一些学者认为孔子是天生的圣人，好像孔子生下来就很完美，很伟大。事实并非如此，如果孔子生下来就这么伟大，那我们也不用跟他学了，因为“生而知之”，学也学不到。他的学生推崇他是可以理解的，譬如子贡就说过：“夫子之不可及也，犹天之不可阶而升也。”老师让我们赶不上，就像天空是没有办法靠楼梯爬上去的。不过孔子一定不会认同这种说法，他自己说“吾少也贱，故多能鄙事”，年轻的时候贫寒低贱，所以学会了很多事情。也就是说，孔子的知识、品德和能力是靠着后天的慢慢修养，提升上去的。而自我修养在他看来，最主要的一件事是要化解自我的执着。

子绝四：毋意，毋必，毋固，毋我。

（《论语 · 子罕》）

孔子完全没有四种毛病，就是：他不凭空猜测，他不坚持己见，他不顽固拘泥，他不自我膨胀。

这四点都是针对自己来下功夫。首先就“意”来看，每个人都有想象力，都可以猜测事理。一般而言，在事情尚未发生、理由尚未查明之时，我们都喜欢发挥想象力，凭空猜测，没有证据也没有理由，就认为如何如何。譬如我们说话，开头经常是“我认为”“我以为”，想当然耳，对于实际状况不够尊重，甚至主观意志往往胜过客观真相，加以曲解，指鹿为马，颠倒黑白。还有人喜欢表现聪明，预先猜想结果，猜对了是有先见之明，猜错了是事有蹊跷。这或许有些益智游戏的性质，可以用来打发时间，但不足以认真去当一回事。孔子不会犯这个毛病，他是“毋意”，不凭空揣测。

其次，“必”，坚持己见。“毋必”是指不全盘肯定，坚持一定要如何，不会在别人跟自己意见不一样时，认为我一定是对的。所有言论，都是以“全称命题”最有力，譬如“所有人都好学”，当然要比“有些人好学”更能显示说话者的权威。但是麻烦亦在于此，因为全称命题的弱点很明显：只要找到一个人不好学，它就站不住脚了。因此，说话或判断时，最好留些余地，以免将来后悔。我们应该坚持自己的原则，但在涉及他人时，就需有宽容的心胸。

接着，“固”是不知变通的意思。人的习惯，不论在思想上还是行为上，一旦形成，就不易改，僵化而不知变通。但是时代变了，趋势变了，你如果一味坚持以前老的做法是行不通的。孔子“毋固”，懂得变通，鼓励大家不断学习，因为“学则不固”，见多识广之后，可以避免顽固执着，自己的心情也会比较开朗。

最后，“毋我”是指不自以为是。一个人在社会上跟别人来往，很容易自我膨胀，稍微有一点成绩，就认为自己超过别人。孔子不自我膨胀，因为儒家对于人我关系首重“恕”字，“如心为恕”，就是将心比心，为人设想；“己所不欲，勿施于人”，凡是牵涉别人的言论，都要谨慎为之，以免盲目膨胀自我而否定别人，形成各种不必要的困境。

“意”“必”“固”“我”是连续发展的步骤，一步走错，陷于主观的臆测，坚持己见，不知变通，就很可能自以为是，把想象当作一个信念来坚持，反而看不清事理的发展。一块钱的铜板虽小，若是紧靠眼睛，也会遮蔽一切阳光。所以君子修养，主要是化解我执。因为一个人的聪明才智越高，越容易陷入自我中心的困局。他所见的一切，都由自己的角度出发，同时可以形成合理的系统，看起来无懈可击；加以辩才无碍，面对别人的质疑，也可以说得头头是道。孔子是天资极高的人，却反其道而行之，努力超越自我中心的困局，“意”“必”“固”“我”这四种毛病都没有，在修养上是下了很深的功夫的。他被孟子推为“圣之时者”，就是能不陷于自我执着，随着“时机”改变而调整观念与行为。

有人说，我们常常讲不要执着，儒家又强调择善固执。一方面不要执着，一方面又要固执，这两者是不是矛盾？要了解这个问题，首先要分辨两种欲望，第一种是自我中心的欲望，第二种是非自我中心的欲望。如果欲望是自我中心的，那就是执着；是非自我中心的，说明你不是为了自己的利益，这时候就可以变成择善固执。儒家固然坚持仁义，但在实践上也有所变通，以“通权达变”为原则。能够做到“毋意，毋必，毋固，毋我”，才能真的去行善。因为善是我和别人之间适当关系的实现，每一个人跟别人来往都要尊重别人，这时候你如果有自我执着，怎么可能跟人有良性的沟通和互动呢？

除了做到“毋意，毋必，毋固，毋我”，孔子每天还担心四件事情：

子曰：“德之不修，学之不讲，闻义不能徙，不善不能改，是吾忧也。”

（《论语 · 述而》）

孔子说：“德行不好好修养，学问不好好讲习，听到该做的事却不能跟着去做，自己有缺失却不能立即改正，这些都是我的忧虑啊。”

如果不看前面“子曰”两个字，只看不修、不讲、不能徙、不能改，会觉得太可怕了，但不要忘记，这个人是孔子。孔子每天自我反省，得到他真传的曾参说：“吾日三省吾身：为人谋而不忠乎？与朋友交而不信乎？传不习乎？”每天反省的内容是问自己有没有错，而不像我们一般人反省时，都在问谁害了我啊，谁在背后整我啊，谁在后面骂我啊。真正的儒家从来都是由“反求诸己”来自我修炼，所谓的学习是在“成己”之后再设法“成人”，这也是我们学习儒家的意义所在。我们学习古代先圣先贤的观点，不是因为他们被称作先圣先贤，而在于他们实际上留下了什么样的话语，什么样的行为表现。我们如果也把“德之不修，学之不讲，闻义不能徙，不善不能改”当作每天忧虑的问题，那还担心什么呢？几年之后，必然面貌一新，变成更好的人了。

2.欣赏曾点之志

曾点是曾参的爸爸。在整部《论语》里，曾参经常出现，曾点只出现了一次。但这一次就够了，因为他的表现让孔子非常欣赏。

有一次，孔子与弟子子路、曾点、冉有、公西华四人聊天。孔子说：“我的年纪比你们大一点，希望你们不要因此觉得拘谨，平日你们常抱怨说没有人了解你，假设有人了解你，你要怎么做呢？”等于是请他们各抒己见，谈谈各人的志向。子路先说了，子路年纪大又勇敢，往往都是他先说话。他说：“一千辆兵车的国家夹在几个大国之间，外面有军队侵犯，国内又发生饥荒；如果让我来治理，只要三年，就可以使老百姓变得勇敢，并且知道人生的道理。”子路的志向是治国平天下，这当然是一个很好的志向，但会让人觉得他把话说得太满了，毫不谦让。所以他讲完之后，孔子微微笑了一下，没说话。

冉有接着说，他比较客气。他说：“纵横六七十里或五六十里的地方，如果让我来治理，只要三年就能让百姓富足，但是礼乐方面的教化，则需另请高明。”冉有的志向也是治理一方，但他有自知之明，知道自己只能把经济方面搞好，礼乐教化则要另请高明。然后，轮到公西华，他很谦虚，说：“我不敢说自己可以做到，只是想要这样学习：宗庙祭祀或者国际盟会，我愿意穿上礼服戴上礼帽，担任一个小司仪。”他的志向是做外交官。三人讲完之后，还剩下曾点一人没说。这时候他正在负责背景音乐，别人聊天谈话，他在一旁鼓瑟。孔子问：“曾点，你的志向怎么样呢？”接下来这段描述非常生动：

鼓瑟希，铿尔，舍瑟而作，对曰：“异乎三子者之撰。”子曰：“何伤乎？亦各言其志也。”曰：“莫春者，春服既成，冠者五六人，童子六七人，浴乎沂，风乎舞雩，咏而归。”夫子喟然叹曰：“吾与点也！”

（《论语·先进》）

曾点鼓瑟的声音渐稀，然后“铿”的一声，把瑟推开，站起来回答：“我与三位同学的说法有所不同。”孔子说：“有什么妨碍呢？各人说出自己的志向罢了。”曾点说：“暮春三月时，春天的衣服早就穿上了，我陪同五六个大人，六七个小孩子，到沂水边洗洗澡，在舞雩台上吹吹风，然后一路唱着歌回家。”孔子听了，赞叹了一声，说：“我欣赏曾点的志向啊！”

孔子为什么对前三位学生的志向都没有特别称赞，却非常欣赏曾点的理想呢？在许多人看来，曾点这算不得什么志向，等于春游嘛，孔子居然很欣赏，为什么呢？因为前三位同学的志向都是有条件的，要看别人给不给你机会。你的志向如果是做官，不管内政、外交、军事，别人不给你机会，就实现不了。你每天都在等着别人给你机会，但是等不到怎么办？这一生就放弃了吗？所以在社会上发展的志向是有求于人的，所谓“有所求，必有所待”，而“遭时不遇，有志未伸”的情形比比皆是。但曾点不一样，他的志向是配合天时、地利、人和，随遇而安，自得其乐。第一“天时”，春天快结束了，这时你就做春天快结束时能做的事情，譬如春游，不要去想夏天干什么，秋天多么好，冬天又如何，把握现在这一刻就行了。第二“地利”，鲁国曲阜附近有一条河叫沂水，你住在附近，就地取材到沂水边洗洗澡，吹吹风，就很快乐了；不能说一定要游长江、游黄河才快乐。河边还有舞雩台，就是古代求雨的台子，也算是个景点，你登上去玩耍一下也很好嘛。第三“人和”，大人五六个，小孩子六七个，有几个算几个，不是一定非要有五十个人，你才出门。所以曾点短短一句话兼顾了天时、地利、人和，任何时候都可以自得其乐。这种志向其实是一种生活态度，一种生命情调，是就人的生命而论，而不是将人视为一种工具、手段来使用。一个人活在世上短短数十年，所有能追求到的东西都可能失去，因为那是由外而来的，唯一不能从你手中夺走的东西，是由内而发的。也就是说，人活在世界上，求人不如求己，你不能选择时代，不能选择社会，只有随遇而安，自得其乐，设法就天时、地利、人和找到自己能做的事情去做。你不需要别人给你机会，你自己就可以创造机会。这叫作“无志于外，有志于内；无志于用，有志于体”，看上去似乎是以无志为志，其实却可以因时因地而制宜，在平凡的生活中品味生命的美感，人生亦因此立于不败之地。所以孔子才会叹一口气，说：“我同意曾点的主张啊！”

从这段对话可以看出，孔子虽有“淑世精神”，到处周游列国，奔走呼号，希望天下能走向正途，但是他也很清楚，想在世间成就任何一番功业，都需依赖主观及客观条件的配合，不是光靠努力就可以达成的。孔子重视人的道德修养，是毋庸置疑的。不过，人生除了道德之外，还有知识、审美、宗教等各领域。人除了求善，还有求真与求美的天性。即使一无所求，人也可以培养自在和乐的生活情调。孔子绝非狭隘的道德主义者，他对于充满审美情调的生活是很向往的，希望能跟曾点一样过着悠闲愉快的生活，每天都充满着一种丰富的美感，与大自然的韵律相摩相荡，自得其乐，任意逍遥，没有烦恼忧愁。不过，对于这种类似道家隐士的生活，孔子虽然内心渴望，但他毕竟还是儒家，生逢无道的乱世，百姓颠沛流离，知识分子应秉承入世济世的使命和责任，如何忍心只追求个人幸福而弃天下苍生于不顾呢？所以，对此志向，孔子虽深有同感，也只能赞叹罢了。

3.困惑来自何处

很久以前，我认识一位外国朋友，他看起来蛮年轻的，我问他，你今年几岁啊？他说，而立之年。我一听，吓一跳。早知道他说话这么文雅，就该问他“贵庚几何”。我们都知道，而立之年来自孔子的“三十而立”，不惑之年来自“四十而不惑”。有很多朋友告诉我，四十不是不惑，而是大惑啊。一个人到了四十岁，才发现人生的困惑真的非常多。为什么呢？因为年轻的时候我们照着父母的安排、老师的教导，受教育、干工作，到了四十岁成家立业已经完毕，自己要面对人生的各种状况时，困惑反而出现了。孔子有没有困惑呢？当然有，不然他不会说“四十而不惑”。但是《论语》里谈论困惑的题材很少，只有两次。一次是孔子的学生子张请教老师如何提升德行与分辨困惑。

子曰：“主忠信，徙义，崇德也。爱之欲其生，恶之欲其死。既欲其生，又欲其死，是惑也。”

（《论语·颜渊》）

孔子说：“以忠诚信实为原则，认真实践该做的事，这样就能增进德行。喜爱一个人，希望他活久一些；厌恶他时，又希望他早些死去。既要他生，又要他死，这样就是迷惑。”

我们听到后面这句话会觉得惊讶，因为谈的好像是感情方面的问题嘛。感情上有时候爱恨交加，对一个人又爱又恨，一下希望他活得久一点，一下又想他赶快死了算了。这种情绪孔子认为就是困惑。由此可见，困惑首先来自情绪上的一种不当反应。人很容易因为个人主观和外在客观上有落差，而产生各种猜测、怀疑，变成情绪上的喜怒哀乐，从而造成困惑。一个人想做到不惑，首先要设法调节自己的情绪，不走极端，对任何事情都保持体谅。法国有一句话说得好：“了解一切就会宽容一切。”你对一个人了解愈多，就愈能谅解宽容他为什么会这样做。千万不要用自己的标准去衡量别人，因为这样对别人并不公平。我有时候看到别人犯错，会想如果我是他，说不定比他错得更严重；我觉得自己做得还行的时候，就想如果别人是我，可能做得比我更好。这样两方面去想，问题就比较少了。

第二次谈困惑是孔子的学生樊迟请教三个问题："敢问崇德，修慝，辨惑。"如何增进德行、消除积怨与辨别迷惑？

子曰："善哉问！先事后得，非崇德与？攻其恶，无攻人之恶，非修慝与？一朝之忿，忘其身，以及其亲，非惑与？"

（《论语·颜渊》）

孔子说："问得好！先努力工作然后再想报酬的事，不是可以增进德行吗？批判自己的过错而不要批判别人的过错，不是可以消除怨恨吗？因为一时的愤怒就忘记自己的处境与父母的安危，不是迷惑吗？"

这里的迷惑又和情绪有关。如果你因为愤怒而伤害别人，别人要报仇时，恐怕你的父母也要跟着遭殃。所以愤怒的时候，我们要学会节制自己的情绪，如果一时想不开，怒从心头起，恶向胆边生，那就无所顾忌了，很可能造成追悔莫及的后果。愤怒是一种最值得注意的情绪。美国有一本书叫作*EQ*，所谓"情绪智商"。翻开扉页，第一句话就引用了亚里士多德的名言："生气谁都会，但什么时候对什么人生气，生气到什么程度，这是很难学会的。"生气谁不会？只要心想事不成，跟别人有一些误会，甚至等车车不来，等飞机飞机不来，都会生气。但什么时候生气，对谁生气，生气到什么程度，是不是能够适可而止，这是很难的修养。

孔子回答学生两次提到困惑跟情绪有关，说明古代已经注意到情绪智商的问题。一个人再怎么聪明，如果不能控制好自己的情绪，不能体谅别人，不能跟人互动，不能彼此之间协调，恐怕最后都会造成困难。而且一个人如果没有任何自我约束，随便发脾气，会做出许多后悔的事。李安的电影《绿巨人》说的就是一个人一生气，马上变成巨人，力大无比，没人挡得住他，造成许多追悔莫及的事情。孔子说："以约失之者鲜矣。"因为自我约束而在言行上有什么过失，那是很少见的。而自我约束首先要从情绪管理开始，喜怒哀乐每一个人都有，在该发的时候就发，但是要“发而皆中节”，恰到好处，适可而止，这些能够做到，人生的困惑自然可以化解，我们也才能够有希望做到“四十而不惑”。

4.“克己复礼”新解

几年前，香港的《明报月刊》连续几期刊登学者讨论“克己复礼”的文章。“克己复礼”是春秋时代的一句格言，两千多年来许多学者把这四个字分为两半解释，“克己”是克制约束自己，“复礼”是实践礼的要求，合起来就是：克制自己的欲望，使言语行动都合于礼。这种解释表面看起来没有问题，甚至有一些老生常谈的味道，但仔细分辨，问题来了：一、欲望一定不好，以至于必须克制吗？二、欲望若是随人性而来，则人性岂非具有恶的成分？三、礼是外加在人性之上的规范吗？人的欲望是恶的，只有合于礼才是善的吗？这些问题是无法回避的。像颜渊这样第一流的学生，在请教孔子什么是“仁”时，孔子的回答居然是“克己复礼”，这是怎么回事呢？

颜渊问仁。子曰：“克己复礼为仁。一日克己复礼，天下归仁焉。为仁由己，而由人乎哉？”

（《论语·颜渊》）

颜渊请教如何行仁。孔子说：“能够自己做主去实践礼的要求，就是人生正途。不论什么时候，只要能够自己做主去实践礼的要求，天下人就会肯定你是走在人生正途上。走上人生正途是完全靠自己的，难道还能靠别人吗？”

“仁”这个字是孔子思想的核心观念，颜渊是孔子最好的学生，最好的学生问核心的观念，孔子因材施教所说的答案一定是他一生思想的精华，而这个精华就是“克己复礼”。在此，“克己复礼”不是分两半说的，而是合而观之，一气呵成。“克”做“能够”讲，“克己”是能够自己做主，“复礼”是实践礼的要求。一个人能够自己做主去实践礼的要求，就是“仁”，也就是人生正途。如此一来，就不必担心欲望是善是恶的问题，却把焦点转向人的主体自觉，转向人的主动性与负责性。

否则，若“克”为“克制”，“克己”说明自己有问题才需要克制；“复礼”则代表“礼”是善的，“己”是偏恶的。“己”与“礼”对立，这就很接近荀子的“性恶论”了。荀子也以“礼”做标准，认为人性是恶的，行善是人为的。这岂不是跟孔子的“人性向善”冲突了吗？如果人性是恶的，孔子还能够说出“我欲仁，斯仁至矣”这样的话吗？所以，“克己”为“能够做主”，显示自我向善的动力，可以主动负责地安排人生，这才比较符合孔子的原意。

有人怀疑，“克”可以做“能够”讲吗？当然可以。《大学》里有“克明峻德”这样的话，意思是“能够去昭明自己高尚的德行”。《论语》里类似的用法出现过好几次，譬如“恭己正南面”“行己有耻”，“己”都放在第二个字，“克己”“恭己”“行己”是类似句法。因此，“克己复礼”是指人应该自觉而自愿，自主而自动，去实践礼的要求；因为礼的规范是群体的秩序与和谐不可或缺的，能够自己做主去实践礼的要求，其中已经包含了“克制欲望”在内。

后面又说，“为仁由己，而由人乎哉？”走上正路要靠自己，难道要靠别人吗？前有“克己”，后有“由己”，两者并观，更显出人的主动性是行仁的关键。我自己自觉自愿去行善，去做该做的事，不是为了别人，也不是为了别的考虑，这样才有所谓的道德价值。接着，颜渊又请教说“请问其目”，有没有具体的做法？

子曰：“非礼勿视，非礼勿听，非礼勿言，非礼勿动。”颜渊曰：“回虽不敏，请事斯语矣。”

孔子说："不合乎礼的不去看，不合乎礼的不去听，不合乎礼的不去说，不合乎礼的不去做。"颜渊说："我虽然不够聪明，也要努力做到这些。"

"礼"是行为规范，规范常以基本的要求为限。有人说了，这四个"非礼"如何，不正是配合前面的"复礼"，代表礼是好的吗？并非如此。后面的"四勿"代表消极地不要这样做，不要那样做，然后再积极去"克己复礼"。从消极到积极，孔子这样教学生的例子很多。譬如子贡曾请教："贫而无谄，富而无骄，何如？"一个人贫穷而不谄媚，富有而不骄傲，老师您认为这样如何？孔子说，已经不简单了，但是还不够好。怎么样是最好呢？"未若贫而乐道，富而好礼者也"，贫穷而乐于行道，富有而崇尚礼仪。从"贫而无谄，富而无骄"到"贫而乐道，富而好礼"就是从消极变积极，化被动为主动的过程。

孔子教导颜渊也是一样，积极主动地实践礼的要求，在具体做法上首先要做到"四勿"。古人对"四勿"很重视，许多古代图画以四只猴子做代表，第一只猴子把眼睛蒙起来，"非礼勿视"；第二只把耳朵遮起来，"非礼勿听"；第三只把口遮起来，"非礼勿言"；第四只把手放后面或放在前面抱拳，"非礼勿动"。"四勿"做到了，你就可以慢慢靠着自己内心的力量，化被动为主动地走上积极主动实践礼的人生正路。

5.心存敬畏

我记得我小时候如果不乖，父母会说："老虎来了。"再大一点，变成"警察来了"。怕老虎、怕警察、怕老师、怕老板、怕法律……人就这样慢慢长大。孔子也有所谓"怕"的东西，但他怕的不是一般人所怕的鬼神、命运、死亡或者权势、财富这些比较能够落实的东西。孔子怕什么呢？

孔子曰："君子有三畏：畏天命，畏大人，畏圣人之言。小人不知天命而不畏也，狎大人，侮圣人之言。"

（《论语·季氏》）

孔子说："要成为君子，必须敬畏以下三者：敬畏天赋使命，敬畏政治领袖，敬畏圣人的言论。至于小人，不了解天赋使命而不敬畏，奉承讨好政治领袖，轻慢侮辱圣人的言论。"

这段话把君子和小人做了对照。先说"畏天命"，孔子说五十而知天命，六十而顺天命。知天命和顺天命之间，是敬畏天命。为什么这么说呢？因为人活在这个世界上，不是光活着，活到死就算了的，人活着是有天命的。天命兼含命运与使命，尤以使命为重。这个使命就是从向善到择善到至善，让自己的人格趋于完美，以个人的力量改变社会。你只有敬畏这个使命，才能够每天认真去实践，去自我反省。

观诸孔子的生平事迹，他在"五十而知天命"之后，五十五岁开始周游列国，给人的印象是什么？一是"知其不可而为之"，二是"天将以夫子为木铎"。合而言之，正是"畏天命"的具体表现。而孔子的使命是经由教育阐明人性内在原有成为圣贤的潜力，因此人人可以而且应该走上人生正途，然后天下自然归于大同。

第二敬畏"大人"。"大人"指政治领袖，他们身系一国之安危与存亡，位高权重，稍有差错，就会祸及百姓。在此必须补充的是，孔子口中的"大人"是正面意义的，他们以"立功"而造福百姓，像管仲能够九合诸侯、一匡天下，"民到于今受其赐"，当然值得敬畏了。相形之下，孟子说："说大人，则藐之，勿视其巍巍然。"（《孟子·尽心下》）我跟权贵谈话，先要看轻他，不要把他高高在上的样子放在眼里。孟子为什么要跟孔子唱反调？因为孟子认为政治领袖所做的事情，他都不屑于做。如果他哪一天在那个位子上，一定做得比他们好，所以他不卑不亢，不怕他们。这是孟子的原则，可以先放在一边。

也有人说，很多政治领袖其实表现并不好，为什么要敬畏他们呢？这就牵涉心理学了。孔子是很了解心理学的，有时候政治领袖是因为愈被别人尊重，愈认真看待自己的职务，从而愈努力地为百姓服务的。如果不敬畏他，让他感到自己没有受到应有的尊重，会影响他照顾百姓。譬如台湾当局很多负责人，在“立法院”里被“立法委员”骂得头昏脑涨，回去之后就胡搞瞎搞。为什么？因为他已经被骂得没有尊严了。所以孔子这个观点是正确的，敬畏政治领袖是希望借此机会敦促他们善尽职守。

孔子第三个敬畏的是“圣人之言”。所谓“圣人之言”是古代圣人所留下来的言论，这种言论无不标举完美人格的理想，指出了人生应行之道并且昭示祸福吉凶，需要我们去敬畏并好好实践。但也有人觉得，圣人之言都是唱高调，言者谆谆，听者藐藐，说得好听，做得到吗？孔子认为，不管做不做得到，首先要敬畏圣人之言，敬畏之后才可能认真去想，去问自己真的能做到吗？怎么样才能做到呢？这是君子修身的方法。

小人正好相反。小人没有志向，就活在现实生活里，不了解天赋使命而不敬畏，奉承讨好政治领袖，拉关系讲面子讲人情，搞得“大人”不能够秉公办事。“狎大人”的“狎”有亲热的意思，就是没大没小，公务私务分不开。最后还侮辱圣人的言论，认为古人说的话何必在意呢？时代不同了可以为所欲为。从“三畏”和“三不畏”上，可以看出君子和小人的区别。

孔子自己心存敬畏的表现，从两句话可以看出来。一句叫“乡人傩，朝服而立于阼阶”（《论语·乡党》）。“傩”是一种民俗信仰的仪式，用以驱逐疫鬼。乡里人举行这个仪式时，孔子穿上正式的朝服，站在自家东边的台阶上。古时候房子坐北朝南，台阶分为东西两边，客人走西边，主人走东边。孔子穿着整齐的礼服站在东阶，表示自己是主人，对乡人的仪式虽不参与，但态度尊重。还有一句叫“迅雷风烈必变”（《论语·乡党》），孔子遇到急雷狂风，必定要改变容色，表示对上天的敬畏。朱熹批注《论语》说，孔子这样做是敬天之怒。有人就觉得奇怪了，明明打雷刮风是自然界的一种现象，为什么说代表天的愤怒？朱熹的一家之言只做参考。但是从中可以看出，孔子确实对做人做事都有谨慎恐惧的考虑，对于自然界发生的一切，也保持着戒慎恐惧的态度。

6.少说为妙

俗话说：“病从口入，祸从口出。”生病还能治好，但说出来的话犹如泼出去的水，不当的话恐怕会造成很严重的后果。《论语》有一句话：“子不语：怪，力，乱，神。”（《论语·述而》）后来有一本书的名字就叫《子不语》，里面全是各种不合常理、超乎想象的怪诞事迹。在此，首先要指出：孔子不谈这一类的事，并不表示这一类的事不存在或不能发生，而是表示孔子的谨慎态度与理性精神。他曾劝诫子路：“知之为知之，不知为不知，是知也。”（《论语·为政》）对于“怪，力，乱，神”正应该根据“不知为不知”的原则，闭口不谈。

简单分辨一下这四个字，第一种“怪”代表反常的、怪异的现象。譬如《左传》出现过“六鹢退飞过宋都”，六只鹢鸟退着飞过宋国的都城。鸟是往前飞的，怎么往后飞呢？因为风速大于它的飞速，看的时候觉得它是退着飞的。又譬如，古人不明日食之理，等到天文知识增加，疑问自消。古代有阴阳家，喜欢在自然界与人世之间寻找相关联的线索，真相如何，则不得而知。西洋思想有“自然界不跳跃”之说，即任何自然现象都在因果关系的网中，即使看似突变，也非无迹可寻。因此，理性昌明、科学进步之后，我们可以见怪不怪，或者找出合理的解释。最怕的是自己对怪象加以玄妙的臆测，造成庸人自扰。孔子对这类事情是不谈论的。

第二“力”代表勇力。孟子所谓“以力服人者”霸，“以德服人者”王，我用力量来让别人听我的话叫作霸道，我用德行让别人听我的话才可以称王。武力或霸道不符合儒家的原则。有人问孟子，说你跟我们谈谈齐桓公的事情吧。孟子说孔门之人没有人谈齐桓公、晋文公这些春秋五霸的事情。因为儒家认为靠武力征服别人不是正途，将来一定会有不当的后果，譬如等你衰退的时候，别人也可以用武力将你征服。儒家“尚德不尚力”，德是可大可久的人文理想，力则必有后患。证诸史实，完全无误。

第三“乱”在古代专指作乱造反的事情。春秋时代，礼坏乐崩，“昏上乱相”固然不少，乱臣贼子也随处可见。孔子不去谈论这些事情，因为谈多了，好像心里也跟着受到干扰，人性的负面受到刺激，以为天下都是不正常的人，自己又何必坚持原则呢？江河决堤，一发不可收拾。孔子维护及稳定社会秩序都来不及，当然绝口不谈“乱”了。

最后“神”这个字比较值得注意，神可以指鬼神，也可以指神秘事迹。有人说孔子不谈鬼神，所谓“敬鬼神而远之”，这是不对的。孔子谈鬼神谈了很多次，譬如“非其鬼而祭之，谄也”（《论语·为政》），不属于自己应该祭祀的鬼神，你去祭拜，那就是谄媚，也即人对鬼神不应该有谄媚或求福之心。孔子说禹很伟大，“菲饮食而致孝乎鬼神”（《论语·泰伯》），自己吃得很简单，对鬼神祭品却办得非常丰盛。这些都是在谈论鬼神。孔子从未怀疑鬼神的存在及意义，那是属于信仰的领域。信仰需要诚敬之心及实践之志，光靠言谈是不够的。孔子不谈的是一些灵异事件，包括算命迷信这些事情。说实在的，算命的事不能说完全不准，像有些人可以预言将来如何。只是通常一个人算命算十次准一次，九次不准都没人说，那一次准的却被很多人加以宣扬。以今日来说，求神拜佛或者烧香算命，不仅于事无补，反而可能使人疏忽自己的责任，无法活出人的尊严。

总之，孔子为什么不谈“怪，力，乱，神”？是因为他是一个脚踏实地、理性清明的人文主义者。他认为人生有正路要走，你不要费太多心思在“怪，力，乱，神”上面。在人的能力所及范围，绝不逃避责任；在人的能力所不及的范围，则乐天知命，不再徒逞口舌或强为说辞。

《论语》里还有一段说：“子罕言利与命与仁。”（《论语·子罕》）孔子很少主动谈起有关利益、命运与行仁的问题。“罕言”不是不谈，是很少谈。有时学生问到这些问题，孔子也会答复，但他很少主动去说，表示慎重之意。为什么慎重？因为这三者皆为世人所关怀，又由于听者有个别差异而容易引起误解，所以不宜做泛泛之论。第一，“利”代表利益。利是人之所欲，孔子并不盲目反对利，而是强调“见利思义”，利须与义配合。但义与利的分辨不是一件简单的事，直接谈利，容易使听者误入歧途，如“见小利则大事不成”，你看到小的利益就很难规划大的目标，因为很多人听到“利”，马上就心动了，所以孔子不愿意多谈。

第二，“命”，人生际遇的穷达顺逆以及生老病死等很多时候非理性所能解释。孔子认为，人应该凭着自己的能耐，努力实现天赋的潜能，要坚持既定目标，“知其不可而为之”。如果多谈“命”，难免使人妄图侥幸或灰心丧志，以为一切既已注定，又何必做无谓的挣扎？这与儒家的理性精神和刚健态度是背道而驰的。而且，孔子所谓的“命”兼指命运与使命，命运是盲目及被动的，使命是清明和主动的。重要的是如何在面对命运时，把握自己的使命。但命运与使命的分辨更是微妙，不能不慎重言之。

第三，“仁”，孔子也很少谈。大家觉得奇怪，“仁”不是说得很多吗？“仁”在《论语》里出现一百零九次，怎能算罕言呢？但是我们如果仔细去看，会发现孔子很少主动谈仁，都是学生问了，他才回答，而且每次的答案都不一样。譬如颜渊问仁，仲弓问仁，司马牛问仁，学生们纷纷请教什么是仁，孔子才回答。换句话说，孔子很少主动谈仁，是因为仁代表道德理想，而道德以“实践”为主，多谈无益，“我欲仁，斯仁至矣”，我要走上仁的路，行仁的机会自然出现。而且仁与每个人的具体情况有关，谈仁要因材施教，看这个人处境如何，怎样做对他而言才是正确选择，因此最好留待学生请教时再做说明。

总之，“罕言”并非像“子不语”一样，完全不谈，但要谨慎。因为多谈“利”将使人忽视“义”；多谈“命”将减低理性成分及奋斗意志；多谈“仁”于事无补，因为“仁”必须终身力行。

第四章　孝敬父母

1.孝出于天性

谈到孝顺，很多人认为，那是儒家的专利吧。其实不然，道家也强调“孝”。庄子说：“子之爱亲，命也，不可解于心。”（《庄子·人间世》）子女爱慕父母，这是命中注定的，是你内心不能解除的。你再怎么说我有超脱的智慧，我有不同的人生观，你还是会爱自己的父母。为什么呢？道理很简单，因为父母如果过得不快乐，做子女的一定会担心，这是天生的。

孔子说：“父母之年，不可不知也。一则以喜，一则以惧。”（《论语·里仁》）父母亲的年纪，做子女的不能不记得；一方面为了他们得享高寿而欢喜，另一方面也为他们日渐老迈而忧虑。这句话很让人感动。因为根据司马迁的说法，孔子三岁父亲过世，十七岁母亲过世，他根本没有机会感受到父母年老时子女的心情，但却说出如此贴合子女之心的话，可见他过人的感通能力以及对人生现象的深入观察。人的生命是有限的，看到父母年纪越来越大，做子女的会越来越担心，这是人之常情。

孟子以舜做例子，“人悦之、好色、富贵，无足以解忧者，惟顺于父母可以解忧”（《孟子·万章上》）。舜当了天子，天下人都喜欢他，尧又把两个女儿嫁给他，他自己既富且贵，但仍然不快乐；只有父母都顺心了，才能让舜解除忧愁。为什么？因为总觉得父母亲没有顺心，是因为自己还不够孝顺，一定要做到让父母亲都开心了，他才没有忧愁。孟子称赞舜是孝顺的最大榜样，“大孝终身慕父母。五十而慕者，予于大舜见之矣”，舜到了五十岁还在思慕父母，一个人能够如此不忘本，无怪成为圣人。这也提醒我们，真正的孝顺是不分年龄的。一个人年纪不论长到多大，也不要忘记小时候跟父母相处的情况。那时我们吃喝拉撒全靠父母照顾，跟父母的关系是多么密切啊。我常劝一些年轻的朋友，有空可以把小时候的照片翻一翻，看看自己小时候是什么样子，父母是什么样子。小时候的照片大都是跟父母合照的，你看看当时的父母多么年轻健康，现在呢，开始衰老了，也可能生病了。你多看看这些照片，会使自己的生命连贯起来，不会有了今天就忘了昨天。一个人一定要把握生命的整体意义，才能觉悟到一些做人的根本道理。

儒家为什么要花这么多时间讲“孝”呢？因为孝顺出于人性，是一个人立身处世最基本的品德。只要是人，都应该孝顺，也愿意孝顺。古代有所谓“五伦”，也就是《中庸》里说的“五达道”：君臣、父子、夫妇、昆弟、朋友。其中三项——父子、夫妇、昆弟都属于家庭。家庭是一个人的脉络，离开这一脉络，人就无法定位自己、定义自己，不知道自己究竟在什么地方，又为何在这个世界上。而父母子女之间的关系又是家庭的基础，如果子对父不能够做到“孝”，夫妇、昆弟的关系也不容易相处好。把家庭这三种关系推到外面，才有朋友之间的交往；再进一步推到社会上，才有君臣之间的关系（在今天这个社会，所谓君臣是指老板和员工或长官和下属之间的关系）。不管是什么样的关系，家庭是每个人成长的必经之路，是一切人生关系的基础。一个人一定是从家庭出发，再到社会、国家，到为天下人去努力奋斗，在历史上留下功业和名声。你说你要报效国家，想在历史上留得好名声，但如果在家里都不能对父母孝顺，其他一切都是空谈。有一次有人劝孔子做官，孔子说：

《书》云："孝乎惟孝，友于兄弟，施于有政。"是亦为政，奚其为为政？

（《论语·为政》）

《书经》上说："最重要的是孝顺父母，友爱兄弟，再推广到政治上去。"这就是参与政治了，不然，如何才算参与政治呢？

人活在世界上，需要一个个生命的圈圈，从内往外，由核心往四周扩散，而圈圈的核心，自然是家庭。家庭是社会的一个小小单位，一家人和和乐乐，父慈子孝，兄友弟恭，是最令人羡慕的。如果家庭能做到这一步，再向外推广到社会上，社会的风气就会慢慢改善，政治自然会走上轨道。因此，在家庭中对父母孝顺也等于从政了，可以发展出很大的影响力。

那么子女跟父母要如何相处，才算得上孝顺？其实，不只是孝顺，人与人相处要合乎"善"的要求，都要考虑以下三点：第一，内心感受要真诚。你一定要常常问自己，我是不是真心希望父母快乐，是不是真诚由内而发希望孝顺父母。换言之，孝顺须由内而发，若无内在情感，只有外在形式，任何事情都会流于虚伪。人是由内心和外在一起表现的生物，若内外不能配合，就容易产生人格分裂。第二，对方期许要沟通。父母对你有什么要求、期待，要跟他们沟通一下，了解他们的需要，再设法回应，尽量做到。像我们小时候读二十四孝的故事，看到王祥"卧冰求鲤"，吴猛"脱衣饱蚊"，都很孝顺，但现在还需要你这么去做吗？真的这样做，父母会说你孝顺吗？他们会认为你读书把脑子读坏了。第三，遵守社会规范。父母要我做一件事，如果违背社会规范，我做不做呢？譬如父母亲生病了，要我想办法弄钱给他们治病，那我想什么办法呢？如果是违法的事怎么办？无论如何你都不能违背社会规范，否则就算你做到孝顺，也会受到法律的制裁。

内心感受要真诚，对方期许要沟通，社会规范要遵守，这三点是包括父子在内的任何人际关系都要考虑到的。三方面发生冲突怎么办？以真诚为主。我们讲孝顺主要是因为它出于人性最自然的情感。我们每一个人都是父母所生，每一个人都欠父母的深情，平常并不自觉，直到自己身为父母时，才知道它的重要，所谓"养儿方知父母恩"。因此，谈到孝顺时，并非提示教条，而是要指出一条最适合人性发展所需的途径。

2.敬爱父母

没有人会反对孝顺，但怎么样做才算孝顺？这是一个大问题。有个故事，公公年纪大了，吃饭时手发抖，经常把碗摔破，媳妇为了省钱，买了个木碗给公公使用。有一天这媳妇下班回家，看见自己的儿子坐在门槛上，拿个小刀在刻木头。媳妇问，儿子你做什么呢？儿子说，我在刻两个木头碗，将来一个给爸爸用，一个给妈妈用。媳妇听了，心里一惊，知道自己做了坏的示范，给公公用木碗固然摔不破，事实上却是对公公不尊敬，只考虑到金钱的损失，而没有想到他的尊严。因此，孝顺只满足父母的需求是不够的，还要有尊敬之心，照顾到父母的尊严。

子游问孝。子曰："今之孝者，是谓能养。至于犬马，皆能有养。不敬，何以别乎？"

（《论语·为政》）

子游请教什么是孝。孔子说："现在所谓的孝，是指能够奉养父母。就连狗与马，也都能服侍人。如果少了尊敬，又要怎样分辨这两者呢？"

"能养"包括饮食起居的照顾与侍奉。有人把"至于犬马，皆能有养"理解为：我们如果只是养活父母而没有尊敬他们，就等于把父母当作犬马来养。这种翻译是不对的。在古代社会，犬替人看门，马替人拉车，两种动物都可以为人类服务。到现在我们还经常说，你对我真好，将来我要效"犬马之劳"。孔子在这里以犬马做比喻，是说如果子女奉养父母就像犬马服侍人一样，只是完成任务，而没有尊敬之心，那跟犬马又有什么差别呢？譬如我们成家立业之后，每月按时送上生活费，但心中不一定尊敬父母。我们可能认为父母念书不多，社会成就不高，却没有想到父母对我们的恩情像天地一样，因为他们我们才得以出生、成长，活在这个世界上，所以我们终身都要尊敬父母。

孔子的另一位学生子夏，有一次也问到怎样做才算孝顺，孔子因材施教，给出另一个答案。

子夏问孝。子曰："色难。有事，弟子服其劳；有酒食，先生馔，曾是以为孝乎？"

（《论语·为政》）

子夏请教什么是孝。孔子说："子女保持和悦的脸色是最难的。有事要办时，年轻人代劳；有酒菜食物时，让年长的人吃喝，这样就可以算是孝顺了吗？"

孔子认为，孝顺出于子女爱父母之心，这种爱心自然表现为和悦的神情与脸色。这一点确实远比为父母做事和请父母吃饭困难。譬如父母年纪大了，生病需要我们照顾，这时就要看我们的脸色了。如果你脸色不好看，让父母觉得好像是麻烦你了，那就算你达到了父母的要求，也不算是孝顺。这时候你要想到我们小时候生病，父母是怎么样不眠不休、衣不解带地照顾我们，从来没有抱怨。现在父母年纪大了，需要我们照顾，我们怎么忍心给父母脸色看呢？

二十四孝里有一个人叫老莱子，活到七十几岁，父母都还健在。他为了让父母开心，经常穿一些彩色的衣服，好像幼儿园的小朋友一样，唱歌跳舞给父母看，有时候还假装摔跤，发出婴儿一样的哭声让父母开心。因为在父母眼中，孩子不管多大，永远都是孩子。我们当然不必这么夸张，但是在孝顺父母时，除了为父母做事，使他们不为生活忧虑之外，同时还要注意到自己的脸色是否非常和悦，要让父母亲觉得我的孝顺是心甘情愿的。

《诗经》说："哀哀父母，生我劬劳……哀哀父母，生我劳瘁……无父何怙？无母何恃？……父兮生我，母兮鞠我。拊我畜我，长我育我，顾我复我，出入腹我。欲报之德，昊天罔极！"父母生我养我，太辛劳了。没有父亲，有谁可以依赖呢？没有母亲，有谁可以依靠呢？出了门就感到哀伤，回家也看不到父母。父母生了我、怀抱我、照顾我、养育我，对我的恩情真是无话可说。父母老了，如果我不能孝顺他们，尊敬他们，又如何心安呢？况且，当我壮年时，也应该想到自己年老时也会有被小孩照顾的一天，那时候子女如果对我态度不敬，我的心里又会做何感想呢？

所以，一个人光孝顺是不够的，还要知道为什么孝顺，怎么样做才算孝顺。你光能满足父母的生活需求是不够的，还要从心底里尊敬父母，理解父母；看父母快不快乐，想自己如何才能让父母快乐。儒家的思想，不是盲目的教条，也不是单方面的权威要求，而是希望我们通过理性的思维，从内心真诚的情感出发，去做到孝顺。

3.委婉沟通

很多人听过一句话："天下无不是的父母。"这话既不是孔子说的，也不是孟子说的，是宋朝以后的学者自己归纳出来的，强调天下的父母都是关怀子女的，希望天下人都能孝顺父母。但是，今天看这句话，很容易产生误会。天下的父母都是好的，可能吗？不可能，理由很简单，"人非圣贤，孰能无过"。父母也是人，是人都会犯错，父母也会犯错，有时是认知错误，有时是判断偏差，有时甚至是蓄意为恶呢。父母犯错时，子女应该怎么办？父母怎么说，子女怎么做，那就是孝顺吗？这不是儒家的意思。

子曰："事父母几谏，见志不从，又敬不违，劳而不怨。"

（《论语·里仁》）

孔子说："服侍父母时，发现父母有什么过错，要委婉劝阻；看到自己的心意没有被接受，仍然要恭敬，不冒犯他们，内心忧愁但是不去抱怨。"

孔子讲得很清楚，父母也会做错事。有的父母说不定做的工作对社会来说都是不允许的，但他们也很用心地把孩子抚养长大。孩子念了书，启蒙了，知道什么是善恶是非，这时候也许会想来规劝父母。因为国有国法，家有家规，一个人不走上正路，终究会有问题。但是你规劝父母的方式要委婉，不能够疾言厉色，好像老师教学生一样，那样父母是不会接受的，反而会觉得这孩子忤逆不孝。如果实在行不通，孔子说做子女的仍然要谨守“不违不怨”的原则，还是很尊敬他们，不要违背他们，努力做好该做的事，不要抱怨，避免伤害亲情。

孟子说：“亲之过大而不怨，是愈疏也；亲之过小而怨，是不可矶也。愈疏，不孝也；不可矶，亦不孝也。”（《孟子·告子下》）父母犯了大的过失，子女若不去抱怨，不去劝阻，则表示关系更加疏远，那是子女不孝；父母有了微小的过失，子女若执意批评，斤斤计较，也是不孝。为什么呢？因为父母如果犯了较大的错，你不去劝阻，让父母一路错下去，说不定最后酿成大错，成为危害社会的人，那时候就悔之晚矣；但是父母如果有了小错，就不要劝了，人谁没有小错呢，小错也要劝，家庭变得像学校一样，孩子变成老师，父母整天战战兢兢的，生怕犯什么错，影响亲子关系的和谐；相反，如果孩子有了小错，父母也像老师一样严厉对待，家就不像家了。

孟子举了一个例子，说这里有个人，如果是越国人（外国人或敌人）拿弓箭射他，他可以有说有笑地讲述这件事，因为他和越国人的关系很疏远。但如果是他的亲哥哥拿弓箭射他，他就会哭哭啼啼地讲述这件事了。为什么？因为哥哥是亲人，亲人对我不好，自然使我伤心痛苦。所谓“爱之深，责之切”，父母对子女充满了期望之情。因为期许深切，所以有一点伤害，都会难过不已。但这并不是认为子女应该盲目依从父母，否认父母的一切过错，也不是盲目肯定父母的一切过错，而是随着内心的情感要求，对父母的作为表达适当的态度。这里的“适当”二字十分重要。在什么样的情况，什么样的关系，什么样的条件下，应该以什么样的方式来互相对待，儒家在这方面是很用心的，非常合乎人情世故，通情达理。儒家所说的孝顺，不是愚昧的孝顺，而是你自己要能判断父母的过失，委婉地劝阻他们。因时代不同造成观念上的差异，或个性不同导致处世作风的差别，不要刻意强求；但有些明显是违法乱纪、伤害社会公共秩序的过失，就要特别小心了。而且劝导父母时，要选择适当的时机。譬如父母过生日的时候，心情好的时候，你去劝，比较有效；真的劝不动，也不要勉强。因为父母年纪大了，性格很难改了，做子女的只有自己努力积德行善，替父母补救过错。

《易传》里有一句话："积善之家，必有余庆；积不善之家，必有余殃。"中国人认为，善与恶是以家庭为单位的。一个家庭一路下来，如果多做好事，子孙会有一些福报；如果做了很多不该做的事，子孙也会受到影响。古人这么说，正是希望子女和父母一起行善，这样才能"家和万事兴"，对社会起到正面影响。如果一个家庭的价值观出现偏差，只知道不择手段去赚钱，那么即使取得成就，也可能对社会造成伤害。所以，不管父母是好是坏，子女都要尽好自己的责任，多多积德行善，也算是孝顺了。

4.孝与健康

我们年轻的时候容易让父母操心，这是每一个人都有的经验。我们有时会想，是父母自己愿意操心的啊，我们又没做什么事情让他们担心。真的是这样吗？俗话说，儿行千里母担忧。子女什么都没干，只是出了一趟远门，做父母的也会担忧不已。所以孔子才会说：

父母在，不远游，游必有方。

（《论语·里仁》）

父母在世时，子女不出远门；如果出远门，就必须有一定的去处。

古人出门离家大概有四种情况：一是游学，到外面去求学；二是游仕，去外面做官；三是游历，看看各地的山川风物或古迹名胜；四是游玩，到朋友家里去玩。古时候通信不发达，不像现在人人有手机，到任何地方都可以发短信、打电话向父母汇报；在古代，子女一旦出远门，会好多天音信全无，联系不上，父母会非常担心、挂念，不知道子女在外面发生什么状况。

所以孔子才会说，父母亲在世的时候，做子女的尽量不出远门，以免让他们挂念，这是一种孝顺。不过孔子的意思并不是不让你出门，而是你出门到什么地方去，要让父母知道，要常常想到父母在为你担心。要想到我现在做这件事，到这个地方去，父母会担心吗？如果父母会担心，就不要去做。

此外，孔子认为，做子女的懂得保养身体，做到身体健康，少生病，这也是一种孝顺。

孟武伯问孝。子曰："父母唯其疾之忧。"

（《论语·为政》）

孟武伯请教什么是孝顺。孔子说："让父母只为子女的疾病忧愁。"

《论语》中，弟子与时人向孔子问孝的地方很多，孔子因材施教，每一次给出的答案都不一样。孟武伯是鲁国大夫孟懿子的儿子，是贵族子弟。这一次他向孔子问孝，孔子给出的答案很简单：健康就是孝顺，让父母只为你的疾病忧愁。什么意思呢？人生病总是难免的，天气的变化，饮食的问题，都可能导致生病。除了生病，其他所有的事情，包括念书、交友、做事，都不让父母担心，那你就非常孝顺了。这句话听起来不难，真要做到却不容易。可怜天下父母心，为子女操劳一生，子女生病时，甚至愿以身相代。我们今天的为人父母者，如果子女真能做到让我们什么都不必担心，而只担心他们有没有生病，那么我们除了庆幸自己有了孝顺的子女，还能说什么呢？

有一位学生高柴，孔子说他"柴也愚"，比较愚昧，为什么呢？因为他的父母过世时，他过于悲痛，哭干了眼泪，甚至哭出血来，可见他不懂得适可而止地自我控制。孔子对他说，你怀念父母是对的，但是不知保重身体就是不明智了。因为你自己还有家庭子女要照顾，有社会责任要承担，如果你的身体出现了问题，父母就算地下有知，也不会心安啊。所以，高柴虽然孝顺，但在孔子看来，伤心到伤害自己的身体，是不对的。

做子女的爱惜身体，保持健康，不仅是做人的责任，也是孝道的根本。儒家谈孝顺，强调"将心比心"，要替父母着想，替父母着想的方法是把自己当成父母来思考。有一句话说得好，"养儿方知父母心"。我们在做子女的时候，往往不太能够了解父母的心情。只有等到自己也做了父母，有了子女之后，才会想到父母从前是怎样替自己担心的。所以儒家说，一个人上有父母，下有子女，才比较可能表现出深刻的孝顺，这是人性自然的道理。

人长大成熟之后，一方面有了自己的孩子，要跟孩子一起成长；因为我们长大之后，往往会忘记自己过去的经验，忘记了父母的恩情，而孩子会提醒我们，父母也是这样辛苦地把我们养大的。另一方面，也要跟父母一起成熟；看到父母年纪越来越大，要想到将来我们也会跟父母一样，衰老、生病，接近生命的终点。所以，一个人有父母，有子女，有一个完整的家，是人生非常大的幸福。看到子女，想到自己小时候的样子；看到父母，可以去想象自己年老时的样子。一个人有过去有未来，他的现在才不至于落空，他的生命才有源有本，慢慢成熟。

5.法理与人情

儒家思想经常受到质疑的一个问题是：到底儒家是不是为了人情而忽略法理？或者儒家思想是不是欠缺法治的精神，不太适合现代社会？最大的争执点源于下面这段话：

叶公语孔子曰："吾党有直躬者，其父攘羊，而子证之。"孔子曰："吾党之直者异于是：父为子隐，子为父隐。直在其中矣。"

（《论语·子路》）

叶公（楚国大夫）告诉孔子："我们乡里有个正直的人名叫躬的，他的父亲偷了羊，他亲自去检举。"孔子说："我们乡里正直人的做法不一样：父亲替儿子隐瞒，儿子替父亲隐瞒。这里面自然就有正直了。"

照理说，正直的品德，要求我们举发一切不义之事。因此，父亲偷羊，儿子告发，不是标准的正直模式吗？但是孔子听了，不能接受。父亲偷羊，任何人都可以去证明，但是儿子不能去证明，直系亲属不能去证明，去证明就违背了亲属之间的伦理道德。孔子提出“隐”，再怎么样也不能以儿子的立场去举发父亲，或者以父亲的立场去举发儿子，因为父子之间的亲情胜过法律。孔子还认为在“父子相隐”中可以找到“直”。为什么呢？理由有二：第一，任何品德都应以真诚感受为基础。一个人如果没有真诚的心，即使表现出正义的行为，也很难持久；因为他也许是为了讨好社会，或者表面上好像主张正义，而内心已经背离了人性的要求。在人的一切感受之中，没有比亲情更重要的了，隐瞒亲人所犯的过错，是出于真诚的情感，不忍心看到自己的亲人受到制裁，不去举发并不代表违抗社会上的公权力，否则所有的人都由自己家人来举发的话，还需要法官警察做什么？为了正直而牺牲亲情，等于为了对群体负责而放弃个人责任，本末轻重正好颠倒。第二，任何行为是否“直”，皆需考虑行为者与对方的关系，只要恰如其分，就可以称为“直”。孔子说：“好直不好学，其蔽也绞。”（《论语·阳货》）如果不肯学习人间事理，光是一意孤行，追求所谓的正义，结果是“行事怪异，刺痛人心”。

《孟子》里有一段故事。一个学生请教孟子：“舜是天子，皋陶是法官，如果舜的父亲杀了人，应该怎么办？”孟子说：“逮捕他就是了。”学生问：“那舜不会阻止吗？”孟子说：“舜怎么阻止？皋陶是有法律依据的。”天子犯法与庶民同罪，何况天子的父亲犯法，当然要接受法律制裁。学生再问：“那么舜会怎么办？”孟子回答：“舜视弃天下，犹弃敝蹝也。窃负而逃，遵海滨而处，终身䜣然，乐而忘天下。”（《孟子·尽心上》）舜会把天子的位子丢开，就好像丢掉一只旧草鞋一样，然后自己背着父亲偷偷跑到海边躲起来，一辈子都很开心，快乐得忘记了天下。

孟子为什么要这样讲呢？难道舜的父亲杀人是冤枉的吗？或者被杀的人的家人不难过，不痛苦吗？舜的选择其实很简单，你要当天子就要维持社会正义，派法官去抓父亲；但是如果你不当天子，只是一个单纯的儿子，就要以孝道为先，想尽办法来保护父亲。这种观念与孔子所谓“父为子隐，子为父隐。直在其中矣”的立场是一致的。法律是社会的需要，人伦则是天性的要求，我们不能因为社会的需要而伤害天性的要求。

对于这种做法，一般人恐怕觉得难以接受，这岂非为了家庭的亲情而伤害了社会正义？但不要忘记，舜已经做出了选择，两者不可得兼，只能取一个自己可以接受的结果，而他能够接受的结果当然是出于人性真诚的情感保护父亲，否则他继续当天子，而父亲被关在牢里，甚至被判处死刑，他还能够安心吗？还能够用心替百姓服务吗？

由此可知，儒家的思考模式并不是要违背法律，而是要让你知道法律是要建立在人性真诚的情感上面的，如果这种情感受到威胁，整个社会的架构恐怕也难以长期维持。一个社会不可能十全十美，许多事情都有它的代价。在儒家看来不应该为了追求社会法律上的正义而牺牲家人的亲情，因为亲情是唯一的，是无法替代的。而且如果要牺牲，请问要牺牲到什么程度呢？事实上，“大义灭亲”绝不是儒家的思想。儒家认为你如果不能够真诚地面对自己希望父母平安快乐的心情，而是直接跳到社会正义上，父母犯错就立刻去举报，让父母受到惩罚，这是违背人的情感的。儒家思想作为一派哲学，要解释人类生活的经验，压力很大。因为人类生活经验充满各种矛盾，各种复杂的事实，杀人偷羊的背后也许还有许多复杂的因素，不能去简单判断。儒家宁可在这个时候说，你要出于内心的情感保护父母亲，但是如果法律判父母亲有罪，也不用抗拒，做错事应该负责任，这才是正确合理的态度。

6.孝与守礼

所谓“孝”，是人类真情最基本的一种表现。所谓“礼”，是一种大家都遵守的社会规范。孝和礼有什么关系呢？孔子认为有关系。有一次孟懿子向他请教什么是孝，孔子只回答了两个字“无违”，不要违背礼制。

生，事之以礼；死，葬之以礼，祭之以礼。

（《论语·为政》）

父母活着的时候，依礼的规定来服侍他们；父母过世后，依礼的规定来埋葬他们，依礼的规定来祭祀他们。

孔子为什么会这么回答？因材施教。当时鲁国由孟、叔、季三位大夫把持朝政，经常违礼僭礼，做出很多不合礼法的事情来。譬如孔子的学生冉有给季氏当总管，季氏想去泰山祭祀，孔子让冉有劝阻，因为这是违背礼制的事情。只有天子和诸侯才有资格祭祀泰山，季氏身为鲁国大夫，此举属于僭越行为。结果冉有说他劝不了，孔子非常失望。

这一次提问的孟懿子也是一位大夫子弟。他小孔子二十岁，曾经奉父亲孟僖子之命，向孔子学礼。当他请教孔子什么是孝顺时，孔子简洁而坚定地回答：不要违背礼制。也即提醒他，一个贵族子弟不能因为有钱有权，就逾越礼的规定，举行超出身份的丧葬仪式，让天下人都知道我孝顺父母。在孔子看来，这是违背礼制的，是不孝的。只有无违于礼，才能实现孝顺的心意。内在的孝心与外在的礼法配合，才是孝的实践。

孔子认为，孝与礼的关系还表现在：

父在，观其志；父没，观其行；三年无改于父之道，可谓孝矣。

（《论语·学而》）

观察一个人，要看他在父亲活着的时候选择什么志向，在父亲过世以后表现什么行为。如果他能三年之久不改变父亲做人处世的原则，就可以称得上孝顺了。

为什么“三年无改于父之道”是孝呢？这与礼的规定有关。古制父母亡故，子女守丧三年。根据荀子的说法，这三年不是真正的三年，而是二十五个月。很多人问，“三年无改于父之道”，万一父亲的原则是不好的，应该立刻改过来，为什么要等三年才改呢？反之，如果父亲的原则很好，三年之后为什么要改呢？可以接着做下去嘛。这个问题很复杂，因为每一对父子的性格作风不同，“父之道”的现实情况也十分复杂，“三年无改于父之道”是基于此的一种稳健做法。譬如父亲喜欢救济孤儿院，我喜欢救济养老院，父亲过世三年之内，我是继续照他的意思救济孤儿院呢，还是按照我的想法，把钱捐赠给养老院？孔子认为，恐怕你还是要照着父亲的习惯继续做三年。为什么呢？避免让原来受他照顾的人感觉失望。你可以做满三年之后，再按照自己的想法进行改革。

以孔子的学生曾参来说，曾参的父亲年纪大了，他伺候父亲每顿饭都有酒有菜。用完餐之后，他问父亲，剩下的饭菜要给谁？父亲说，这次给隔壁的张家吧。曾参尊重父亲的想法，让父亲有安排剩饭菜的自由，让他感觉到自己虽然年纪大了，但还是有能力帮助更穷困的人，这说明曾参很孝顺。等到曾参自己老了以后，他儿子奉养他就不一样了。每顿饭也是有酒有菜，但是吃完之后，不再问他该把剩下的饭菜怎么处理。他问，还有剩的吗？儿子说，没有了。为什么？嫌麻烦。但是孝与不孝的差别就在这里。曾参侍奉父亲时，让父亲照顾穷人的愿望得以实现，曾参的儿子奉养他时，却忽略了这一点。当然我们也可以说曾参自己很孝顺，却没有把自己的儿子教好，这是另一回事。

所以，孔子谈到孝顺，除了要有真诚的情感之外，礼制也是必须要遵守的。这样一来，人的行为才不至于“过度”，也不至于“不及”，各种情感才能“发而皆中节”，“节”就是适当的分寸。人不管处于什么时代，什么社会，只有守法和重礼两项配合起来，人生之路才可以走得非常稳健。也许有人会问，儒家的思想会不会有些保守啊？不要忘记，一个人活在世界上，只有保守稳健，才能够慢慢成长；否则礼仪制度方面改变太快，到最后恐怕无所措其手足，反而乱了方寸。

7.三年之丧

“三年之丧”算是《论语》里最尖锐的一段对话。孔子有个学生叫作宰我，是言语科的第一名。这位学生每次出现，似乎都会给孔子带来一些不快。譬如他白天睡觉，孔子说他“朽木不可雕也，粪土之墙不可圬也”，不可救药了。为什么？因为古时候没有电灯，晚上非睡不可，那白天就应该念书工作。一个人大白天睡觉不是没志气，就是懒惰，所以孔子批评他。不过，这一次在关于孝顺的问题上，宰予倒是提出了一个好问题。

宰我问：“三年之丧，期已久矣。君子三年不为礼，礼必坏；三年不为乐，乐必崩。旧谷既没，新谷既升，钻燧改火，期可已矣。”子曰：“食夫稻，衣夫锦，于女安乎？”曰：“安。”

（《论语 · 阳货》）

宰我请教说：“为父母守丧三年，时间未免太长了。君子三年不举行礼仪，礼仪一定会荒废；三年不演奏音乐，音乐一定会散乱。旧谷吃完，新谷也已收成，打火的燧木轮用了一次，所以守丧一年就可以了。”孔子说：“守丧未满三年，就吃白米饭，穿锦缎衣，你心里安不安呢？”宰我说：“安。”

父母过世，子女守丧三年，这是商朝的规定，事实上周朝已经不太流行了。孔子的祖先是商朝人，他总认为祖先那一套还适用，结果宰我提出质疑，说三年守丧，时间未免太长了吧，三年不能行礼作乐，一定礼坏乐崩。这就像小孩学钢琴一样，三年不准他弹琴，再弹的时候一定不成调，这是人文世界的情况。自然世界呢？古时候鲁国一年收成一次，旧米吃完，新米收成要一年。取火用的木头，也是一年轮用一次。宰我很有逻辑头脑，他说人文世界三年太长，自然世界一年一循环，所以守丧一年就够了。

照理说，很难反驳这个质疑。孔子总不能说，宰我，你说三年不行礼乐，礼乐必定崩坏，你做过调查吗？或者你去过台湾没有，台湾是一年收成三次而不是一次呀。这么扯就扯不完了。孔子毕竟是一位伟大的老师，他立刻把伦理规范的基础转移到心理情感上。他说父母过世了，你自己守丧未满三年，就吃好的穿好的，你心里安不安呢？谁知宰我不客气地回答："安。"心安理得。所以说宰我是坏学生呢，完全不了解老师的用心，这种事情怎么可以说"安"呢？假设宰我的父母在世，听到儿子这么说一定很难过；假设宰我的父母过世，那他以前替父母守丧时，心思一定转来转去的，不想守太长时间。孔子听了宰我的回答，只好说：

"女安，则为之！夫君子之居丧，食旨不甘，闻乐不乐，居处不安，故不为也。今女安，则为之！"宰我出。子曰："予之不仁也！子生三年，然后免于父母之怀。夫三年之丧，天下之通丧也，予也有三年之爱于其父母乎！"

孔子说："你心安，就去做吧！君子在守丧的时候，吃美食不辨滋味，听音乐不感快乐，住家里不觉舒适，所以他不这么做。他宁可吃得简单，住得简陋，也要替父母守丧。现在既然你心安，你就去做吧！"宰我退出房间后，孔子说："宰我没有真诚的情感啊！小孩子生下来三岁才能离开父母的怀抱。为父母守丧三年，天下人都是这么做的。宰我曾经受到父母三年怀抱的照顾吗？"

"子生三年，然后免于父母之怀"，这句话过去一直被中国的哲学家所忽视。怎么可以拿"生下来被父母怀抱三年，所以父母死了就要守丧三年"做论证呢？许多人一笑了之，不去多想。然而，几年前美国一份心理学杂志发表的研究报告却证实了孔子两千多年前的见地是多么了不起。

有一家专门收容弃婴的医院，收容了五十名弃婴，有专人去照顾固定的吃喝。这五十个小孩的反应都差不多，目光呆滞，面无表情，了无生趣，他们的身体在成长，但却躺在那儿奄奄一息的样子。其中只有一个小孩例外，每天总是嘻嘻哈哈，见了人就笑。医生和护士觉得很奇怪：大家都是弃婴，每个人的表情都死气沉沉，为什么他那么高兴呢？于是在房间里装上监控，二十四小时观察这个小孩身上是否发生了什么特别的事情。一星期下来，观察结果发现，原来每天下午下班时间，有一位到医院收垃圾、扫地的老太太，经过这个小孩时，会逗逗他，陪他玩半个小时。就是这每天半小时的差别，使这个小孩出乎其类，拔乎其萃，成为这些弃婴当中最特殊的一个。于是发现了，原来小孩需要有一个人以主体的身份去关怀他，跟他互动，他的生命力才能得到正常的发展。否则，只是饿了给他吃，渴了给他喝，而没有一个人真正去关怀他，他内在的心理能力无法发挥，只能死气沉沉地待在那儿，不知道如何与人互动。

这个研究带给美国心理学界很大的震撼。在美国人的家庭里，小孩生下来，大一点之后，就放到小房间里一个人睡。小孩哭，让他哭，哭累了就睡着了，变得很有独立性。但是这种独立性对人性而言，是一种伤害，事实上违背了人性自然的要求。人类与动物的差别之一，是人类的幼儿依赖期是最长的，人类所生的小孩依赖父母的时间最长，远超过其他动物。人类的孩子一般要在父母怀中三年，才能够稳健地独立行走。这种长期在生理上依赖父母的状况，自然在心理上发展出特殊的结构，即孩子和父母之间永远有着互相关怀的心理情感。相反，在成长的最初过程中，若是缺少了父母的特殊关怀，则这种遗憾一生都无法弥补；若要弥补，日后必须付出加倍的代价。

从生理需求到心理情感，最后才出现所谓“三年之丧”的伦理规范。也就是说，人间的伦理规范（三年之丧）是为了响应心理情感（安）而定的；然后，心理情感又可以推源于生理特性（三年免怀）。如此形成“生理—心理—伦理”的观点，可以说明人性的开展过程以及人性何以向善，亦即为何不守三年之丧就会不安。所以孔子怀疑宰我是否曾受过父母三年怀抱的照顾，说他“不仁”，忽略了人心的情感需要。换言之，孔子心目中的人性，是不能离开人的生命之具体存在及成长处境的。“子生三年，然后免于父母之怀”是他对人性的深入观察。“三年之丧”是配合我们内心情感需要的外在表达形式。我们在成长过程中，身体上受到父母照顾，心理上和父母有长期依赖，所以父母过世，守丧三年，才能使我们心安。

因此，儒家讲求的伦理规范，并非由外在的压力而来，而是内在心理情感的适当表达。外在的礼仪、礼节、礼貌只是个表现形式，它的前提在于内心真诚的情感。若没有真情实感，外面也不用去做那些形式了，一切只会沦为教条。这才是儒家真正的思想。两千多年一路下来，一直到清末，很多人都说儒家是礼教吃人，吃人礼教，好像学了儒家之后，就被那种三纲五常给限定死了，好好的人生被约束得没什么乐趣了。事实上，儒家为中国传统所规定的“礼”提供了哲学说明。这个说明是合乎经验、合乎理性、合乎理想的，使我们活在世上有源有本，有内在的情感，也有外在表达的形式。两者配合，内外相得，才能构成一个和谐的人生与社会。

第五章　结交良友

1.真诚相待

西谚有云：“没有一个人是一座孤岛。”人与人之间的交往和沟通是不可或缺的，各式各样的朋友会在一个人生命的各个阶段扮演重要的角色。中国古代以君臣、父子、夫妇、兄弟、朋友为“五伦”，朋友也是其中重要一伦。孔子说：“有朋自远方来，不亦乐乎！”（《论语·学而》）的确，有些朋友因为家庭、事业、学业、理想而各奔东西，无法长相聚首，只能借鱼雁或书信问候，但是心中却清楚地知道对方总在祝福自己。若是得遇机缘，重新会面，自然会有快慰平生之感。

朋友之间的来往是一个结缘的过程，所谓“广结善缘”。这个“缘”可以因为我们是同学、同乡、同事，或是同道——有相同的人生志趣，甚至是同游——一起出去游玩，而产生友谊。结缘之后，就要惜缘，珍惜两人之间相处的情意。因为通常我们交朋友，都是分开之后才开始思念，想到以前念书的时候，有个什么样的朋友，大家相处得如何愉快，只是当时没有很好地珍惜，现在再想见面已经不容易了。

惜缘之外，也要随缘。人生之事，因缘而聚，随缘而散，一切顺其自然。譬如大家快要毕业了，那就毕业吧，你不能说我们这一班同学感情特别好，大家一起再多念一年，这是不可能的。不管缘分如何，人与人之间，没有说谁一定要跟谁做朋友，谁一定不能跟谁做朋友。一般来说，交朋友分为四个层次，最下一层叫作“酒肉之交”，大家一起吃饭、喝酒、享受；往上叫作“利害之交”，一起做生意、合作，合则两利，离则两害；再往上叫作“道义之交”，“道”代表人生的方向，“义”代表正当性，亦即每一次我所做的正当选择，跟你选的或想的一样，譬如中国人津津乐道的“桃园三结义”，刘备、关公、张飞三人就是道义之交；最高一层叫作“生死之交”，一般称作知己。美国作家亨利·亚当斯（Henry Adams）说：“人的一生，能结交一位好友，已属难得；能结交两位，可谓幸运之至；至于结交三位，则根本不可能。”如果把朋友界定在“知己”的层次，这段话确实反映了人生经验。我国古人不也说人生得一知己，可以死而无憾吗？可见，知己是以生命来相互交换的，是交朋友的最高境界。

不论结交哪一种朋友，交朋友的原则是一样的，四个字：真诚相待。其实，真诚不但是对朋友，对任何人都应该真诚。西方有一句话说得好，“你对朋友是以性格互相裸露”，在朋友面前，我的性格不穿衣服，不需要伪装，不需要化妆，我是什么性格就让朋友直接知道；相反，如果朋友之间不能以真诚的态度相处，就是虚与委蛇，浪费生命而已。

子曰：“巧言、令色、足恭，左丘明耻之，丘亦耻之。匿怨而友其人，左丘明耻之，丘亦耻之。”

（《论语·公冶长》）

孔子说：“说话美妙动听，表情讨好热络，态度极其恭顺；左丘明认为这样的行为可耻，我也认为可耻。内心怨恨一个人，表面上却与他继续交往，左丘明认为这样的行为可耻，我也认为可耻。”

左丘明是鲁国的史官，司马迁称其为“鲁之君子”。左丘明认为，一个人如果表面上对朋友热情、友善，心里却藏着对朋友的怨恨，这样的行为是可耻的。朋友交往有时难免会出现误会或怨恨的情况，譬如听别人说你在背后批评我，这样会产生误会；或者你有好的机会没有告诉我，没有让我跟着你一起发财或得利，这时会出现怨恨。心中有了疙瘩，却把它隐藏起来，表面装着若无其事，跟他继续做朋友，孔子认为这样不好，这样缺乏真诚。你说那如果真诚的话，我把意见直接说出来，误会可能更严重了，甚至两个人会翻脸，那怎么办？说实在的，真正的朋友要能够做到"肝胆相照"，很多时候是不打不相识，你没有把真话说出来，你怎么知道别人会拒绝呢？也许他在气头上不愿意接受，但过了一段时间，会发现你也是为他好，对于你的真诚反而会非常感激。

人是会变的。人的变，若不是由于外在的环境，就是由于内在的观念。外在的环境也包括朋友的劝告，所以古人"以友为镜"来提醒自己做得对不对。内在观念的改变，要靠多读书。读书可以帮助一个人明白道理，明理之后会知道个人情绪是一回事，做人的原则是另一回事。我们交朋友有时会因为各种外在的干扰，友谊变得比较复杂。譬如朋友一起做生意，到最后说不定可以共贫贱，却不能共富贵；也有的朋友一开始觉得彼此没什么话好说，后来碰到一些人生困难，才发现"患难见真情"，像西方人说的："A friend in need is a friend indeed."患难之交，才是真朋友。

不过，对朋友进行劝告也要懂得适可而止。子贡有一次请教孔子怎么样交朋友，孔子说了一句话："忠告而善道之，不可则止，毋自辱焉。"（《论语·颜渊》）朋友如果有错，你要真诚地劝告，委婉地劝导，但是他如果不听，你就要停下来，以免自取其辱。为什么？因为朋友之间是相互平等的，如果地位不平等，变成你来教训我，那你就是我的老师了，变成了老师跟学生的关系，不再是朋友关系了。朋友之间尽管有互相劝告的义务，但如果对方不听，多言无效之后，你最好闭口不谈，不要再勉强了。

2.志趣相投

除了真诚之外，交朋友还要依据什么样的原则？根据孔子的说法，志趣是非常重要的。志趣是什么？就日常休闲生活来说，譬如今天放假，你要爬山，我要游泳；你要下棋，我要打球——这样两个兴趣爱好不一样的人，很难凑在一起。又譬如一个人的志趣在艺术，若结交喜欢科学的人当朋友，大概会很辛苦，所以要找跟自己有类似志趣的朋友。

子曰：“无友不如己者。”（《论语·学而》）很多人以为是“不要交不如自己的朋友”。乍听之下，这是很好的建议，人往高处走，水往低处流嘛，我们应该多交比自己强的朋友，提升自己的水准。但仔细一想，问题来了：如果你不交不如自己的朋友，专去找比你优秀的人做朋友，那么这个人是否也要根据相同的原则，拒绝跟你交友呢？他也可以“无友不如己者”啊。如此一来，天下人在交友之前，都要相互比较，比较难免会有高下之分，结果是：很少有人或没有人可以找到朋友了。

这当然不是孔子的意思。“不如”可以解为“不及、比不上”，也可以解为“不像、不类似”。根据后者，则“无友不如己者”是说“不要结交不像自己的朋友”。“不像自己”是指在志趣上与自己分道扬镳。譬如就志向而言，有人要服务社会，有人要拼命赚钱；有人要追求学问，有人要游戏人间。再就兴趣来说，室内的下棋、打牌、品茗、阅读、看电视，室外的登山、旅游、打球、慢跑、交际应酬等，亦是人人有别，或是大同小异，或是小同大异。所谓“道不同，不相为谋”，由志趣的差异最后衍生到人生抉择的不同。如果贸然选择志趣不相投的人做朋友，不仅事倍功半，也可能貌合神离，甚至反目成仇。天下许多仇人都是朋友演变成的，可不慎乎？所以，交朋友一开始靠的是缘分，像同乡、同学、同事，甚至一起出去游玩，都可能成为朋友，但后面的发展要看志趣是否相近了。志趣不相近，勉强在一起，友谊恐怕也很难维持长久。

除了志同道合之外，儒家谈交友，还要兼顾“互相责善”，以“善”来互相期许、要求。孔子说：“朋友切切偲偲，兄弟怡怡。”（《论语·子路》）“切切偲偲”指彼此切磋勉励，“怡怡”指和睦共处。兄弟姐妹因为有同样的父母，是天生命定的亲人，个性再怎么不合，也要设法和睦相处。朋友是自己找的，有些是好朋友，有些可能是坏朋友；有的朋友因缘深厚，可以一辈子来往，有的缘分短浅，说不定从学校毕了业就分开。这时你要问，我交这些朋友是为什么呢？孔子的回答是“朋友切切偲偲”，交朋友绝对不能只在一起浪费时间，或是一起游玩而已，而要随时互相切磋勉励，走向人生的正确方向。

曾子曰：“君子以文会友，以友辅仁。”

（《论语·颜渊》）

曾子说：“君子以谈文论艺来与朋友相聚，再以这样的朋友来帮助自己走上人生正途。”

《论语》里所说的“君子”有两个意思，一是有政治背景、官位的人，如封建社会中的世袭贵族子弟；二是指有志于修德讲学、人格完美的人，如孔子的众多弟子。曾子此言所指是第二种人。君子以什么做标准呢？有一句话叫“君子立恒志，小人恒立志”，小人经常立志，代表他的志向很短暂，不能坚持下去；而君子只立一个志向，从读书开始不断往上提升，最后成为一个人格完美的人。而修养人格这件事是做不完的，坚持一辈子，都不一定能达到人格完美的标准。曾参认为，交朋友对于成为君子有直接帮助，“君子以文会友”，“文”包括各种文化艺术活动，以及各种技能。譬如你交到一个喜欢下棋的朋友，你自己本来不喜欢下棋，他带着你下棋，慢慢地你也喜欢下棋了；又或者你不喜欢读书，但是你的朋友喜欢读书，受他的影响，你可能也会喜欢读书了。所以曾子说，朋友之间要能够谈文论艺，才有交集，也就是有共同语言。而交这样的朋友目的是“辅仁”。“仁”指人生的正途，也就是“道”，亦即朋友之间要互相切磋勉励，在人生正路上相互扶持，以实现大家向善的心志，这才是交朋友的光明大道。

人生中所交的一些朋友，由于机缘所限，因缘不再，其实都是值得珍惜的。许多人对朋友存有幻想，渴望认识合乎理想、心意相通的朋友；但往往忽略朋友是相互的，我们希望有什么样的朋友，朋友也同样希望我们是这样的人。如果一个人缺乏自我认识的功夫，对自己的志趣都搞不清楚，又如何期待别人成为自己志趣相投的朋友呢？

3.信义兼顾

跟朋友来往，大家都知道“守信”很重要，但守信的同时也需要考虑到“义”。“义”代表正当性，也就是一般所说的道义。信和义有什么关系呢？子贡有一次问孔子，要具备什么样的条件，才可以称为士？士是古代的一个阶层，在大夫之后，也可以用来泛指一般的读书人。孔子提到三种人符合士的条件，最后一种是：

言必信，行必果，硁硁然小人哉！

（《论语·子路》）

说话一定要守信，行动一定要有结果，这种一板一眼的小人物，也可以算是再次一等的士了。

光看字面的意思会吓一跳，难道说话守信有错吗？做事有结果不是很负责吗？为什么孔子会批评说这是一种小人物呢？问题出在“义”这个字上。把孟子的话拿来一并看，就知道儒家思想的深刻了。孟子说：“大人者，言不必信，行不必果，惟义所在。”（《孟子·离娄下》）“大人”代表德行完备的人，一个人的德行修养到完备的阶段，才有资格称为大人。孟子说，德行完备的人，说话不一定都兑现，做事不一定要有结果，一切都要看道义在哪里。“义”者，“宜”也。昨天适宜的，今天不见得适宜，对张三适宜的，对李四不一定适宜——要看变化的情况，配合适当的情况，做出正确的抉择，找出“应该”的所在。人间事物一直在变迁发展之中，如果没有通权达变的能力，言行都可能陷入困境。譬如我最近买了一把猎枪，一个朋友跟我要好，他说你下个月把猎枪借我去打猎吧。好朋友当然没问题，我答应你。但就在这一个月里，朋友患上了抑郁症，有自杀倾向。时间一到，他来找我，说你答应要借我猎枪，现在借给我，实现你的诺言吧。这时候我应该怎么办呢？如果一定要守信，把枪借给他，他后面发生了什么事，我难道不用负责吗？“吾虽不杀伯仁，伯仁由我而死”。守信是我现在跟你约定将来要做的事，但是现在到将来之间，还有一段时间，可能出现各种不可预料的变化，到时候要根据实际情况，再做出合适的抉择。《庄子》里面也提到一个人，叫作尾生，这人很守信用，他跟一个女孩子约会，约在桥下见面，结果洪水来了，他在桥下抱着桥柱不走，淹死了。为什么？他说我约定了跟你在桥下见面，就不能去桥上啊。但事实上这个女孩子迟到恐怕是因为风雨太大，或者家里反对，换了我们，当然上桥啊，不然回家算了，但是尾生很守信用，结果淹死了。

这并不是说跟朋友约定的事情，可以说了不算，而是说你要考虑实际的情况，不能光为了自己守信，或者怕别人说我不守信用，就绝对不能更改，以致出现坏的结果，这样一来就变成教条主义了。儒家的智慧是非常活泼的，会考虑到各种情况的变化。孔子为什么说“言必信，行必果”是小人物呢，因为他没有注意到人生是充满变化的，看似一板一眼，其实可能忽略了“义”。《易经》的“易”就是变化的意思，在变化之中，你要找到不变的规则，并配合各种情况做出适当的选择，而那个不变的规则，就是“我要真诚”，秉持一颗真诚的心跟人互动，然后再视具体情况而定。

孔子曾经说过，他跟古代很多伟大圣贤不一样的地方，在于古代的圣贤都有某种特殊的表现，最后可能为此牺牲生命，而孔子认为自己是五个字：“无可无不可”。我没有一定要怎样，也没有一定不要怎样。有些人听了，觉得这种态度恐怕有点滑头吧。但是你不要忘记，人生本来就是充满变数的，你什么时候该进，什么时候该退，什么时候该上台，什么时候该下台，不是你说了就算的，要看各种实际情况的需要，可以行则行，可以止则止。如果一定强调“言必信，行必果”，看起来好像坚韧不拔，其实是不懂得通权达变，因时制宜。儒家的思想告诉我们，交朋友守信用当然很好，但不能忘记要有灵活的智慧与坚定的原则。

孔子还有一个学生叫作有子。有子曰："信近于义，言可复也。"（《论语·学而》）你跟别人约定的事情，要尽量合乎道义，说的话才能实践。相反，如果约定的事情没有正当性，违背社会的礼仪或法律，你就算说了也不能够实践。所以我们与朋友交往时，不要轻易去说我答应你什么什么事，而是一定要考虑到这件事是否接近道义，接近道义才能够去实践，否则就算约定了也未免失信。

4.益者三友

朋友就像一个人的镜子，可以反映出他的兴趣、嗜好、志向与品位。朋友不只是镜子而已，他还会进一步敦促人走向更美好充实的人生。孔子说有三种朋友有益：

友直，友谅，友多闻，益矣。

（《论语·季氏》）

与正直的人为友，与诚信的人为友，与见多识广的人为友，那是有益的。

第一种"友直"，"直"代表真诚而正直，心里有什么话直接说出来，使你知道我的所思所想。朋友之间的交情是基于酒肉、利害，还是道义，就以此为判断标准。朋友如果"直"，他看到你有错误或者可能要犯错，会直截了当说出来提醒你，他不会不好意思说，或者找各种借口来替你掩护。这种朋友像镜子一样，通过镜子可以看到自己的缺点。一个人如果能找到这样的朋友，就不容易犯错。但是这样的朋友也会带来压力，古代有一种说法叫“畏友”，让人敬畏的朋友。这种朋友一说话，你马上觉得有压力，但是事后必须承认，他说的有道理，说的是对的。有这样的朋友，你应该很感激。

第二种“友谅”，“谅”代表诚信、体谅。这种人说话算数，值得信赖，另外也比较能够体谅你的心情，知道你的委屈，能够在适当的时候给你安慰。曾子曰：“吾日三省吾身：为人谋而不忠乎？与朋友交而不信乎？传不习乎？”子夏曰：“与朋友交，言而有信。”子曰：“老者安之，朋友信之，少者怀之。”这三段话中的“信”，都指出交朋友要诚信。说到诚信，也牵扯到一个人能不能长期坚持理想的问题。譬如早年穷困的时候有些理想，后来又富且贵，还能够坚持理想吗？我们年轻时交的朋友往往很单纯，尤其是在学校里认识的同学，但是进入社会以后，十年二十年不见，大家再见面的时候，所谈的内容往往是谁在社会上比较有成就，谁得到了什么荣华富贵。这代表什么？代表这样的朋友无法坚持年轻时的理想，在诚信方面不见得合乎标准。

至于体谅，人生难免无过，所犯之过是出自无心，出自无知，还是出自恶意？只有出自恶意之过，是不能轻易原谅的。朋友知我甚深，自然可以分辨这些，并在我需要时伸出坚强的支援之手。不过体谅是双方面的，不能只是一味地要求别人。体谅也包括自己能做的事情绝不请别人代劳，因为朋友并非工具或手段，而是要同舟共济的。

第三种“友多闻”，“多闻”并不指学历高低，而是指浓厚的求知兴趣。朋友见多识广，能启发我们的观念，开拓我们的视野。譬如朋友聚会时总要说话，你不能老谈一些每天发生的八卦新闻，或者各种马路消息，而要谈一些比较有营养的、能够增加见闻的事情，这时候就需要这种“多闻”的朋友。每一个人的时空都是有限的，心灵也容易执其一偏，对于小至人情世故，大至家国天下的丰富面貌，往往知其然而不知其所以然，甚至根本未曾与闻。这时候，如果能有一个上知天文下知地理的朋友，跟你谈论这些问题，包括许多奇奇怪怪的事情，他都可以讲出个道理来，无疑是为我们的生活打开了一扇窗，帮助我们突破自己狭隘的格局，以更周全的眼光欣赏一切事物。

以上三种有益的朋友，是针对人的意志、情感、认知三种要求来的。“友直”代表这个朋友一辈子坚持原则，在意志上非常坚定；“友谅”在感情上能够体谅包容；“友多闻”可以给你增加许多重要有趣的信息。任何一个朋友具备这三者之一就很好了。你不能要求一个朋友三者全部具备，都具备的话就是可贵的知己了，可是知己难求啊。而你这样要求朋友的时候，也先要问自己有没有具备这些条件，因为我们选择朋友的时候，朋友也在选择我们。

交到好的朋友，可以增加人生的快乐。所以孔子说到“益者三乐”时，“乐多贤友”也是其中一乐。哪三种快乐有益呢？第一，“乐节礼乐”，以得到礼乐的调节为乐。“礼”代表分寸，跟什么人来往有什么样的分寸，该说什么话，该做什么事，这属于礼的范围。“乐”是大家情感的沟通，你喜欢看什么电影，听什么音乐，大家沟通一下，觉得很有默契。以礼和乐来调节，一个是限制，一个是沟通，能收能放，表现了活泼的生命力。第二，“乐道人之善”，以称赞别人的优点、善行为乐。这个别人往往是我们所认识的朋友，我们在背后经常称赞朋友的优点，代表我们心胸宽大，朋友之间的相处当然会容易。第三种，“乐多贤友”，以结交许多好朋友为乐。我们在萍水相逢的际遇中，往往发觉许多人很面善，彼此都有向道之心。常有这种感觉，会使得我们在待人接物方面，更努力朝正面的方向去走。况且，如果一个人能交到许多杰出的朋友，代表你自己也很优秀，不然他们为什么要委屈和你交往呢？因此，结交益友，乃人生一大乐事。

5.损者三友

前面有“益者三友”，后面就有“损者三友”。我们交朋友一不小心就会交到坏朋友，孔子说有三种坏朋友是交不得的：

友便辟，友善柔，友便佞，损矣。

（《论语·季氏》）

与装腔作势的人为友，与刻意讨好的人为友，与巧言善辩的人为友，那是有害的。

第一种“友便辟”，“便辟”指装腔作势。喜欢装腔作势的人不但好高骛远，并且很重视外表，喜欢摆门面说大话。这种朋友为什么有害呢？因为这样的人与你交往，他看重的可能是你的家世好不好，家里有钱吗，有各种社会资源吗？他选择你做朋友恐怕考虑的是这些，并不是看重你这个人的品德、才能、志趣。那你为什么要和这样的人交朋友呢？说实在的，有时候跟这种人在一起，好像也可以沾到一些好处，因为他气势很盛，很讲面子，善于装门面。讲面子不见得是坏事，但是如果超过了限度，最后浮而不实，当然是不好的。

第二种“友善柔”，“善柔”是指奉承、柔顺、刻意讨好，缺乏正直的精神。这种人善于观察别人的脸色，察言观色之后，选择该说什么样的话，该怎么说话，故意讨好你。子曰：“巧言令色，鲜矣仁。”（《论语·学而》）说话美妙动听，表情讨好热络，这样的人很少有真心诚意的。有人说，那谁不喜欢听好听的话呢？有人在旁边拍拍马屁，恭维几句，听起来蛮舒服的嘛。但不要忘了，这样下去，你就不会去改善自己了，因为你犯了任何错误，他都会帮你找借口找理由，而不是直接说出你的问题，提醒你改正。孟子很讨厌这种人当大臣。国君犯错的时候，他不但不说国君有错，反而替国君找理由。孟子说国君如果做坏事，你帮他一起做，还可以原谅；国君如果做坏事，你帮他找借口，说他做的不是坏事，那就不可原谅了。

第三种“友便佞”，“便佞”是口才很好，言过其实，不愿认真求知。听起来好像很有学问，事实上只是道听途说，以耳代目，并无真正见识。这种人正好和“友多闻”相对。别人真的是博学多闻，见多识广，而你在这里凭着花言巧语，好像什么事情都能说出道理来，但是没有真正的基础，对任何事情都不会努力去求得真理，这种人也不是益友。

孔子说这三种朋友有害，是因为他们对于你的生命没有帮助。怎么样才算有帮助？能督促你不断反省，自我改善。孔子有一个好友是卫国的大夫，叫蘧伯玉。蘧伯玉派了一个使者到鲁国看望孔子。

孔子与之坐而问焉，曰："夫子何为？"对曰："夫子欲寡其过而未能也。"使者出。子曰："使乎！使乎！"

（《论语·宪问》）

孔子请他（使者）坐下谈话，说："蘧先生近来做些什么？"他回答："蘧先生想要减少过错却还没有办法做到。"这位使者离开后，孔子说："好一位使者！好一位使者！"

这才是真正的好朋友，始终在互相勉励，改善自己的行为。如果你交的朋友只是替你的过失找借口，或者换一个方式来逢迎你，说你这好那好，你就永远不会有机会改过迁善。子曰："群居终日，言不及义，好行小慧，难矣哉！"（《论语·卫灵公》）一大群人整天聚在一起，说一些八卦新闻打发时间，没有一句话是有意义的，又喜欢表现小聪明，这样的人很难有什么希望。又或者："饱食终日，无所用心，难矣哉！不有博弈者乎？为之，犹贤乎已。"（《论语·阳货》）整天吃饱了没事干，没心思去学任何东西，还不如去下棋呢。这类朋友也是要远离的。

与"益者三乐"相对，孔子也提到"损者三乐"，也即有三种快乐是有害的。第一是"乐骄乐"，以骄傲自满为乐。当我们某些成就高于别人时，会产生傲气，相信自己卓越出众，无人能及。但骄傲所带来的快乐，一定会造成别人的嫉妒。骄傲是自我中心的表现，很容易由此否定别人的能力。第二是"乐佚游"，以放纵游荡、无所事事为乐。游玩其实不是一件坏事，但若以此为乐就变成自我放纵，贪图享受，忽视自己与别人的适当关系。第三是"乐晏乐"，以饮食欢聚为乐。朋友聚在一起，只顾着吃喝玩乐、互相吹捧，三日一小宴，五日一大宴，当然是有害的。为什么呢？因为这种快乐只照顾到人的生理的、浅层次的需求，只能让人暂时忘却烦恼，表面上骄傲自满，每天游荡玩耍，大吃大喝，这种快乐很快会因重复而乏味，到时候刺激递减，边际效益就愈来愈没有吸引力了。

人生的很多事情，是要跟朋友一起做的。你与不好的朋友相处时，虽然很多事情也会让你觉得快乐，但它不会帮助你提升心灵，只会让你沉迷在非常具体的、低层次的、物质的欲望里，获得一种狭隘的、短暂的自得与快乐。而人生真正重要的事情是在精神层次上不断向上提升，不断自我反省、自我修炼，让自己踏上正确的道路，迈向更广阔的空间。在这方面对你有所裨益的朋友，才是你真正的良友。

6.孔子交友

“益者三友”与“损者三友”的前提是，这六种都是朋友，不同的是前三者使你受益，后三者使你受害。孔子还有一种分法，把朋友分为中行、狂者、狷者，下面是他自己的交友原则。

子曰：“不得中行而与之，必也狂狷乎！狂者进取，狷者有所不为也。”

（《论语·子路》）

孔子说：“找不到行为适中的人来交往，就一定要找到志向高远或洁身自好的人。志向高远的人奋发上进，洁身自好的人有所不为。”

第一种“中行”，也即我们比较熟悉的中庸之道，行为适中，进退有节。有人把中庸之道误会成做事温吞吞的，走中间路线。真正的中行是该怎样就怎样，言行在任何时候都能恰到好处，这非有高度的修养不能达到。能找到这样的朋友当然是最理想的，如果找不到，找谁呢？狂者或狷者。

先说狷者。我教书这么多年，经常说的一句话是希望学生们先做狷者。

何谓狷者？有所不为也。一个人受教育的基本表现是有所不为，对于某些违法乱纪或没有水准的事，不去做；不是不会做、不敢做，而是不屑于做。譬如我常常劝学生，考试作弊这种事情要不屑于做。如果这一点能够坚持，将来进入社会，许多违法乱纪的事恐怕也就不屑于做了。

狷者如果能做到，不妨再做狂者。“狂者进取”，不断奋发，向上奋斗，有所为也。孟子提到狂者，常以曾参的爸爸曾点做例子。曾点经常把“古之人”挂在嘴边，古人这样好，古人那样好，好像古人总是比较高尚、伟大，值得我们去学习。他有这样高远的志向，以古代的圣贤来要求自己，不断学习，进取向上，所以孟子把他列为狂者。

狷和狂，一个有所不为，一个有所为也；一个消极，一个积极。先不要做不好的事、水准不够的事，然后去做应该要做的事、标准更高的事。两个配合起来，当狂则狂，当狷则狷，那就是中行了。孟子称赞孔子，说他是“圣之时者也”，“时”就是中行，说明孔子的表现总是恰如其分。

孔子交朋友，除了考虑到对方是不是中行、狂者、狷者，还要看他是否可以共学、适道、立、权。

子曰：“可与共学，未可与适道；可与适道，未可与立；可与立，未可与权。”

（《论语·子罕》）

孔子说：“可以一起学习的，未必可以一起走上人生正途；可以一起走上人生正途的，未必可以一起立身处世；可以一起立身处世的，未必可以一起权衡是非。”

孔子把交朋友分为四个层次：共学、适道、立、权。“共学”是指一起在老师门下求学问道。譬如我们都住同一社区，念同一所学校，有共同的老师。这些朋友属于“共学”的层次。但是毕业之后，离开学校，各奔东西，每个人的发展途径不一样了，接下来就要看“适道”，也即志同道合，走上人生正途。道不限于某种职业或行业，因为同行未必是同志，真正的同志是针对价值观念和生活方式而言的。有些朋友可以一起走上人生的正途，却未必可以一起立身处世，坚持立场，这就是“立”的层面了。人生会有各种各样的考验，坚持原则并不容易。孔子说：“君子固穷，小人穷斯滥矣。”君子在穷困时能坚持原则，小人碰到穷困就胡作非为了。人因为人生际遇的差别，所下功夫的不同，在立身处世方面达到的境界也就出现差距。许多朋友明明朝着同一方向努力，几年之后却有成有败，相去不可以道里计，无法立足于同样的境界。

还有一种朋友，可以一起“适道”，也可以一起“立足于道”，却未必可以一起权衡商量。譬如念什么学科，做什么生意，碰到重大的抉择该如何取舍，都属于“权”。一个人交朋友，能够交到可以互相商量的朋友是最难的。很多时候人生重大抉择只能一个人关起门来，自己想。但一个人往往没有办法想得周全，这时候如果有朋友了解你的个性，理解你的志趣，能够旁观者清，给出明智的建议，对你的帮助是很大的。所以，能够“与权”，在孔子看来是交友的最高目标，能够与朋友一起权衡人生的各种选择，做出判断，这样的人自然不易得。

交到朋友，怎样跟朋友相处呢？《论语》里有几句话可以参考。一，“朋友之馈，虽车马，非祭肉，不拜。”（《论语·乡党》）朋友送礼物给孔子，就算是车跟马，只要不是家里祭祀祖先用过的祭肉，孔子不会作揖拜谢。古代的车马是很贵重的礼物，等于现在的轿车一样。马可以当作财产，齐景公过世时就留下四千匹马。有人看到孔子家里比较穷，送辆马车给他，但孔子只是说声谢谢，拿来就用，为什么？朋友有通财之谊嘛，既然大家是朋友，你有钱，送辆车给我，我拿来就开，有什么关系？反正钱是身外之物，朋友的交情更重要。你这次送孔子马车，孔子下次说不定送你一些他的学习心得，这即是朋友之间互惠互利，互通有无，千万不能只用物质来衡量。但是如果你送给孔子的礼物是祭拜祖先时用的祭肉，孔子就会作揖拜谢了，为什么？因为你祭拜祖先时想到孔子，表示你把他当作家族的朋友，这对孔子来说意义非凡，代表一种精神的价值，这时候他会非常慎重地向你作揖拜谢。由此可见，孔子跟朋友相处，对于精神价值的看重远远超过物质。在孔子的学生中，子路学到了这一点。子路对朋友特别豪爽，他的志向是“愿车马衣裘与朋友共敝之而无憾”（《论语·公冶长》）。他的车、他的马、他的衣服棉袍，跟朋友一起用，用坏了都没有遗憾。这可不简单，只有把朋友的情谊看得比身外之物更重要，才能有这样一种作为。

二，“朋友死，无所归，曰：‘于我殡。’”（《论语·乡党》）朋友不幸过世了，没有人料理后事，孔子站出来说，我来负责。什么意思？朋友过世没有人管，说明他可能家道中落，也可能子孙不孝，孔子在此时挺身而出，不是锦上添花，而是雪中送炭，非常够意思。我们常说，一死一生，乃见交情。能交到孔子这样的朋友，实在是一件很幸运的事。

三，“问人于他邦，再拜而送之。”（《论语·乡党》）孔子托人向远方的朋友问候送礼时，对所托之人两次作揖才辞别。说明什么？孔子很看重朋友之间的情谊，两次作揖，重其所托，托人到远方给朋友传达讯息。他的好朋友蘧伯玉跟他通的讯息是，我想减少我的过失却还没有办法做到。我们可以想一想，这是什么样的朋友啊！大家一起努力，朝着人生理想的方向前进，希望彼此的交往可以帮助对方完善人格，成为君子。这样的朋友是多么难得！

人生活在这个世界上，很多东西不由我们选择。譬如我们无法选择自己的父母，无法选择出生的时间、地点，无法选择种族、国家和文化传统，也无法选择自身的成长经验。但是交朋友这件事，在机缘成熟的情况下，我们是可以选择的，可以化被动为主动。孔子的选择使我们知道，朋友之间相处不要问贫穷富有，也不要管地位高低，而要看彼此间是否真正“友直”“友谅”“友多闻”。我们无法和所有的人做朋友，所以朋友宁少而不求多。而且，我们在选择朋友之前，也要先问问自己，我是不是达到了我选择别人的标准？是不是重视朋友之间的情谊远远超过物质利益？如此，你才可能找到一个真正的知己。而人生能有知己，乃是一件最愉快的事。

第六章　社会责任

1.淑世精神

梁漱溟先生晚年，接受一位美国学者的访谈，内容结集成书，书名是《这个世界会好吗》。可以说，这个书名表达了两千多年来中国读书人的共同愿望，即希望以个人的努力来改善世界，这叫作“淑世精神”，孔子是这种精神的代表。

孔子本来在鲁国做官，做得还不错，但是因为君臣之间不能配合，就挂冠而去，周游列国，带着学生到处走。有一次他们走到一条河边，找不到渡口，远远看见两个人在附近耕田，孔子让子路去问路。子路去了，问第一个人，渡口在哪儿？这人不直接回答，他远远看到孔子坐在马车上，手拉缰绳，问子路，那位车上执鞭的人是谁？子路说，是鲁国的孔丘。这人便说，孔丘知道渡口在哪儿。什么意思呢？等于连当时隐居的人都听说了孔子带着学生周游列国，他们对孔子的评价是，孔子了解人生的渡口何在，也知道怎么过河，亦即承认他高瞻远瞩，知道社会要往哪儿发展，出路在何处，只是因为时代不对，他才寸步难行。

子路得不到答案，去问第二个人。这人听到他们的对话，反问子路，你是谁呢？子路说，我是孔子的学生。这人说：“滔滔者天下皆是也，而谁以易之？且而与其从辟人之士也，岂若从辟世之士哉？”（《论语·微子》）天下大乱，到处都一样，谁能去改变它呢？你跟着逃避坏人的孔丘，还不如跟着我这逃避坏世界的人呢！说完，继续耕田，不再理他。子路回去，把情况报告给孔子，孔子一听就知道这两人是隐士。

夫子怃然曰：“鸟兽不可与同群，吾非斯人之徒与而谁与？天下有道，丘不与易也。”

（《论语·微子》）

孔子神情怅然地说：“我们没有办法与飞禽走兽一起生活，如果不同人群相处又要同谁相处呢？天下政治若是上了轨道，我就不会带你们去试图改变了。”

这句话充分地表达出儒家的淑世精神，显示出一个知识分子的使命感，“知其不可而为之”，明明知道理想不能实现，还要做，为什么？因为逃避不是最好的方法，如果大家全都归隐山林，求得个人自在，那这个社会要怎么办？天下无道，更需要知识分子出来努力改善，尽管知道力量有限，再怎么做也无法达到世界大同的境界，但还是不肯放弃。所以，儒家的智慧并不表现在解脱上，而表现于：在适当的时代与环境中，以适当的途径去达成理想的结果。这是“择善”与“善择”的能力，其基础则是：若不如此，则无法心安。

还有一次，孔子的车队往前走了，子路在后面没跟上。他到处找不到老师，看到旁边有一个老人在除草，就上前请教，请问您看到我的老师了吗？老人说：“四体不勤，五谷不分，孰为夫子？”你这个人四肢不劳动，五谷也分不清楚，我怎么知道你的老师是谁？子路听到老人训他，拱手而立，站在路边。老人看他表现恭谨，心想，好吧，带你到我家去住一晚吧。就留他在家里过夜，杀鸡做饭给他吃，又叫自己的两个儿子出来相见。第二天，子路跟上了孔子的车队，向老师报告这件事。孔子一听，知道又遇上高人了。

他让子路回去转达一段话，子路返回，老人却不在了，子路就对着老人的家人把话说出来：

不仕无义。长幼之节，不可废也；君臣之义，如之何其废之？欲洁其身，而乱大伦。君子之仕也，行其义也。道之不行，已知之矣。

（《论语·微子》）

不从政是不应该的。长幼之间的礼节都不能废弃，君臣之间的道义又怎么能废弃呢？原本想要洁身自爱，结果却败坏了更大的伦常关系。君子出来从政，是做道义上该做的事。至于政治理想无法实现，则是我们早已知道的啊。

这等于是孔子对于隐者批评所做的回应。儒家的原则是，没有国哪有家？国家不上轨道，人群之间的伦理关系也无法建立。因为一个人活在世间，注定要在家庭中慢慢成长，家中便有了“长幼之节”。家庭能够存在，必须受国家的保护以及各种社会政治组织的维系。进入社会之后，便要肯定“君臣之义”。你既然叫两个儿子出来相见，说明你肯定了长幼之节，但比长幼之节更重要的君臣之义，你怎么不要呢？孔子认为，你要使这一生不牵涉黑暗的政治而保持自家的清白，反而废弃了更大的伦常关系，这是不对的；读书人出来做官，并不是为了自己的利益，而是为了人群，为了做道义上该做的事，这是读书人应该有的一种志向，即使知道理想不能实现，也还是要做。

还有，你自己受过教育，有很高的理想，但看到天下大乱，就设法明哲保身，这当然也是一种选择，不过在这种选择下，你怎么样教育下一代呢？你还是希望自己的孩子受教育，与人和睦相处，不是吗？因此，只有成人的隐者，却不能有小孩的隐者，隐者注定要以个人身份选择隐居，却不能广为传扬此一思想，呼朋引伴。不像儒家可以名正言顺地通过教育，结合志趣相近的人，从事人间改革，同时又使自己心安。此所以儒家成为文化主流，而道家必须求诸少数智慧特高而定力超群的人。但是，如果整个国家都腐败了，少数几个人还能够维持自己的生活吗？我想这是不太可能的。因此读书人必须有“舍我其谁”的精神，知其不可而为之，用个人的努力来改善这个世界，如此才能响应梁漱溟先生所说的，这个世界会好吗？

2.社会责任

说到社会责任，可以用一个譬喻来说明：一个国家就像一辆游览车，领导人负责开车，带我们到一个风景优美的地方去观赏享受，但是车开到一半，他突然心脏病发作，倒下来了，请问这时候车上的人有谁可以继续开车？是有钱的吗，有权的吗，力气大的吗，还是想开车的人呢？都不是。这时候有个孔子，把开车的原理及车的构造都学会了，自然是他这个会开车的人有使命和责任把大家带到目的地。这就是何以知识一定带来使命，何以读书人会有一种责任感，在饱读经典，了解过去几千年社会发展的历程之后，能够总结经验，引领大家走上正途。这就是儒家的入世情怀。儒家从孔子开始，就准备有了才华学问之后，可以造福社会，负起社会责任。

子贡曰：“有美玉于斯，韫椟而藏诸，求善贾而沽诸？”子曰：“沽之哉!沽之哉!我待贾者也。”

（《论语·子罕》）

子贡说：“假设这里有一块美玉，那么是把它放在柜子里藏起来呢，还是找一位识货的商人卖掉它呢？”孔子说：“卖掉吧！卖掉吧！我是在等待好商人呢。”

子贡的口才非常好，说话喜欢用比喻。“贾”可以解为商人，“善贾”就是好的商人或识货的商人，在此比喻有眼光的政治领袖。“沽之”，指希望有人任用我，可以让我得君行道，济助天下百姓。成语“待贾而沽”出自这里。但是一个人光有本事，有服务社会的愿望还不够，还需要什么？机会。需要有人赏识你，信任你，给你机会，让你放手去干。可惜这样的机会不多，连孔子都没有得到。所以提到社会责任，很多人自以为有责任，但社会不见得需要。譬如我在很多地方演讲，常常有人跟我开玩笑，说你再讲也一样，社会还是这么乱。我听了之后，只能自我解嘲，因为不讲的话，社会可能更乱，我所求的只是心安而已，尽力而为。《孟子》里有一段话也体现出孔子这种社会责任感。

周霄问曰："古之君子仕乎？"孟子曰："仕。《传》曰：'孔子三月无君，则皇皇如也，出疆必载质。'公明仪曰：'古之人三月无君，则吊。'"

（《孟子·滕文公下》）

周霄问："古代的君子做官吗？"孟子说："做官。有记载说：'孔子三个月没有被君主任用，就着急起来；离开一个国家，必定带着谒见另一个国家君主的见面礼。'公明仪说：'古代的人三个月没有被君主任用，别人就要去安慰他。'"

古时候见诸侯要带见面礼，见面礼通常是"雉"，很漂亮的野鸡。你带一只雉去，表示你的心意，别人才会考虑给你机会。孔子离开一个国家时，会带着去见下一个国家国君的见面礼，说明什么？说明他真的很想做官。但他做官不是为自己，而是不忍天下苍生陷于痛苦，希望有机会替老百姓服务。而古代的君子如果好几个月都没有被君主任用，别人就要去慰问他了，为什么？因为读书人没有官做好像农夫没有田耕一样。人的社会分工不同，能干而有才学、有品德的人出来做官，等于各尽其职，共同为社会服务。

不过，儒家提到读书人虽有社会责任却也不是可以随便迁就的，孔子说："天下有道则见，无道则隐。"有人用我就做事，没有人用我就隐居起来。做什么？继续修炼。也许别人不用你，是因为你实力不够，还没有准备好。孟子也说："古之人未尝不欲仕也，又恶不由其道。"官当然想当，但不能为了官位不择手段，做违反原则的事。孔子有一个学生叫闵子骞，被鲁国的大夫季氏看上，要派他当县长。闵子骞对传话的人说，你好好替我推辞掉吧！你如果再来找我的话，我就要逃到汶水以北，跑出鲁国的边界了。闵子骞为什么拒绝做官？因为季氏实在不是一个好领导，在他手下当官，你可能要放弃原则而迁就他，这样一来就违背了儒家的立场。

古时候老百姓受教育的机会不多，生活条件比较简陋，因此读书明理的人从政大有可为。但有时候主观的信念和客观的实践会有差距，这时候要看各种条件能不能配合。孔子也认为自己是一块美玉，有一定的水平，是可以让人放心的政治人物，可是他不一定有机会。他作为一个读书人，总认为我只要尽我的力量去做就行，能不能达成目标是另一回事，至少我尽力了，这就是读书人的社会责任。而这一份尝试过、努力过的心愿，如果一代代传承下去，则可以推动整个社会的进步，世界的改善也就有了希望。

3.孔子想移民

孔子之前，商朝的遗老箕子曾移民到朝鲜半岛，现在朝鲜还有箕子的墓和庙。孔子是鲁国人，如果移民的话，一渡海也到了朝鲜半岛，那现在大家恐怕要争孔子是哪一国人了。孔子想移民是危言耸听吗？不是的，孔子其实慎重地思索过这个问题，《论语》里有证据。

子曰：“道不行，乘桴浮于海。从我者，其由与？”子路闻之喜。子曰：“由也，好勇过我，无所取材。”

（《论语·公冶长》）

孔子说：“我的理想没有机会实现，干脆乘着木筏到海外去。跟随我的，大概就是由吧！”子路听了喜形于色。孔子说：“由啊！你爱好勇敢超过了我，但是没有地方可以找到适当的木材啊！”

“道”就个人而言，指人生观或理想，亦即个人对于世间一切“应该如何”的体认。“浮于海”的目的是要远赴海外，类似孔子后来“欲居九夷”的念头。孔子说他如果移民，到时候能跟他去的，大概只有子路吧！因为子路这个人既勇敢又有豪气，必定会抛弃一切跟着老师去。别的学生可就难说了，说不定不愿意放弃自己已有的成就。子路听了很高兴，以为老师需要他当保镖。孔子只好又补上一句，“由也，好勇过我，无所取材”，表示子路虽然勇气胜过别人，但有点有勇无谋。“无所取材”四个字有人理解成：孔子教训子路，说你根本不能判断我是在感叹，并不是真的要移民；“材”与裁断事理的“裁”通用。但是哪里有这样的老师，前面说要乘木筏到海外去，带着子路，后面又说子路你怎么那么笨，你不能判断我是在感叹，并不是真的想去吗？正确的理解是，前面讲的木筏需要木材做成，后面说找不到这样的木材，表示我并不是真的想出国，只是感叹这里用不上我罢了。

还有一次孔子说他“欲居九夷”，“九夷”是古代的淮夷之地，在齐、鲁的南方，非常落后。孔子想离开齐国、鲁国这些中原地区的大国，到落后的蛮荒地区去居住。有人说，那种地方非常简陋，怎么能够居住呢？孔子回答：“君子居之，何陋之有？”（《论语・子罕》）君子到任何地方去住，都可以安贫乐道，因为他看重的在内不在外，真正的快乐、价值、尊严是由内而发的。君子如果到落后的地方去，正好可以从事教育，好好地把他的思想做个介绍，怎么会觉得简陋呢？由此也可知，孔子认为自己可以做到“化民成俗”。

当然，孔子想移民只是一时兴起，总觉得我在这里不能实现抱负，还不如到别的地方去。但他毕竟没有成行，因为他有很深的文化认同。古代中国人以自己为文明开化者，称四方之族为“东夷、西戎、南蛮、北狄”。孔子说“夷狄之有君，不如诸夏之亡也”，周朝各国虽然号称是已经开化的社会，却还不如那些文明未开的少数民族，为什么呢？因为春秋期间，周朝乱的时候曾经五年没有天子，鲁国九年没有国君。夷狄虽然在文化上比较落后，但还知道维持一个地区的安定发展，需要稳定的社会秩序，需要有一个领袖大家来支持。孔子感叹中原国家明明文化比较开化，政治却十分混乱，反而失去了一些做人的基本原则，上下都不能掌握自己的分寸，造成天下大乱，人民受苦。他说“天下有道则见，无道则隐”，“用之则行，舍之则藏”。这两句话虽然坚持原则，未免消极被动，好像只能默默等待明君的重用。同时，“有道”与“无道”如何分辨？果真天下有道，何必需要孔子？万一天下无道，孔子也无可奈何。翻开历史，总在有道和无道之间摆荡，知识分子岂能置身事外？所以孔子这种想法注定是难以实行的，亦即他无法真正隐退。

孔子如果生在今日，会不会也想移民？答案不得而知。多半他还是会像以前一样，继续“知其不可而为之”，尽好一个知识分子的社会责任。《庄子》里提到孔子说天下有两大规律，一是对父母的孝顺和思慕不能改变，二是对国家的忠诚不能改变。为什么？你离开这里到别的地方去，还是有相关的国家制度，包括各种人权及社会的规范。你说这边很乱就避开，别人那边很安定，你去坐享其成吗？孔子即使想移民，也绝不是去享福，去享受别人的奋斗成果，而是要去加以改革和完善，像他说的到“九夷”之地愿意从事教化工作，愿意尽知识分子的责任。儒家思想认为，一个人不能选择生在什么样的时代，也不能安排生活在什么样的社会，你只能了解和接受实际情况，然后设法尽自己的力量去加以改善。人类世界没有完美的阶段，古代的黄金时期往往只是假想中的，并非真的那么美好。所以你只能去改善这个世界，而改善世界要从改善自己开始。自己改善了，整个社会才能慢慢跟着改善；自己不改善，脑袋里缺乏正确的观念，天下再怎么太平美好，你一样会觉得烦恼痛苦。

4.名正言顺

孔子带学生到卫国去，卫国当时正在发生纠纷。卫灵公的太子蒯聩，得罪了卫灵公的夫人南子，南子把他赶到国外。卫灵公一死，孙子卫出公接了君位。这一下，做儿子的没当上国君，做孙子的反倒继承君位，这个儿子当然要回来抢，结果造成父子争位的局面。孔子去的时候，卫出公已经当政好几年了。子路请教老师，卫国这么乱，如果请您来负责政治，您要先做什么事？一般来说，我们会选择先把经济搞好，别的再说，但孔子不这么看。

子曰："必也正名乎！"子路曰："有是哉，子之迂也！奚其正？"子曰："野哉，由也！君子于其所不知，盖阙如也。名不正，则言不顺；言不顺，则事不成；事不成，则礼乐不兴；礼乐不兴，则刑罚不中；刑罚不中，则民无所错手足。"

（《论语·子路》）

孔子说："一定要我做的话，就是纠正名分了！"子路说："您未免太迂阔了吧！有什么好纠正的呢？"孔子说："你真是鲁莽啊！君子对于自己不懂的事，应该保留不说。名分不纠正，言语就不顺当；言语不顺当，公务就办不成；公务办不成，礼乐就不上轨道；礼乐不上轨道，刑罚就失去一定标准；刑罚失去一定标准，百姓就惶惶然不知所措了。"

这段话非常具有逻辑性。"必也正名乎！"成为孔子为政的第一项考虑。政治是管理众人之事，跟"正名"有什么关系呢？这是理解儒家思想的关键之一。"名"有两种，一种是名实，一种是名分。名实就是有名有实，"桌子"是一个名称；一张桌子摆在眼前，这是事实。我们平常讲名实比较简单，譬如你问这人叫什么名字？他说我叫某某，某某就和这个人连在一起了。任何东西都有名称，每一个人只要客观认识，都可以掌握。名分则回归到一个名称所对应的本分，代表配合某种身份、角色、地位，要有某种分寸、要求和标准在里面。人的世界最大的特色在于除了实然还有应然，实然就是事实上如何，应然是应该如何。如果光讲实然，不问应然，社会就没规矩了，就乱掉了。所以孔子的"名正言顺"是从"名分"的角度去考虑的。

孔子在齐国时，有一次齐景公问他，政治该怎样去推动？孔子说了八个字："君君，臣臣，父父，子子。"第一个"君"是名称，是现在的君；第二个"君"是本分，是理想的君；意思是你有君的名称，就要有君的理想表现，要学尧舜禹这些人。"臣臣，父父，子子"也一样，可以翻译为："君要像君，臣要像臣，父要像父，子要像子。"齐景公听了，觉得很有道理，说："善哉！信如君不君，臣不臣，父不父，子不子，虽有粟，吾得而食诸？"（《论语·颜渊》）如果君不像君，臣不像臣，父不像父，子不像子，就算国家粮食很多，我吃得到吗？等于说大家都要各安其位，各尽其责，社会才能稳定和谐。

现在卫出公当了国君，他的父亲，也即前太子，从国外回来了，认为自己才应该当国君。双方都认为自己有理，对方缺乏正当性、合法性。到底谁应该继承君位？先占位置的就算赢吗？用非法手段得到地位也无所谓吗？谁是君谁是臣要弄清楚，否则乱局会一直维持下去。所以孔子说，治理卫国的问题先要"正名"，把君臣父子之间的名分纠正清楚。否则，名分不纠正，言语就不顺当。因为你说话要根据你的身份，你扮演什么角色，说出来的话要符合相应的角色。如果言语不合乎身份，你怎么去推动国家事务呢？公务办不成，礼乐（指人与人之间适当关系的表现）不上轨道，刑罚就失去一定的标准，到最后老百姓为所欲为，造成天下大乱。天下大乱，你当国君的也不能够好好生活下去。

所以儒家重视名分，要名正，才能言顺。一个人具有相应的身份，他说出来的话才有适当的效果，你不能越权。假设你只是一个秘书，你要替老板说话，那是不行的，除非你有明确的授权，否则你说出来的话只代表秘书。所谓"唯器与名，不可以假人"，如果名分随意加给不适当的人，他就会误用、滥用，造成问题。同样，具有某种名分，要尽量达到这个名分所要求的标准。只有每一个人都尽到他的责任，把他的本分做到，社会才能安定。政治上也是如此，要先纠正名分，后面一系列才能做到言顺、事成、礼乐兴、刑罚中，老百姓才知道该怎么生活发展下去。

5.上行下效

鲁国有三家大夫：孟氏、叔氏、季氏。他们的子弟是世袭的，生下来就有官做。尤其季氏一家，权力特别大。到了季康子的时候，二十几岁已经当上鲁国的正卿。这时候孔子正在担任国家顾问，季康子这个年轻的大官就来向孔子请教，应该怎么样从事政治？孔子的回答很简单：“政者，正也。子帅以正，孰敢不正？”（《论语·颜渊》）政的意思是正，当政者带头走上正道，谁敢不走上正道？换句话说，一旦政治领袖不走正道，天下百姓岂不绝望！

这话是一个老人家对年轻人的期许，但这个年轻人也许只想着怎么运用手中的权力，听到自己必须先行得正，坐得端，大概会感到压力很大。当时鲁国的强盗很多，季康子又问，盗贼太多怎么办？孔子说：“苟子之不欲，虽赏之不窃。”（《论语·颜渊》）如果你自己不贪求财货，就算有奖赏，别人也不会去当强盗了。什么意思？在上位者贪得无厌，有些人迫于生计或有样学样，才沦为强盗。反之，如果领导人不那么贪心，百姓也会有廉耻之心，自重自爱。孔子这话说得非常坦直，甚至有点夸张，目的是让为政者早些觉悟。

季康子接着请教孔子，如果我把那些为非作歹的人都杀掉，去亲近那些修德行善的人，这样做如何？这种话一听就知道太残酷了。美国一位政治学者说，政治最重要的是避免残酷。一个人大权在握，动不动就要把坏人杀掉，但他忽略了一点，没有人生下来是坏人，坏人是社会环境、教育制度等各种因素配合起来使他走上邪路的。换句话说，坏人是从平常人堕落成坏人的，好人也是平常人努力才成为好人的，不能对人简单地进行二分法。

孔子对曰：“子为政，焉用杀？子欲善而民善矣。君子之德风，小人之德草。草上之风，必偃。”

（《论语·颜渊》）

孔子回答说："您负责政治，何必要杀人？您有心为善，百姓就跟着为善了。政治领袖的言行表现，像风一样。一般老百姓的言行表现，像草一样。风吹在草上，草一定跟着倒下。"

孔子有一种趋势的观念，譬如我们说天下无道或天下有道，无道是天下正在走向无道的乱世，有道是天下正在走向有道的治世，都是一种趋势，不可能黑白二分。人也一样，人是自由的，可以为善，也可以为恶。明明有严刑峻法，还去为恶，可见恶的诱因很大。诱因之一就是教化失败，而这正是领导者的责任。

但季康子这位年轻的大官以为只要把违法乱纪的人杀了，问题就解决了。杀人好像就是一句话，随便就能消灭一个人。事实上，春秋战国一路下来，战争太多了，老百姓的命太不值钱了，杀人成了一件很平常的事。孔子是完全不能接受这种想法的。他说您来负责政治，何必要用杀人的办法呢？您自己愿意走上正路，老百姓自然跟着你去行善。这叫作"风动草偃"，领导者的行为表现像风一般，老百姓的行为表现则像草，风吹向东，草就倒向东，这是十分自然的。这正是我们常说的"上行下效"或孟子所说的"上有好者，下必有甚焉者"，在上位的人喜欢什么，底下的人就会变本加厉地提供，以博取领导的欢心，这是社会常见的情形。

孔子的用心是希望领导者"以身作则"，打破阶级对立格局，上下一起来追求美善和谐的人生。他说："为政以德，譬如北辰，居其所而众星共之。"（《论语·为政》）你用德行来治理国家，就好像北极星一样，北极星的位置不动（北极星在古人的认知里面是不动的，当然今天的天文学告诉我们宇宙里没有完全不动的星球，因为你找不到一个定点去测量它动还是不动），别的星辰环绕着它各居其位，既和谐又有序。你如果以德行来治理国家，本身不用做事，天下就通通上轨道了。子曰："无为而治者其舜也与！夫何为哉？恭己正南面而已矣。"（《论语·卫灵公》）舜只是以端庄恭敬的态度坐在王位上，就把国家治理好了。为什么？因为他治国的时候先修养自己的德行，当政者成为善的典型，老百姓自然会朝着善的方向走。这就是儒家的无为而治，要先"恭己"，自己做到正直、谨慎。所以，当政者千万不要想着随便去杀人，把坏人通通杀掉，就能把国家治理好。如果这个办法成立，恐怕很多国家都剩不下多少人了。应该怎么办呢？通过教育，通过政治的方法，让老百姓走上正途。没有人生下来就是坏人，每一个人都有希望走上正路，只是领导者要找到正确的制度设计，让每个人的一生都可以过得比较安稳。

“上行下效”来自“人性向善”的基本观念。在上位者的“德”一旦表现出来，人心自然乐于顺从，向着“善”去安排自己的人生，自然可以天下太平。相反，在上位的人为恶，老百姓也会跟着为恶吗？这是一个很大的问题。孔子认为这是不成立的。在上位的人为恶，老百姓会很生气，可能导致天下大乱了。

6.一言兴邦

鲁国的国君鲁定公有一次请教孔子：“一言而可以兴邦，有诸？”一句话就可以让国家振兴，有这样的事吗？

孔子对曰：“言不可以若是，其几也，人之言曰：‘为君难，为臣不易。’如知为君之难也，不几乎一言而兴邦乎？”

（《论语·子路》）

孔子回答：“话不可以说得这样武断，以近似的程度看，有一句话是：‘做君主很难，做臣属也不容易。’如果知道做君主很难，不是近于一句话就可以使国家兴盛吗？”

“几”是近似、接近的意思。国家兴亡的原因原本十分复杂，即使专就君主的责任而言，也只能说“近似”而已。孔子认为，君臣如果知道自己是替老百姓做事，责任非常重大，需要好好努力，就没有问题；相反，君臣如果不替百姓设想，反而作威作福，国家又怎么可能兴盛呢？儒家特别强调“谨慎”二字，只要是替大家服务的事情，都要戒慎恐惧。孔子曾以禹做例子，说禹吃得简单，对鬼神的祭品却办得很丰盛；穿得粗糙，祭祀的衣冠却做得很华美；住得简陋，却把全部力量用在沟渠水利上。因此“禹，吾无间然矣”，他对于禹没有任何批评，因为禹戒慎恐惧，知道事情做好很难，努力在做。

还有一句话叫“人溺己溺，人饥己饥”，出于《孟子》。禹负责治理洪水，看到有人淹死，好像是自己让他淹死一样；稷负责种植五谷，教老百姓稼穑，看到有人挨饿，好像是自己让他们挨饿一样。如果领导者能够有这样的心意，认为每一个百姓所遇到的困难都是我的责任所在，我要想尽办法帮助他们，国家自然会兴盛。背后的道理是什么呢？领导者要把自己的快乐忧愁和老百姓结合在一起，所谓“乐以天下，忧以天下”，以天下人的快乐为乐，以天下人的忧愁为忧。宋朝范仲淹把它引申为“先天下之忧而忧，后天下之乐而乐”。事实上，这句话不容易做到。后天下之乐而乐，谁做得到呢？等于天下人都快乐了，我这个领导人再来快乐，那你恐怕永远快乐不起来，因为天下总有人不快乐。但重要的是你要有责任感，要想尽办法用你的知识、能力、才干，尤其是德行来帮助百姓，始终战战兢兢，夙夜匪懈，如临深渊，如履薄冰，知道这是不容易做到的事情，任何时候都不松懈，专心尽自己的责任，这样国家才可能兴盛。

既然一言可以兴邦，鲁定公接着问了：“一言而丧邦，有诸？”一句话就可以让国家衰亡的，有这样的事吗？孔子回答：

人之言曰：“予无乐乎为君，唯其言而莫予违也。”如其善而莫之违也，不亦善乎？如不善而莫之违也，不几乎一言而丧邦乎？

（《论语 · 子路》）

有一句话是：“我做君主没有什么快乐，除了我的话没有人违背之外。”如果说的话是对的而没有人违背，不也很好吗？如果说的话是不对的而没有人违背，不是近于一句话就可以使国家衰亡吗？

等于说你身为国君，听不进别人的谏言，别人的话和你的想法不一样，你就不接受，完全不了解忠言逆耳的道理，这样下去国家不就灭亡了吗？所以“一言丧邦”是告诫身为领袖的人一定要谦虚，要能听取不同意见，千万不要自我中心，太过主观。儒家思想非常忌讳政治领袖主观太强，认为我有权力，我说了算，我就可以拍板定案，大家都得听我的。这样一来，大家只说好话，不说批评的言论，社会怎么改善呢？最后恐怕大家都要陷于困境了。

孟子有个学生叫乐正子，他去鲁国当大官，孟子高兴得晚上睡不着觉。别人问，你这个学生有什么优点，他做官你这样高兴？说实在的，乐正子的能力不是很强，德行也不是很高，但他有个好处，喜欢听取别人的建议。一个人如果非常谦虚，能够听取不同意见，别人就愿意给他建议、帮助，天下人都来跟他讲怎样做更好，他自然而然集大成，把所有好的意见汇集起来加以实践，最后取得很好的效果。相反，如果你认为官大学问大，官大道德高，只要有了官位，说什么都是对的，很容易让一个国家走上衰亡之路。后来孟子见梁惠王、齐宣王这些国君，经常提到类似的观念。有一次孟子直接告诉齐宣王说，你当国君，不要随便指导别人该怎么做。为什么？因为古代国君是世袭的，他父亲是国君，他也是国君，但他不见得懂得怎么治国。懂得治国的是一些专业知识分子，这时候你要信任这些专业人士。孟子举了一个例子，假设这里有一块原始的玉石，就算它价值二十万两，也一定要找玉匠和专家来雕琢。治理国家也是一样，越是重大的任务，越需要专业人士。别人学了一辈子只有这么一个专长，为什么不让他去发挥呢？

我们今天在一个团体中也是这样。你要能领导别人，首先要设法从每一个人身上学到一些长处，要能敞开心胸听取有价值的言论。千万不要听到别人讲自己的过失，就很生气，找借口去辩护，这样一来怎么会改善？我们应该学习古人的态度，譬如子路听到别人说他有过失就很高兴，大禹听到有价值的言论会向别人拜谢，舜更了不起，他从别人身上选择某些优点，自己来加以实践，最后变成天下最伟大的一个圣人。

第七章　理解孔子

1.谁了解孔子

谁了解孔子？孔子在《论语》里公开说，没有人了解他。

子曰："莫我知也夫！"子贡曰："何为其莫知子也？"子曰："不怨天，不尤人，下学而上达，知我者其天乎！"

（《论语·宪问》）

孔子说："没有人了解我啊。"子贡说："为什么没有人了解老师呢？"孔子说："不怨恨天，不责怪人，广泛学习世间的知识，进而领悟深奥的道理，了解我的，大概只有天吧！"

孔门弟子三千，达者七十二人，怎么孔子还说没人了解他呢？是他教得不好，还是学生没认真学呢？其实，要了解孔子，有几个简单的办法。第一，了解孔子的志向。子曰："老者安之，朋友信之，少者怀之。"（《论语·公冶长》）使老年人都得到安养，使朋友们互相信赖，使青少年都得到照顾，这是孔子一生的志向。不了解这一点，就无法理解孔子的思想。第二，了解“杀身成仁”的意义。“仁”是孔子一以贯之的“道”。孔子认为一个人活在世界上一定要觉悟人性向善，为了行善而牺牲生命是完成生命的要求，不但不是牺牲，反而是一种成全。而善是什么？善是我跟别人之间适当关系的实现。“别人”从父母兄弟姐妹开始，到天下每一个人。因此，孔子的志向是建立在人性向善的观念上的。了解这一点，才能理解他的思想。不过，《论语》里提到的有些人似乎是了解孔子的，但不是他的学生，而是道家的隐者。

子击磬于卫，有荷蒉而过孔氏之门者，曰：“有心哉，击磬乎！”既而曰：“鄙哉，硁硁乎！莫己知也，斯己而已矣。‘深则厉，浅则揭。’”子曰：“果哉！末之难矣。”

（《论语·宪问》）

孔子居留卫国时，某日正在击磬，有一个挑着草筐的人从门前经过，说：“磬声里面含有深意啊！”停了一下，又说：“声音硁硁的，太执着了！没有人了解自己，就放弃算了。‘水深的话，穿着衣裳走过去；水浅的话，撩起衣裳走过去。’”孔子说：“有这种坚决弃世之心，就没有什么困难了。”

这人实在是孔子的知音。因为他只是听到孔子敲磬，就能明白孔子的心声。“鄙哉”，“鄙”是不够高尚，不够超脱，太执着了。“深则厉，浅则揭”出自《诗经·邶风·匏有苦叶》，过河的时候，河水太深，不用把衣服脱了，反正一样湿掉；河水不深的时候，才把衣服撩起来，走过去。什么意思呢？这人劝孔子，你生在一个乱世，就不必自命清高了；既然想要关怀人间，从政做官，就不要怕粘锅，不要怕跟别人做一些同流而不合污的事情。现实世界虽然黑暗，但你还不放弃，要坚持到底，不必如此啊！没有人了解你，放弃算了，自得其乐，独善其身吧！孔子听了，回答说，有这种坚决弃世之心，就没有什么困难了。为什么？因为他不忍心脱离这个世界，不忍心一个人独善其身，他要利用一切机会来改善这个社会，绝对不能一个人过好日子就算了。所以，即使碰上了解自己的人，却“道不同，不相为谋”，没有办法。

孔子所处的春秋时代，是一个乱世。人不能选择自己生存的时代，却可以选择自己的处世态度。在乱世里，人可以坚持原则，锲而不舍，也可以得过且过，消极无为，因为乱世不是一个人或少数人的力量可以改变的。隐者这一群体选择的路线，便是离开这个社会，另外选择一种生活方式，过自己的日子，让自己快乐。如果继续奋斗，对社会的改变很小，反而牺牲了自己的一生，那还不如选择过一种自得其乐的生活。这些人智慧极高，但并没有像老子、庄子一样，将自己的思想以著作的方式表达出来，而是隐居在各地，经常迁徙。

孔子在周游列国的途中，好几次碰到这类人。除了“荷蒉者”之外，他在楚国还碰到一位狂放不羁的接舆。接舆经过孔子的马车旁，唱道：“凤兮凤兮，何德之衰？往者不可谏，来者犹可追。已而，已而！今之从政者殆而！”（《论语·微子》）他把孔子比喻为凤，凤是罕见、高贵的鸟，也即承认孔子的学问和道德境界是极高的。但“何德之衰”，为何要为政事到处奔走，栖栖遑遑，经常风餐露宿，弄得如此落魄呢？他提醒孔子过去的已不能追悔，未来的还可以把握；罢了罢了，现在的从政者都是很危险的。孔子听了，便想下车与这位隐士交谈，但接舆却避开了。

表面看起来，似乎这些隐士比较聪明，知其不可而安之若命，知道行不通，就接受它，把它当作自己的命运。而孔子明明知其不可，还要为之，最后的结果仍然不行，却是为什么呢？儒家有一个历史观念：生命会传承，历史会发展，社会会演进，我们今天这个时代的人做不到的事，下一代或再下一代未必做不到。人的生命有它的限制，有它可怜的一面，但是人的生命，也有一种升华的伟大情操的显现，可以突破时间、空间的限制，与不同时代、不同地方的人，遥相呼应，产生共鸣。这就是千载之下，我们今天仍在阅读《论语》，探讨孔子的原因。儒家始终认为只要我有能力，一定要尽我的力量来改善社会。虽然隐士们对孔子的评价一针见血，令人激赏，孔子本人也有知音之感，但也仅止于此，不能进而共襄盛举，为百姓谋福。

那么，两千多年下来，那么多人读《论语》，尤其宋朝有那么多重要的哲学家都去研究孔子，他们了解孔子吗？不一定。只能说如果没有把孔子的志向以及“杀身成仁”的道理说清楚，他们是否是孔子的知音，是值得怀疑的。

2.谁歧视女性

我在美国念书的时候，同寝室有个日本同学。有一天我和他在校园里聊天，来了一位美国女同学，她跟日本人同系，三个人一起聊。聊着聊着，这位女同学突然想到了什么事，指着日本人说，你们日本人恶名昭著，因为你们歧视女性。这位日本同学念过《论语》，立刻指向我说，你不能怪我们日本人，都是孔子害的。

子曰：“唯女子与小人为难养也，近之则不孙，远之则怨。”

（《论语·阳货》）

孔子说：“只有女人与小人是难以共处的，与他们亲近，他们就无礼；对他们疏远，他们就抱怨。”

孔子一定没有料到，这句话千古以来被当成歧视女性的证据，使他成为近代女权运动者攻击的目标。但这个说法对吗？我认为是一个误会。人说话有两种可能，第一种是描述当时的社会现象，第二种是发表个人的特定主张。孔子说这句话，我认为属于第一种，描述当时的社会现象。古代社会是“男有分，女有归”“男主外，女主内”，女子没有公平受教育的机会。一个人没有受教育的机会，就很难开发潜能，进而无法在经济上独立；经济上不独立，人格上也很难挺立，心胸和视野会受到很大限制，出现所谓“难养”——难以相处的情况是可以理解的。因此，孔子的话虽然尖锐，却是古代的实情。而且，我们千万不要以为只有中国古代的女性才受委屈。据我所知，在古希腊时代的雅典，一般女性也都是在家里活动，很少有机会参与社会、政治、军事等公共事务，她们同样也很委屈。这种不合理的情形在古代许多社会都很常见。

今日的女性与古代的女子在教育机会、经济能力、自主意识等方面已大不相同。假如孔子生在当今这个时代，想必也会把“女子”一词删去，专就“小人”来批评吧。所以，实在不可不考虑时代背景就批判孔子歧视女性，现在只需把注意力转到小人身上，因为在今日看来，小人倒是可以不分古今，不分男女的。

小人是什么样的人呢？在《论语》里是与“君子”相对的人。孔子口中好像只有两种人，一种是小人，一种是君子。我小时候念《论语》，念到君子、小人，有点自卑，因为我好像就是小人啊。后来我才了解，小人亦指小孩子，尚未入学的小孩比较“难养”，大概是每个家庭都有的体认。小孩长大之后，心态上没有改变，依然跟小时候一样，靠本能、靠欲望、靠冲动生活，很容易受到别人的影响，这就成了真正的小人了。为什么会这样？因为他缺乏“立志”。小人与君子的区别在于有没有志向。所谓“君子立恒志，小人恒立志”，这个志向最主要是改造自己。人活在世界上最可贵的地方，在于他可以学习，可以思考，他发现有好的东西，可以设法学习和实践，改变的不光是外在，更主要是内在，通过自我德行的修养，坚持理想，坚持原则，达成生命的目的。孔子首先开创平民教育，目的也是培养君子，减少小人，引导年轻人立志求学问道，从而使生命出现转机。

《论语》里有很多君子和小人的对比，譬如“君子周而不比，小人比而不周”“君子喻于义，小人喻于利”“君子坦荡荡，小人长戚戚”。在今日社会，小人绝不限于一般的小市民，甚至达官显贵也在面对更高的威权时，表现出“近之则不孙，远之则怨”的态度——亲近了，就恃宠而骄，言行无礼；疏远了，又自觉被弃，却依然自命清高。我有时候想想自己也不例外，我在大学教书，校长如果对我特别好，我自然觉得好像高人一等，很得意；校长如果不理我，我就难免心生抱怨。因此，“近之则不孙，远之则怨”是一个相当普遍的现象，是人之常情的表现，很少有人可以过这一关，孔子只是一语道破相关现象的症结而已。

了解这些，大概不会再责怪孔子歧视女性了。孔子三岁父亲过世，是母亲把他带大的，他有同父异母的姐姐九人，你说他歧视谁呢？孔子看重的是每一个人都有内在的价值。不论男女，只要受过教育，能够开发潜能，选择正确的人生方向，不断上进，就值得肯定；如果不肯上进，难免会被孔子认为“难养”了。

儒家思想其实更注重在实际情况下配合自己的身份遵守相关的礼仪和法律，并不是真的歧视女性，我们看孟子的表现就知道。孟子的学生乐正子曾经希望鲁国国君主动去拜访一次孟子，结果有人反对，理由是“孟子之后丧逾前丧”。孟子的父亲先过世叫“前丧”，母亲后过世叫“后丧”，孟子为母亲办丧事的豪华隆重程度远远超过为父亲办的丧事。为什么？因为孟子年轻时是一个士，他父亲过世时，他只能以士之礼来为他父亲办丧事；后来当到大夫，母亲过世了，他当然以大夫之礼为母亲办丧事了，而且他后来也比较有钱，给母亲买了最好的棺木。结果被人误会他为母亲办的丧礼更隆重。事实上，这完全无关乎是父亲还是母亲，而是关乎儿子的身份、角色和能力。人都是父母所生，父母有男有女，你不可能重男轻女。说实在的，我们有时候对母亲的感情还要更深一些。所以，千万不要再误会孔子歧视女性，如果有人歧视女性，跟孔子绝对无关。

3.谁在收肉干

我念中学时，一位老师教孔子的一句话：“子曰：‘自行束脩以上，吾未尝无诲焉。’”（《论语·述而》）老师翻译成：孔子说，自己带了肉干来找我，我是没有不教的。结果同学哄堂大笑。这样翻译，孔子好像成了开补习班的，你只要交学费，我就教。后来我读冯友兰先生的《中国哲学史》，谈到孔子时说他是一位至圣先师，拿他跟古希腊大哲苏格拉底比，比到最后冯先生说，孔子还是比不上苏格拉底，为什么？因为苏格拉底教学生不收学费，并且严词批评别人收学费；但孔子是收学费的，而且公开声明："只要交了学费，我是没有不教的。"冯先生还加了一句，说这也不能怪孔子，因为生活总是要维持的，教书收费无可厚非。

我念到这一段心里很感慨，事实真是这样吗？在仔细搜集了各种资料，认真研究之后，我发现大家其实冤枉了孔子。因为这里所说的"束脩"并不是指肉干，而是指可以行束脩之礼的人，也就是十五岁以上的人。换言之，只要是十五岁以上的孩子，孔子就愿意教诲。这正是"有教无类"的心怀与抱负。至于实际是否带着肉干这样的薄礼，反而是无关紧要的问题了。

为什么这么说呢？首先，这句话的读法若是"自行/束脩/以上"，就可能有"自己带着/薄礼或学费/来见我"的意思。但是从古人说话的句法来看，整部《十三经》里没有任何一处是以"自行……以上"来表达的，反而"自……以上"的句法出现过两次。《周礼・秋官司寇》记载"自生齿以上，皆书于版"，亦即从一岁（长出牙齿）开始，小孩就要登记户口。这无疑是针对"年龄"而言。因此孔子这句话应该念成"自/行束脩/以上"，从十五岁以上。古代男子十五岁入学，所备之礼即为束脩，行此礼之男子的年龄可用"行束脩"称之。东汉郑玄为"束脩"所下之注语即是"谓年十五已上"（见《后汉书》卷六十四，《延笃传》注）。第二个理由是"自"这个字在《论语》里出现了二十次，其中十次当作"从"来讲，譬如"有朋自远方来"，从远方来。还有十次作为反身动词的主词当"自己"来讲，譬如"自道"，说自己；"自辱"，侮辱自己，后面不会再有受词。而且古代不像今天有月历年历，很容易知道今年几岁。在古代，你问一个人几岁，他说比去年多一岁。那去年几岁？比前年多一岁。到底几岁搞不清楚。古人更在乎的是你是否经过了某一个阶段，譬如女孩子十五岁要行及笄之礼，头发束起来，别人一看就知道她待字闺中，准备嫁人了。男孩见面要问"加冠"了没有，男子二十岁行冠礼，以示成年。行束脩则是贵族子弟十五岁上大学时要送十束肉干，后来用来代表十五岁。孔子自己没有机会念大学，他"十有五而志于学"，到处访求名师指点，最后卓然有成，推己及人，回馈社会，公开宣布十五岁以上我没有不教的。他要求弟子"谋道不谋食""忧道不忧贫”，又怎么可能大声宣传自己要收费教徒呢？

还有一个理由，《论语》是孔子的学生编的，如果这句话真有“收肉干”的负面意思，恐怕会被删掉。但事实上这句话完全印证了孔子有教无类的胸襟。况且他有弟子三千，每人送十束肉干，就是三万束肉干，怎么吃呢？吃了还有命吗？《论语·乡党》里有一句话铁证如山，“沽酒市脯不食”，孔子很注重饮食卫生，对于市面上买来的酒和肉干是不吃的，他怎么可能跟学生说，你送肉干来我就教你呢？这完全违反孔子的生活习惯。

很多人说，那孔子不收肉干，他的生活怎么办？事实上孔子年轻时做过一些基层公务员的工作，管过仓库、牧场，后来主要的生活来源是替别人办丧事。办丧事在古代是一种高尚的行业，因为人生自古谁无死，一旦过世就需要专家来帮忙料理后事。所以孔子有他的生活来源，这一点实在不需要我们来担心，我们要担心的反而是他的学生不太长进，以致墨家的学者批评说孔子这些学生真不像话，听说有钱人死了就很高兴，为什么？吃饭的机会来了。可见，孔子的学生也是以办理丧事为重要的生活来源，这是老师教的嘛。但是他们忘记一点，办丧事要心存哀戚，要能体谅丧家，不能想着这是我吃饭的机会来了，好像我要开始工作上班一样，绝对不能有这样的想法。

孔子的生活非常简朴，甚至很穷困。这一点可以在《论语》里找到许多例证。所以他教学的时候，弟子诚心送来薄礼，他也没有理由拒收。但是本末轻重不宜混淆，说孔子教书要收肉干当学费，我认为不然。因为像颜渊这样的学生，一贫如洗，孔子还对他赞誉备至。把“束脩”当成学费，实在是以小人之心去度君子之腹了。

4.为何挑剔食物

“割不正，不食”这句话我们都熟悉。肉没有割正，孔子就不吃。当时我们对孔子的印象实在不好，有肉吃不错了，那么挑剔干吗？后来念到《论语》这段原文，才知道孔子对食物的挑剔何止“割不正，不食”，他有八种东西不吃，三种东西不多吃。

食不厌精，脍不厌细。食饐而餲，鱼馁而肉败，不食。色恶，不食。臭恶，不食。失饪，不食。不时，不食。割不正，不食。不得其酱，不食。肉虽多，不使胜食气。唯酒无量，不及乱。沽酒市脯不食。不撤姜食，不多食。

（《论语·乡党》）

食物不以做得精致为满足，肉类也不以切得细巧为满足。食物放久变了味道，鱼与肉腐烂了，都不吃。颜色难看的，不吃。味道难闻的，不吃。烹调不当的，不吃。季节不对的菜，不吃。切割方式不对的肉，不吃。没有相配的调味料，不吃。即使吃的肉较多，也不超过所吃的饭量。只有喝酒不规定分量，但从不喝醉。买来的酒与肉干，不吃。姜不随着食物撤走，但不多吃。

有人根据“食不厌精，脍不厌细”，认为孔子是一位美食主义者。“厌”这个字在古代有不同的理解，有人理解为食物愈精巧愈好，肉切得愈细致愈好。其实不是的，这里的意思是说孔子吃东西不在乎是否精巧，是否细致，因为他很能够自得其乐。他曾经说自己“饭疏食饮水，曲肱而枕之，乐亦在其中矣。不义而富且贵，于我如浮云”（《论语·述而》）。哪怕过的是粗茶淡饭的简陋生活，也不在乎。他称赞颜渊：“一箪食，一瓢饮，在陋巷，人不堪其忧，回也不改其乐。贤哉，回也！”（《论语·雍也》）可见孔子对于生活的享受完全不放在心上。

但他为什么又有八种食物不吃呢？这是出于养生的考虑。俗话说：“病从口入，祸从口出。”古代医药卫生不太发达，一旦生病，不容易治愈。怎么办呢？预防胜于治疗，而预防的最好方法是吃东西小心一点。譬如切割方式不对的肉，不吃。我年轻时不太理解这句话，自己过了五十岁以后才知道，肉的切割方式不对，确实不容易咬烂，再加上年纪大了牙齿不好，吃下去很可能不消化。孔子的饮食看似挑剔，其实是以饮食为养生及享受之途，原本应该多加注意。

孔子还有三种食物不多吃：肉不多吃，酒不多喝，姜不多吃。这些生活经验都非常切合实际的情况。譬如人的酒量跟身心状况有关。今天心情很差，一杯酒就醉了。我就看过一个朋友，心情坏到极点，大家聚餐的时候，一杯酒之后，人不见了，为什么？到桌子底下去了，喝醉了。而心情好的时候，往往是“酒逢知己千杯少”。孔子的酒量如何，不得而知，但是从来不会喝醉失态。他说自己“丧事不敢不勉，不为酒困”，替别人办丧事时，不敢不尽力把丧事办好，不因为喝酒而造成任何困扰。显示出孔子的人生态度：做任何事都恰如其分，尽好自己的本分，即使对饮酒同乐，也有明确的守则，适可而止。这确实需要高度的自知之明和强大的自制之力。

孔子是一个重视身体健康、注意养生的人，除了对食物很挑剔，他的起居作息也有颇多值得参考之处。譬如“食不语，寝不言”，吃饭时不交谈，睡觉时不说话。这样做不但对健康有益，也可以培养人做好每一件事的专注力。再譬如，“寝不尸，居不客”，睡觉时不像死尸一样，仰天平躺；平日坐着，也不像见客或做客一样两膝跪在席上。这两件事似乎都合于养生之道。侧睡是既正确又舒服的姿势，尤其向右侧睡，对肠胃较好。平日居家，当然不必像见客或做客一样，连坐着都嫌拘谨，应有个人家居的自在与怡然。甚至连生病吃药，孔子都很慎重。有一次他生病了，鲁国的大夫季康子送药给他，孔子“拜而受之”，但是说：“我不清楚这种药的药性，所以不敢服用。”有人据此认为孔子可能深通医理。药必须对症，不能随便服用，对一个人是良药，也许对另外一个人是毒药，不可不慎。

从孔子的养生观念可知他是一个全方位的思想家，不只是谈一些高尚的人生理想，也注意到人生实际情况的方方面面，从每日的食、衣、住、行开始，每一步都走在人生的正途上，不因吃喝玩乐而忘记了人生理想。而这些养生观念，不仅对古人，对我们今天的人也非常有用。现在很多人得所谓的“富贵病”，大都是由饮食和生活习惯方面的问题造成的。经济繁荣之后，我们不应该只把注意力放在饮食享受上，而要设法加强人生的修养。因为真正的快乐在内不在外，你从外面得到的乐趣会随着刺激效应的递减而慢慢减少，到最后求乐反苦；而通过自我修养，由内而发的快乐却是真正持久的。孔子一再强调我们对于食物要重视，是因为人生的时间非常宝贵，应该抓紧时间修养自己，生病虽然难免，但总要设法避免。

5.谁的耳朵顺了

人类历史上最短的自传是孔子说的，只有三十七个字：

吾十有五而志于学，三十而立，四十而不惑，五十而知天命，六十而（耳）顺，七十而从心所欲不逾矩。

（《论语·为政》）

我十五岁时，立志于学习；三十岁时，可以立身处世；四十岁时，可以免于迷惑；五十岁时，可以领悟天命；六十岁时，可以顺从天命；七十岁时，可以随心所欲都不越出规矩。

这是孔子一生的自我描述。但我要减掉一个“耳”字（六十而[耳]顺），因为这个字不但在整段话的文脉上说不通，而且与孔子生平的事迹也毫不相干。首先，“耳”这个字在《论语》里出现过四次，两次当语助词，没有意思，如“前言戏之耳”（《论语·阳货》），“女得人焉耳乎”（《论语·雍也》）；还有一次明指耳朵，“洋洋乎盈耳哉”（《论语·泰伯》），耳朵里面充满了音乐的旋律；第四次就是“六十而耳顺”了。由孔子自述生平的其他各阶段来看，如“志于学”“立”“不惑”“知天命”“从心所欲不逾矩”，都是他在《论语》中反复说明的题材，唯独对“耳顺”却无一语提及。

再看孔子六十岁前后所做的事情，跟耳朵没有任何关系。他五十五岁到六十八岁周游列国，到处奔波。有一次子路清早进城，守门人问他从哪儿来，子路说：“从孔家来的。”守门人说：“是知其不可而为之者与？”就是那位知道行不通还一定要去做的人吗？可见当时有很多人用“知其不可而为之”形容孔子。为什么明明知道理想不能实现，还要去做呢？因为要顺天命。

孔子有一次到了卫国边境的一个小地方，叫作“仪”。“仪封人”，也即这个地方的封疆官员，想跟孔子见面。谈完之后，这人出来反而安慰孔子的学生说：“二三子何患于丧乎？天下之无道也久矣，天将以夫子为木铎。”各位同学，你们何必担心没有官位呢？天下混乱已经很久了，上天要以你们的老师孔子作为教化百姓的木铎。古时候有金铎、木铎，金铎是金口铜舌，里面的铃铛是用铜做的，敲起来声音刺耳尖锐，一般用于军事作战；木铎是金口木舌，声音钝钝的，代表宣传教化。仪封人说，上天要以你们老师作为木铎，代表教化百姓正是孔子的天命。孔子在周游列国时两次生命遇险，也都诉诸上天。第一次在匡，他说：“天之未丧斯文也，匡人其如予何？”（《论语·子罕》）上天如果还不想让我们的文化消失，匡人又能对我怎么样呢？第二次在宋，司马桓魋要杀害他，他说：“天生德于予，桓魋其如予何？”上天是我这一生德行的来源，桓魋又能对我怎么样呢？可见，孔子对自己是在奉行天命充满信心，有恃无恐，认为你们不能对我怎么样。这正是他基于知天命、畏天命而表现的顺天命。因此，“六十而顺”是在顺天命，跟耳朵完全无关。

如果这些还不能证明的话，可以看原文，每一句“而”字后面都是一个动词：而志于学、而立、而不惑、而知天命。“六十而”后面又为何多出一个耳朵呢？实在令人费解。《孟子》《荀子》《大学》《中庸》《易传》，这些早期的儒家经典也没有任何一个地方提到“耳顺”两个字。孟子特别喜欢学孔子，如果“耳顺”是孔子六十岁的境界，孟子没有理由不去研究发扬。但孟子只说顺天命，《易传》里面也同样提到顺天命。顺天命的观念在古代是可以理解的，“顺”是下对上，譬如顺父母、顺国君、顺长辈等。前面讲得很清楚，五十而知天命，后面就要顺天命，顺着五十岁所知的天命。

我在荷兰有一次主持一个小型的国际会议。一位学者对儒家也有一些研究，我跟他说这个“耳”是多出来的，应该是六十而顺天命。他觉得很有道理，但最后加了一句，说我们外国人认为“耳顺”很神秘，愈神秘愈好，很多人觉得你神秘，就可以做很多猜测。确实有人猜测“耳”与圣有关。在繁体字中，“聖”字从耳从口，可见必须耳从口直，才可成圣。如果这种解释对的话，那么孔子自谓“六十而耳顺”，岂不等于自行宣称是个圣人或至少接近圣人了？但孔子明明说过“若圣与仁，则吾岂敢”。

朱熹用心良苦，认为“耳顺”是“声入心通，无所违逆，知之之至，不思而得也”。这四句话值得推敲。“声入心通”是说听到什么都懂了，其实这只是“不惑”；“无所违逆”，所指不论是自己的感受还是对别人意见的反应，都难逃“乡愿”的批评；“知之之至，不思而得”，可参考《中庸》的“不勉而中，不思而得，从容中道，圣人也”，也是把孔子当成圣人。后代的学者当然可以把孔子当成圣人，但是孔子自己断然不会认为自己在六十岁就抵达了圣人的境界。他由“志于学”着手，所学之具体内容为礼，故“三十而立”是立于礼。立身处世与人交往，四十岁明白人间应行之事的道理，所以“不惑”。然后，下学而上达，对个人命运及使命得到透彻的体认，是谓“知天命”。接着，六十而顺天命，周游列国，希望得君行道，安定天下百姓。到了七十岁，达到“从心所欲不逾矩”的境界，代表他与天命合二为一。因此，孔子这一生，无论怎么解释，“耳顺”都令人费解。真相可能是：“耳”字是多出来的。

6.谁说孔子不幽默

提到老师，大概每个人心情都有点严肃，尤其是像孔子这样的老师，被尊为“至圣先师”，恐怕是像雕像一样，很少说话，不苟言笑的。但事实上真实的孔子是很有幽默感的。司马迁在《史记·孔子世家》里提到一段故事：孔子带学生周游列国，到了郑国的时候跟学生们走散了。走散之后，孔子就在城门底下等着，等学生来找他。这时候有人跟子贡说，城门底下站了个人，脑门像尧，脖子像皋陶，肩膀像子产，腰以下比禹短了三寸，好像一条无家可归的狗一样。子贡找到老师，把这段话说给他听。孔子听了之后说，对啊，他说得没错啊，我就是丧家之狗嘛。（原文为：孔子适郑，与弟子相失，孔子独立郭东门。郑人或谓子贡曰："东门有人，其颡似尧，其项类皋陶，其肩类子产，然自要以下不及禹三寸，累累若丧家之狗。"子贡以实告孔子。孔子欣然笑曰："形状，末也。而谓似丧家之狗，然哉！然哉！"）现在有人据此把孔子说成"丧家狗"，却不了解这其实是孔子幽默的一种表现。

孔子平常跟学生说话，有时候语气是很轻松的。《论语》里有两段很明显地表现出来。第一段：

子之武城，闻弦歌之声。夫子莞尔而笑，曰："割鸡焉用牛刀？"子游对曰："昔者偃也闻诸夫子曰：'君子学道则爱人，小人学道则易使也。'"子曰："二三子！偃之言是也，前言戏之耳。"

（《论语·阳货》）

孔子到了武城，听到弹琴唱诗的声音。孔子微微一笑说："杀鸡何必用宰牛的刀？"子游回答说："我以前听老师说过：'做官的学习人生道理，就会爱护众人；老百姓学习人生道理，就容易服从政令。'"孔子接着向学生们说："各位同学，偃说的话是对的，我刚才只是同他开玩笑啊。"

这里所谓"君子"是做官的，"小人"是老百姓，"学道"的"道"指《诗经》里包含的为人处世的道理。子游（姓言名偃，比孔子小四十五岁，是孔子后期学生中的佼佼者，文学科高才生）作为孔门弟子，他当然从老师那里学过《诗经》，然后自己在武城（今山东平邑南魏庄乡，曲阜附近的小邑）当县长的时候，把它拿来教化老百姓，教百姓唱唱诗，学习古代的艺术修养。而孔子认为《诗经》是治国的一种方法，子游学会之后拿来治理一个县，有点小题大做的样子。子游觉得老师在批评他，反驳了一通。孔子听了，有点不太好意思，只好说：各位同学，子游说的话是对的，我刚才呢，是跟他开玩笑。这段话有两个特色，第一孔子“莞尔而笑”，笑得很可爱；第二孔子说“前言戏之耳”，代表孔子也喜欢开玩笑。因为他看到学生学习之后，能够把所学用在实际工作上，他这个当老师的当然很开心。

子游这个学生是很特别的。《礼记·礼运》里说：“大道之行也，天下为公，选贤与能，讲信修睦。故人不独亲其亲，不独子其子，使老有所终，壮有所用，幼有所长，鳏寡孤独废疾者皆有所养。男有分，女有归。货恶其弃于地也，不必藏于己；力恶其不出于身也，不必为己。是故谋闭而不兴，盗窃乱贼而不作，故外户而不闭。是谓大同。”这一大段描写人类理想中的大同社会的话，就是孔子参加完祭典之后，出来告诉子游的，子游把它记了下来，而且学以致用，表现出孔子学生应该有的水平。

第二段体现孔子幽默感的话是在一次大难之后。

子畏于匡，颜渊后。子曰：“吾以女为死矣。”曰：“子在，回何敢死？”

（《论语·先进》）

孔子被匡城（今河南长垣县西南）的群众所围困，颜渊后来才赶到。孔子说：“我以为你遇害了呢。”颜渊说：“老师活着，回怎么敢死呢？”

孔子有个弟子，曾为鲁国季氏的家臣阳货驾车。阳货曾经欺负过匡人，所以匡城老百姓把孔子和他的弟子团团围住。围住之后准备动手，孔子看情势危险，就拿出琴来唱诗。匡人听到传来弹琴唱诗的声音，就想会不会是搞错了，阳货这个大老粗大概不会有这么好的修养吧。一打听，果然认错人了，这才跟孔子的学生们道歉。危机解除之后，颜渊赶过来。兵荒马乱之下，劫后余生的孔子看到自己最喜爱的学生，心情大好，喜出望外。他说，颜渊啊，我还以为你遇害了呢。颜渊也很幽默，回答说，老师您还活着呢，我怎么敢死？从这段对话中可以看出他们师生之间的深厚情感。

孔子在匡城事件中也说过一句大家很熟悉的话：“天之未丧斯文也，匡人其如予何？”上天如果不想让我们的文化传统消失，匡人又能对我怎么样呢？这是孔子的自信，他知道自己的使命是把文化传统传承下来，方法之一是教育学生。在生命遇到危险时，他把自己内心最深的信念表达出来，同时也跟学生开开玩笑，自我解嘲。

7.孔子知不知“死”

我一个朋友在高校担任校长二十多年，退休后有一天碰到我，说你是学哲学的，能不能给我一点建议？我问什么建议。他说我现在年纪大了，很怕死，怎么办？我说你千万不要怕死，你要是不死才要害怕，怎么别人都死了就你没死呢？当然这是开玩笑，事实上死与生是非常自然的事情，只不过我们中国人偏偏对“死”有点忌讳，楼房没有四楼，门牌号码没有四号，跟“死”相似的发音都不想听到。最近几年“生死学”很热门，很多学校开设了这样的课程，市面上也出版了很多书。有一本《西藏生死书》，我看了之后发现整本书并没有讲生，而是专门谈死亡的，原书名应是《西藏死者书》，但是死人的书谁敢买呢？所以写成《西藏生死书》，让人觉得对于生也可以了解。

孔子很少谈生死的问题，《论语》里有一段关于生死问题的对话，只不过不太凑巧，也不太理想。

季路问事鬼神。子曰：“未能事人，焉能事鬼？”曰：“敢问死？”曰：“未知生，焉知死？”

（《论语·先进》）

子路请教如何服侍鬼神。孔子说：“没有办法服侍活人，怎么有办法服侍死人？”子路又问：“胆敢请教死是怎么回事？”孔子说：“没有了解生的道理，怎么会了解死的道理？”

鬼神包括天神、地祇、人鬼等超自然的存在或力量。子路问，人应如何和它们保持适当的关系？孔子的回答很清楚：先懂得如何与人交往，然后自然知道如何与鬼神交往。在此请注意：孔子从来不曾怀疑或否定鬼神的存在，只是希望我们善尽人事，再以合宜的态度对待鬼神。子路再问死亡是什么，孔子说“未知生，焉知死”，一个人只有知道如何生与为何生，才能明白死的意义；若不认清生是怎么一回事，也就不可能明白死是怎么一回事。换句话说，离生而言死，只是诞妄；离死而言生，只是愚蒙。但是许多人根据这句话判断孔子连“生”都没有搞清楚，更不要谈“死”了。死亡这个题材是所有宗教都谈的话题，孔子作为儒家的代表不能谈死亡，一比就比下去了。宗教界的人会说儒家只谈活着的道理，短短几十年有什么好谈的，我们宗教谈死后有轮回，有审判，很多东西可谈。这么说其实是很冤枉的，因为孔子并不是没有搞清楚生死，只是因材施教这样告诉子路罢了。如果提这个问题的是颜渊或者子贡，孔子肯定会有不同的说法，但偏偏提问的人是子路。子路这种行动派的学生喜欢实际的政事、军事，不喜欢去做一种比较思辨的、深刻的、形而上学的思考，所以孔子才会这样回答他。（子路刚强又好勇，在乱世中恐怕难以免祸，孔子为他担心，所以提醒他要懂得如何与人相处，以及明白“生”的道理。子路后来卷入卫国父子争位的乱局，不幸死于非命，时孔子七十二岁，非常伤心。）

根据我的简单统计，《论语》这本薄薄的书里，“生”一共出现过十六次，“死”出现三十八次，有谁敢说孔子不知死的道理？一个不了解死亡的人会说“杀身以成仁”吗？会说“朝闻道，夕死可矣”吗？我以为“朝闻道，夕死可矣”是《论语》里最深刻的一句话。早上明白了人生正道，懂得为何而生为何而死，那么晚上即使要为此牺牲生命，也是无所遗憾的。朱熹的学生问，孔子难道不希望一个人闻道之后有实践道的机会吗？譬如听懂了道，给半年时间实践，之后再死不是比较好吗？朱熹说，当然是希望如此。但朱熹这样讲也不太对。人活在世界上最重要的一件事是生命的转向，生命转向“道”，转向光明，发生了“质变”，一切都值得；生命如果没有转向，做再多的好事，也只是“量”，不是“质”，很可能进一步退两步。举两个简单的例子，第一个例子是耶稣被钉在十字架上，左右两边各钉了一个强盗。左边的强盗嘲笑耶稣；右边的强盗跟耶稣说，如果你真的是神的儿子，就请你原谅我吧。耶稣回答，你今天晚上就能上天堂。什么意思？因为这个强盗觉悟了自己的错误愿意悔改，虽然他已经被钉在十字架上，来不及做什么好事，但只要悔改了，就会上天堂。另一个例子大家更熟悉，是佛教所说的“放下屠刀，立地成佛”，这与孔子说的“朝闻道，夕死可矣”不是类似的意思吗？

“朝闻道，夕死可矣”包含着一种深刻的宗教情怀，而孔子所坚持的“道”就是“仁”。他说：“志士仁人，无求生以害仁，有杀身以成仁。”行仁即是人生的目的所在。人有自然的生命，随着时间的演进，走过生老病死的过程；但是没有人会以死亡为人生目的，却总是设定一些值得奋斗的价值理想，譬如个人的人格修养、事业成就、嘉言懿行或者家族的生命绵延、声名美誉，以及国家社会的繁荣安定，由小康走向大同等。这些价值理想的范围很广，但是可以用一个“仁”字来概括，其要点则是：每一个人活在世间，都有重要的使命，应该珍惜生命，好自为之。

8.孔子有无信仰

常常有人问我，孔子到底有没有信仰？这是一个非常严肃的问题。我的答案是：当然有。但是孔子从来不谈他的信仰，为什么？因为信仰是一个人内心最深刻的关怀，不能随便去说，况且孔子也不是宗教家。但是我们可以从他最谨慎的三件事看出他对信仰的态度。

子之所慎：齐、战、疾。

（《论语·述而》）

孔子以慎重的态度对待的三件事是：斋戒、战争、疾病。

这三件事是有顺序的，排第三的是疾病。孔子对于什么食物不吃，什么食物不多吃，非常谨慎。他生病时，会小心不乱吃药，因为古代医药卫生不太发达，人一生病，一不小心就很难治好了，岂能不慎？排第二的是战争。孔子对战争的态度很谨慎，因为战争是一种群体性的作战，决定国家的兴衰荣辱与个人的生死存亡。孔子认为战争不到绝对必要时，根本毫不考虑。譬如他称赞六个人合乎行仁的要求，但其中五位的遭遇都相当悲惨，只有一位管仲得享荣华富贵。孔子为什么称赞他？因为管仲利用外交手段避免了战争，让春秋初期各国之间通过外交和约而维持和平。“微管仲，吾其被发左衽矣。”（《论语·宪问》）孔子说，没有管仲的话，我们可能已经沦为夷狄，披头散发，穿着左边开口的衣服了。“被发左衽”是北方少数民族的习俗，管仲辅佐齐桓公运用外交政策抵御北方民族对中原地区的侵扰，保护了周王室与诸侯国，使中原的典章制度和传统文化不至于消亡，所以孔子称赞他。

但孔子最谨慎的事是“斋戒”，这恐怕是很多人没有料到的。孔子对于斋戒的谨慎超过对个人疾病和群体战争的担忧。为什么？因为古人斋戒只有一个目的：祭祀。祭祀的对象是祖先与神明，合称鬼神。斋戒在顺序上排第一，表明孔子对于鬼神的诚敬态度。他尊重人的理性与职责，但并未因此怀疑和否定鬼神的存在。对于他在祭祀中的表现，《论语》中有一段话：

祭如在。祭神如神在。子曰：“吾不与祭如不祭。”

（《论语·八佾》）

祭祀时有如受祭者真的临在。祭鬼神时有如鬼神真的临在。孔子说：“我不赞成那种祭祀时有如不祭祀的态度。”

前两句话不是孔子说的，是弟子对他祭祀时的描述，形容他的虔诚。“如”在弟子看来是“好像”，在孔子则真心相信祖先成为鬼神，祭祀时庄重虔诚，好像祖先站在面前一样。学生问他，老师祭祀时这么庄重是怎么回事呢？孔子说了一句话：“吾不与祭如不祭。”一般的解释，连朱熹注解的《论语》在内，都断句成“吾不与祭/如不祭”，翻译成“我没有参加祭祀，就好像我没有祭祀一样。”这根本不成话，难道别人没有参加祭祀，可以像祭祀过一样吗？合理的断句应是“吾不与/祭如不祭”，我不赞成那些祭祀时好像不在祭祀的人，亦即心不在焉、马马虎虎的人。唐朝韩愈提到这句话，说孔子“讥祭如不祭者”，祭祀时态度散漫、随便，好像不在祭祀的人，孔子是予以讥讽和批判的。为什么？祭祀是何等重要的事，一个人如果对祖先都心意不诚，又怎能对别人讲求信义呢？对个人如此，对国家亦然。当时渐入乱世，人心浮动不安，信仰也趋于世俗化，祭祀是为了现实功利，缺乏虔诚态度。孔子除了以身作则外，还能多说什么？但是无论如何，他公然反对“祭如不祭”的人，也算表达了一番苦心。

从孔子对待祭祀的态度可以看出，孔子当然是有信仰的。其实，古人有宗教信仰是非常普遍的现象。《诗经》说“天生烝民”，天是老百姓生命的最后根源。老百姓不是父母生的吗？当然，不过父母也由父母所生，往上推溯，推到最后还是要有个最后根源，古人称它作“天”，亦即相信“天生烝民”。这是中国传统的信仰，这种信仰的影响非常深远。譬如帝王作为人间的统治者，被称作“天子”，天的儿子，代表他政治权力的合法性基础来自全民信仰的“天”。“天”是老百姓的父母，天子替天行道，所以天子有义务照顾老百姓，这是他的“天命”。孔子也信“天”，但他有一个转变叫“五十而知天命”。以前很少有人敢说这样的话，因为天命是神圣的符号，只有帝王可以得到天命，但孔子说他五十岁时了解了自己的天命，亦即讲明存在人性自觉的潜能与使命，他要像“木铎”一样，教化百姓，唤醒苍生。换句话说，从孔子开始，每一个人都可以觉悟到自己的天命。以儒家来讲，这个天命就是肯定人性向善，这一生要择善固执，最后止于至善。这是每一个人应该做到的，每一个人都有的天命。

第二部

孟子的向善

人性向善

人格之美

人我之间

仁政理想

自我超越

第一章　人性向善

1.人性向善

人性是什么？一般人提及这个问题，会想起《三字经》开头所说的："人之初，性本善。性相近，习相远……"许多人认为"人性本善"是儒家的思想。但是"人之初，性本善"这六个字，既不是孔子说的，也不是孟子说的，而是宋代以来的学者概括出来的。这个"本"字是后代的解释，并非孔孟的原意。根据我个人多年研究体验儒家思想的心得，我要把这个"本"改成"向"，我觉得儒家并不主张人性本善，而是强调人性向善。

1980年我到耶鲁大学念书，初到的第一个星期就去拜访了一位神学院教授，与他谈及人性的问题。我问他："基督教主张人有原罪，岂不是言人性本恶，是否太消极了些？中国人主张人是本善的，较积极，也较为正面。"我还将"人之初，性本善……"背给他听。结果这位教授不跟我讨论经典，只问我："中国社会中有没有坏人？中国人会不会做坏事？""会。""人性若是本善，恶从何来？"一句话把我问得哑口无言。我当然可以反问："西方人会不会做好事？人性若是本恶，善从何来？"但我也料及他定会说："善从上帝来，你信上帝吧！"如此一来，不但辩论输了，也让中国儒家思想有点"灰头土脸"的感觉。

"人性本善论"过于幼稚、天真，且不顾现实，与我们的实际生活经验脱节。人性若本善，那么人为何要受教育？所做的善行又值得称赞吗？答案都是否定的。"人性本善"完全不符合我们的实际经验及初步反省。

自从和那位神学院教授谈论后，我始终在思索儒家思想的真正精神所在。何谓人性？在《论语》中，孔子很少直接谈这个问题，虽然他说了"性相近也，习相远也"这句话，但没有进一步阐释人性，因为当时没这理论的要求。换句话说，孔子的学生中没有人会想到这个问题的重要性，只有子贡曾提到："夫子之言性与天道，不可得而闻也。"（《论语·公冶长》）孔子没有跟他说人性方面的问题，为什么？因为以子贡的资质不适合跟他谈人性，只有颜渊可以谈，但颜渊对孔子心悦诚服，且不幸早死，所以没有这方面的记录。

孔子不谈，并不代表他对人性没有清晰的主张；相反，他对人性的观察是十分深刻的。他从经验界看到人有各种弱点。譬如"吾未见好德如好色者"，不曾见过任何人爱好美德像爱好美色一样。爱好美色是生物性的本能，爱好美德呢？如果后者也是天性，那么它的力量显然不是绝对的或全面的，因此不宜说人性本善。顺着这一思路，孔子提醒人在每个阶段都要警惕："少之时，血气未定，戒之在色；及其壮也，血气方刚，戒之在斗；及其老也，血气既衰，戒之在得。"（《论语·季氏》）人不能没有血气，血气有各种毛病，如此一来，怎能说"人性本善"？没有说"人性本恶"已算是客气的了。

所以，孔子根本不曾说过人性本善，他只说过："性相近也，习相远也。""习"代表后天环境、习染造成的结果，人人有别；"性"代表先天本来面目。但是，既然是人所共具的先天本性，孔子为何不说"相同"，而说"相近"呢？答案一：如果人性原本具有某种可以称之为"善"的东西，则应该说"性相同"。换言之，如果有人主张"人性本善"，同时又宣称"性相近"，那么我们可以追问：善是"质"还是"量"？是"量"才有程度多寡，才可说是相近。但是，善怎能以"量"来计呢？若是"质"，则非有即无，如何相近？答案二：人性并无善恶，只有“善的倾向”。就“倾向”而论，可以说人人皆具，但是敏锐程度各不相同。换言之，只要是人，就是向善的，他的内心必然会对某种状况感到“不安”或“不忍”。有些人见了落花就流泪，有些人不到亲自受苦不觉得难过，程度相去甚远，但是必定都有“不安”“不忍”的可能性。

事实上，心安不安、忍不忍是儒家人性论的基础，也是理解孔孟思想的入门的关键。这个关键在孔子和宰我关于“三年之丧”的对话中体现得很明显。宰我质疑“三年之丧”，认为守丧三年时间太长。人文世界不行礼乐，礼乐随之瓦解；自然世界一年为循环之期，守丧何不也以一年为期？孔子听了，只问他：如果守丧一年，你就恢复平日的生活享受，吃好的，穿好的，“于女安乎”？你心里安不安呢？很多人讲中国禅宗“直指人心”，事实上孔子早就“直指人心”了。他没有跟宰我讨论守丧三年的人文与自然这些外缘条件，却把焦点指向人心，要看你内心安不安。结果宰我回答：“安。”孔子只好说：“女安，则为之。”你心安的话，就那么做吧。

换句话说，孔子对人性的理解在于人心有安与不安的能力。人性不是静止的，人性是动态的、活泼的。作为一个人，最主要的特色在于他有自由，他可以选择。离开自由选择的能力，就没有人的问题。正因为人可以自由选择，所以人心是“活的”，它有一个趋向，这个趋向受到阻碍时，会产生反作用让内心觉得不安。那么，孔子为何认为守丧三年才会心安呢？宰我离开后，孔子谈了理由，“子生三年，然后免于父母之怀”，这十二个字正是我们了解儒家人性论的出发点。在孔子看来，人心对父母的深情是由具体的成长经验所孕生的。小孩子生下来到了三岁，才能离开父母的怀抱。生理上长期受到父母照顾，心理上也形成了与父母相互关怀的情感，始终会感念父母之恩，所以父母过世，守丧三年是很合理的。也就是说，“三年之丧”代表伦理，“于女安乎”代表心理，“子生三年”代表生理。人性是由生理、心理、伦理三者连贯而成。儒家人性论的焦点在于心之自觉能力，它是以生理为基础，并以伦理为发用的。由于心安与不安的程度，人与人之间确有不同，因此只能说“人性是向善的”，有的“向”力量强，有的“向”力量弱，这是因天生的资质与后天的遭遇不同而有所区别。

孔子之后，孟子是儒家的重要代表。孟子的思想除了强调“推行仁政”外，对于人性也提出了更为系统的解说。孟子，名轲，鲁国邹（今山东邹城）人。关于他的生平，至今并无定论，一般认为是生活在公元前372—公元前289年之间，亦即战国时代（公元前475—公元前221年）的中期。当时存在的还有二十国左右，其中七国争雄，都想兼并天下。司马迁在《孟子荀卿列传》中记载孟子，说他“受业于子思之门人。道既通，游事齐宣王。宣王不能用，适梁。梁惠王不果所言，则见以为迂远而阔于事情。当是之时，秦用商君，富国强兵；楚、魏用吴起，战胜弱敌；齐威王、宣王用孙子、田忌之徒，而诸侯东面朝齐。天下方务于合从连横，以攻伐为贤，而孟轲乃述唐虞三代之德，是以所如者不合。退而与万章之徒，序诗书，述仲尼之意，作孟子七篇。”

从这段记述中可以看出，子思是孔子的孙子，而孟子受业于子思之门人，因此从孔子到孟子是第五代。孟子先是“道既通”，所通道自然是“唐虞三代之德”以及“仲尼之意”。接着，他效法孔子“知其不可而为之”的精神，周游列国，到处宣扬“仁者无敌”的思想。可惜没有一国国君能够实行他的这种理论。从战国时代的大趋势来看，孟子的观点显然不切实际；从孟子的具体遭遇看来，连他自己也承认并未成功。但他为什么再三强调“仁者无敌”，百姓归向仁者是出于无法遏阻的天性呢？这与他对人性的看法有关。孟子对人性有一个很好的比喻：

牛山之木尝美矣，以其郊于大国也，斧斤伐之，可以为美乎？是其日夜之所息，雨露之所润，非无萌蘖之生焉，牛羊又从而牧之，是以若彼濯濯也。人见其濯濯也，以为未尝有材焉，此岂山之性也哉？虽存乎人者，岂无仁义之心哉？其所以放其良心者，亦犹斧斤之于木也，旦旦而伐之，可以为美乎？其日夜之所息，平旦之气，其好恶与人相近也者几希，则其旦昼之所为，有梏亡之矣。梏之反覆，则其夜气不足以存。夜气不足以存，则其违禽兽不远矣。人见其禽兽也，而以为未尝有才焉者，是岂人之情也哉？故苟得其养，无物不长；苟失其养，无物不消。

（《孟子·告子上》）

这段比喻论证力极强。他说牛山上的树木长得非常茂盛，但不幸的是它邻近都城，有些人为了盖房子把树木砍光了，有些人放牧牛羊把花草吃光了，结果好好的一座山变成了秃山。请问：秃是山的本性吗？显然不是。那花草树木是山的本性吗？也不是，因为如果是本性，怎么会被砍光、吃光？在此，“花草树木”代表人性本善，“秃”代表人性本恶，两者皆不是山的本性。那么，山的本性到底是什么？是“能够”长出花草树木，只要给它机会，它就会长出新的芽。换言之，山本身并不显示本性，我们所见到的“秃”或“草木茂盛”只是山的现象。山的本性是只要有了雨水、朝露，新的芽就会长出来。若新的芽被吃光，变成秃山，再给它机会，山又会长出新芽，变成花草树木。因此，山的本性在于“能够”，而不在于“是”什么。“能够”就是一种潜能、趋势和力量。人也是一样，人的本性是善，是恶？都不是。人的本性是向善的，只要给予机会，且存养扩充，就是善的；否则“旦旦而伐之”，久而久之心灵也会麻木。儒家谈人性时，此点是非常精彩的，人性是种趋向，说明人生是开放的，永远是一种对自我的要求，且此种要求由内而发，不是由外在给予的。因此，人活在世界上就可以实现自我向善之本性。

也许有人怀疑，那也可以说人性向恶啊。因为人性只是“向”善而已，你也可以选择恶，那为什么说向善，不说向恶呢？举个简单例子：我今天早上起来，不孝顺父母，不尊敬兄长，心里觉得不安、不忍，这就证明人性向善。反过来说：我今天早上起来，不去杀人放火，不去打人、骂人，心里觉得不安、不忍，这是人性向恶。请问在一般情况下，我们是哪一种呢？当然是前者。再举个例子：在公车上遇到老人不让座，会觉得良心受煎熬，这便是人性之所在。因此，人的心是种趋向，如果不去做自己应该做的事，或者去做不该做的事，心里自然会产生一种压力，无法面对自己。这就是儒家的“人性向善论"。

2.善是什么

人性向善，善又是什么呢？这是儒家思想的又一重点。首先，善是一种价值。价值不在某个地方，它要有主体的选择才能呈现。例如这里有两个杯子，一个装钻石，一个装水，你说哪一个比较有价值？大家一般会说：当然是装钻石的比较有价值。但假使今天身处撒哈拉沙漠，水的价值恐怕就比钻石高得多了。因此，水和钻石不是没有价值，而是与价值无关，它们只是纯粹的事实，任何价值都需要经由人（主体）的选择才能呈现出来。譬如山上有一朵百合花，在没有人爬上这座山、看到这朵花之时，百合花只是存在而已，没有所谓美不美的问题。但是如果有人看到这朵花，说："这朵百合花真美，我喜欢它。"在他喜欢的过程里，这朵花美的价值就呈现出来了。再譬如大家如果都说黄金比铁差，那么黄金的价值就会立刻贬低。其实，黄金、铁、石头、钻石有什么差别呢？对动物而言是没有差别的。你见过哪一只狗喜欢黄金或哪一只猫喜欢钻石呢？又或者哪一群鸟夏天往北飞或冬天往南飞的时候，会带着粮草走呢？只有人类在搬家时才会带着家当，选择这个，选择那个。因此，价值是人所特有的问题。离开了人类世界，宇宙万物只是事实而已，不是价值。价值只对人类有效，亦即只有人类才可以让价值呈现。因为人有选择的自由，有了自由选择，价值才可通过选择而呈现出来。

善是一种价值，因此善也是人所特有的问题。离开人的世界，就没有所谓善的问题。以《鲁滨孙漂流记》为例，鲁滨孙是孤岛上唯一的人，不会有人评判他是好人还是坏人，只有一个人活在世界上，无所谓好坏。任何善或恶必须放在两个主体间的相互关系中才能呈现，离开了人群的脉络，则无善恶可言。人性是向善的，因此人也必须在人群中实现自我。这是儒家一个很重要的见解。

那么，人与人之间如何来判断善？这是一个大问题。譬如我们说一个人很孝顺，但他不一定是好的朋友；一个人是好的朋友，但不一定是好的老师；一个人是好的老师，但不一定是好的父亲。这是很简单的道理。一个人要把所有的“好”都做到，是非常困难的。所以当你说一个人好时，不能抽象地说他好，必须指出他对谁好，离开他所对的对象，他的善根本是空洞的，是假的东西。做善人可不可能？理论上可能，但实际上不太可能。因为善人必须满全一切适当的关系，把他所有相关的人对他的期许都完全加以实现，使其人际关系网上没有一点缺失，这才叫作善人。这其实是不太可能的，不太可能不是因为能力不够，而是因为一个人一生中要扮演的角色多种多样，但这些角色之间往往相互冲突。举个简单例子，一个男孩结婚后，发现他不可能同时做一个好儿子和好丈夫，不能同时满足两个人的要求。妈妈和太太同时要求你做不同的事，你该听谁的？你只有一个人、一个时间，到底该做哪件事？这就是矛盾。这也就是在人的社会里会那么辛苦，在人生里充满挑战、考验和不幸的原因。大家不能互相体谅，都只从自己的角度看对方该有的责任和要求，而忽略了他还有其他角色要扮演，还有各种责任要去满足。于是，就会产生误解与怨恨。所以孔子才说：“善人，吾不得而见之矣；得见有恒者，斯可矣。”（《论语·述而》）我没有见过善人，只要见到有恒的人就够了。“有恒”是指人的内心有向善的要求，虽然做得不完美，但仍然心向往之，设法努力去做。

儒家思想的意义就在这里。没有一个人是善人，但是每一个人又都可以成为善人。生命充满向前开展的动力，人性是趋向善的，这种力量由内而发，没有人可以彻底消灭它，所以对人性要永远抱着希望。但是我们不要忘记，行善是无穷的要求，不能有所间断。我们在世界上所见的，只是做了一件好事或几件好事的人，哪里有好人呢？你说他今天是好人，那么他明天能不能变成坏人？绝对可以，下一刹那就可以变成坏人。事实上，他也不是坏人，只是做了一件坏事的人。一个人做坏事是其人性扭曲发展的结果；做好事则是人性正常发展的结果。人性是一种趋向，是开放的，是等待被实现的潜能。此点若能掌握，就可以由内而发对自己有所要求。所谓“天行健，君子以自强不息”，“苟日新，日日新，又日新”，我们只要活在世界上，就要经由不断的努力奋斗，使自己越来越好，使我的人格越来越高。但你行善绝对不是负担，而是真正的快乐，因为这快乐完全符合“人性向善”对自我的要求。当你满全这种要求时，你就享有最大的快乐。

3.心之四端

孟子认为“性善”，心是关键。人有自由，可以选择各种行为的表现。但表现出来的都是现象，内心才是我们的本质所在。如何知道人的本质呢？孔子会问，你心安不安呢？孟子则会问，你心忍不忍呢？我们对于别人的遭遇，会有自发的感受，亦即所谓同情之心。孟子非常重视这种感受。他说：“所以谓人皆有不忍人之心者，今人乍见孺子将入于井，皆有怵惕恻隐之心；非所以内交于孺子之父母也，非所以要誉于乡党朋友也，非恶其声而然也。”（《孟子·公孙丑上》）我们看到一个小孩快要跌到水井里去的时候，心里都会感到惊恐、怜悯；并不是想跟小孩的父母做朋友，也不是想在乡党朋友中被称赞，更不是不喜欢小孩的哭声——我们就是没有任何目的、理由地，纯粹是自动自发地对“孺子入井”感到心里不忍。为什么会不忍？因为这就是人性，人性是会不忍的。这是孟子对人性的基本理解。

这个理解在今天看来似乎难以用实验证明。今日生活条件异于往昔，水井已经难得一见了，不然也成了供人参观的古迹了，孟子的比喻很难激发起我们的想象力。不过几年前美国得州的一则新闻，倒是证实了孟子的说法。得州有一个四岁的小女孩不慎失足，落入一口枯井中。此事经媒体报道后，成为上自美国总统，下至贩夫走卒都极为关心的事。副总统还亲自慰问了小女孩的家人，许多人纷纷为小女孩祈祷。这份同情心使许多人重新发现自己内在的向善要求。可见人不分古今，地不分东西，恻隐之心确实是人的本来面貌。因此，孟子才会肯定地说：

> 由是观之，无恻隐之心，非人也；无羞恶之心，非人也；无辞让之心，非人也；无是非之心，非人也。恻隐之心，仁之端也；羞恶之心，义之端也；辞让之心，礼之端也；是非之心，智之端也。人之有是四端也，犹其有四体也。
>
> （《孟子·公孙丑上》）

由此看来，没有怜悯心的，不是人；没有羞耻心的，不是人；没有谦让心的，不是人；没有是非心的，不是人。怜悯心是仁德的开端，羞耻心是义行的开端，谦让心是守礼的开端，是非心是明智的开端。人有这四种开端，就像他有四肢一样。

孟子连说了四个不是人，有人觉得会不会太夸张了，没有这四种心，真的就不是人吗？你听到孟子骂你不是人，你很生气，他会说恭喜你，你又变成人了，因为你生气了，说明你还有羞耻心。这就是儒家的思想，儒家认为人在自然情况下的直接反应，才能表现出内心的真实情况。不过，孟子说人心有四种开端，并没有说人有四种善。开端代表萌芽、开始。四种开端如果发展扩大，才可以形成仁、义、礼、智四种善。善一定是你去行动之后才能实践的。譬如“无恻隐之心，非人也”，恻隐之心只是善端，而并非善的完成，善的完成还需以行动去实践。因此，一个人只需有此心，就是人；是否有仁爱的行动，那是第二步的问题。万一连此心都丧失，表示麻木不仁，无从感受别人的遭遇，那就是“非人”了。其次，恻隐之心有程度不同，有些人较为敏感，不仅对别人不忍，也对一些小动物不忍，甚至会像林黛玉一样，见了落花也掉泪。有些人则比较迟钝，非要等到重大刺激才觉悟自己与他人之间的同胞亲情。不论敏感还是迟钝，只要还有感受力，就还有希望。希望在于能够扩充此心，努力行仁。像孟子说的，“若火之始然，泉之始达”。火开始燃烧，水开始畅流，看起来小小的源头，最后竟可以成就伟大的善行，而这一切都出自一点恻隐之心。

孟子还把人性比喻成水。

人性之善也，犹水之就下也。人无有不善，水无有不下。今夫水，搏而跃之，可使过颡；激而行之，可使在山。是岂水之性哉？其势则然也。人之可使为不善，其性亦犹是也。

（《孟子·告子上》）

人性对于善，就像水总是向下流。人性没有不善的，水没有不向下流的。现在，用手泼水，让它飞溅起来，也可以高过人的额头；阻挡住水让它倒流，可以引上高山。这难道是水的本性吗？这是形势造成的。人，可以让他去做不善的事，这时他人性的状况也是这样的。

水的比喻十分恰当：正如“下”是水之“向”而非水之性，“善”也是人之“向”，而非人之性。什么意思呢？用手泼水，用管子接水，让水倒流，这是外在的形势。我们有时候说“形势比人强”，外在的形势会改变水的自然趋向，一个人去做不善的事，也是受到了外在形势的影响。换句话说，如果让一个人自然发展，他会顺着本性行善；相反，外面的形势恶了，人也就为恶了。所谓“富岁，子弟多赖；凶岁，子弟多暴”（《孟子·告子上》），一个时代经济繁荣，年轻人就好吃懒做；经济条件不好，年轻人就会凶暴，比如抢劫什么的。孟子的意思是说，一个时代的经济好坏对于年轻人会有直接的影响。一个社会必须在政治、经济、教育上设法造成一种自然的、正常的状况，让每一个人都能去自然发展，这时人性向善表现出来就好像水向下流一样。以“水无有不下”来比喻“人无有不善”，人与善的关系，必然是人性向善，而不是人性本善。心有“四端”就是人性向善的力量。

4.人禽之辨

人与禽兽的区别在什么地方？这在《孟子》里是一个非常重要的地方。你要了解人性，就要知道人和禽兽的差别。

孟子曰：“人之所以异于禽兽者几希，庶民去之，君子存之。舜明于庶物，察于人伦，由仁义行，非行仁义也。”

（《孟子·离娄下》）

孟子说："人与禽兽不同的地方，只有很少一点点而已，一般人丢弃了它，君子保存了它。舜了解事物的常态，明辨人伦的道理，因此顺着仁与义的要求去行动，而不是刻意要去实现仁与义。"

"几希"是差别很小。孟子认为，人与动物的差别很小。首先，人与动物在身体上很类似：我们有五官，禽兽也有；我们有四肢，禽兽也有。其次，人与动物在本能上很相近：人吃饭的时候与狗没啥两样，皆出自一种饥饿的本能；人睡觉的时候和猪没啥两样，皆出于一种休息的本能。人之所以与动物不同，绝非凭借人的身体、本能或四肢五官，而是要凭借其他的东西。

孟子由此提出"大体小体"之说，把身体称为"小体"，"小"代表不重要、次要；把心称为"大体"，"大"代表重要。大体在内，小体在外。人与动物共同具备的是"小体"，而人所特有的才叫"大体"。"大体"就是人心的"四端"（由之产生仁、义、礼、智）。孟子说："人之有是四端也，犹其有四体也。"四端与四体皆属人之体，分其大小，是指人应以"大体"为重，也即心够不够灵敏，能不能自觉和真诚，是其关键。所谓人性在于心，孟子认为去掉这个心的是一般人，保存下来的是君子。问题在于，如果这个心可以去掉，也可以保存，那么去掉之后怎么办？是不是一旦去掉，就永远去掉了？一旦保存，就永远保存了？当然不是，否则就不用谈教育了。心，可去可存，代表它是动态的。如果说人的本质是善的，那本质一旦去掉就没有了，所以我们强调人性向善，人性是一种动态的力量，这种力量在于心能不能够觉察。譬如有时候我们好像不太敏感，看到老人家摔跤没感觉，如果有感觉，你马上就上前去帮他了。这种真诚自觉，自我要求去做该做的事，是儒家对于人性基本的规定。如果你没有真诚自觉，善有什么用呢？无法表现为行为。孟子说，君子能够真诚自觉地保存这个善，一般人却把它去掉了，去掉之后，人不就跟禽兽一样了吗？所谓"饱食暖衣，逸居而无教，则近于禽兽"，人吃饱了，穿暖了，生活很优哉，但如果没有受教育，就跟禽兽相差不远了。为什么？因为与禽兽不同的这个心没有了。儒家教育的目标即在助人恢复本心的向善自觉，同时以政治及社会各种合理的规范来助人完成心之要求。

接着，孟子提到了舜。尧舜是儒家推崇的典范人物，孟子尤其喜欢舜。他说，舜正是因为体察了人性内在向善的力量，所以“由仁义行，非行仁义也”，由内而发去行善，而不是刻意有仁和义的行为，因为仁和义的要求是由内而发的。这说明我们在德行方面的表现不是别人叫我做的，不是我做给别人看，而是内在的力量叫我把善做出来的。人与禽兽的差别就在这里。孟子说“从其大体为大人，从其小体为小人”，一个人如果每天只知道保养自己的身体，那只能算是小人，因为他忽略了更重要的内心的要求。不过，“养其大体”如何养呢？

孟子曰：“养心莫善于寡欲。其为人也寡欲，虽有不存焉者，寡矣；其为人也多欲，虽有存焉者，寡矣。”

（《孟子·尽心下》）

孟子说：“修养内心的方法，没有比减少欲望更好的了。一个人如果欲望很少，那么内心即使有迷失的部分，也是很少的；一个人如果欲望很多，那么内心即使有保存的部分，也是很少的。”

养心的最好办法莫过于清心寡欲。清朝皇帝有养心殿，“养心”就是提醒皇帝“寡欲”。道家也有类似的说法，庄子说：“其耆欲深者，其天机浅。”一个人如果欲望太多，领悟能力就浅。为什么？因为你往往只能看到事物的表面现象，看不到内在的真相，你的生命没有根，不可能有真正的快乐。所以在心的修养方面，儒家和道家有相通之处，先要从减少身体的欲望开始。儒家的价值观很清楚，一个人活在世界上，你要追求的不是有形可见的身体上的满足，物质上的享受——这方面的满足和享受到一定时候就会刺激递减，会觉得没什么特别的乐趣；而要进行德行上的修养，设法让心的“四端”发展出来，成为仁、义、礼、智四种善。“小体”存在的目的是让“大体”可以实现其向善潜能，这才是人和禽兽最大的差异所在。

5.三种快乐

人性如果是向善的，行善就是天下最快乐的事，因为它符合人性的需要。所以有人跟孟子说：当天下的帝王很快乐吧？孟子说，王天下不算真正的快乐，真正的快乐有三个：

父母俱存，兄弟无故，一乐也；仰不愧于天，俯不怍于人，二乐也；得天下英才而教育之，三乐也。君子有三乐，而王天下不与存焉。

（《孟子·尽心上》）

父母都健康，兄弟姐妹无灾无难，这是第一种快乐；对上无愧于天，对下无愧于人，这是第二种快乐；得到天下的优秀人才而教育他们，这是第三种快乐。君子有三种快乐，而称王天下并不包括在内。

很多人觉得奇怪，在今天这种时代，谁不希望当国家领导？孟子居然认为比不上这三种快乐。首先，父母健在，兄弟姐妹也没有灾患，那就是人生至乐了。为什么呢？因为父母在，才能引起我的孝顺之心；兄弟姐妹在，才能引起我的友爱之心，“孝弟也者，其为仁之本与！”为了做一个完全的人，完成我有意义的生命，我必须有父母兄弟维持这两个最重要的关系网，所以父母兄弟都在，可以使我不断实践孝悌自然的要求，人生还有比这更快乐的吗？即使是万人欣羡的功名利禄，又怎么比得上家人团聚的天伦之乐呢？

有人说，孟子这是家族主义，这种快乐好像狭隘了一点，每个人都能得到嘛，孟子为什么把它列为第一种快乐呢？这跟孟子对人性的看法有关。孟子认为，人活在世界上与别人相处，他的情感是由近到远，从家庭到社会慢慢推广出去的。譬如我的父母健在，兄弟平安；我出门看到别的老人家，就想到自己的父母，尊重他们；我看到同学、同事、朋友，就把他们当成自己的兄弟姐妹，关心他们。相反，一个从小在孤儿院长大的孩子，成长经验比较痛苦，从小没有家庭长幼的观念，也许不会对别人生起特别强烈的感情，不容易把孝顺、友爱的心推广出去。因此“父母俱存，兄弟无故”之乐，并不是一种单纯的家庭中心主义，而是发现了人性的真相，必须由近及远，逐渐把人性内在的萌芽推广出去，这是人性正常的发展。儒家“老吾老，以及人之老；幼吾幼，以及人之幼”的思想就源于此。

第二种快乐“仰不愧于天，俯不怍于人”。后一句好理解，就自己的为人处世来说，在与他人有关的部分，尽到我的责任，不做任何对不起人的事。譬如我没欠别人钱，也没有不守信用，我跟每一个人来往都是光明坦荡的，我对别人不觉得有什么惭愧，这种无愧的心情所孕发的自信与自得，是快乐的。但是，“仰不愧于天”，天又是什么？从孔子“五十而知天命”开始，儒家的“天”就具有特别的意义。譬如孔子说“获罪于天，无所祷也”，你得罪了天，就没有地方可以祷告了。你欺骗得了人，欺骗得了天吗？儒家的“天”，不是自然界的天空，而是宇宙万物的主宰，是人类生命所要面对的最高神明，它可以主导人类的善恶报应。古代帝王自称天子，要祭天。古代人提到天道，说它“福善祸淫”：你行善，天给你福气；你作恶，天会惩罚你。所以要“仰不愧于天”。你要无愧于上天赐予你的人性，人性向善，所以你要择善固执，止于至善。你选择善去做，而且做到了，你就无愧于天了，同时你还会从内在产生一种快乐，满意自己的作为。因为善由内而发，快乐也由内而发，这是儒家的思想。

第三种快乐“得天下英才而教育之”，当老师的最清楚了，能得到天下的优秀人才来教育他们，确实是人生一乐。不过，谁是优秀人才？智商高，或者考大学的分数高，就是人才吗？错了。儒家从来没有把光会念书的人当作优秀人才，优秀人才还要有一种德行修养，有一种上进心，只要你有心上进，生命就会向上发展，人性向善的要求就可以源源不断地展现出来。也即儒家所理解的“英才”包含了道德实践的要求，一个人光有学识还不够，必须进行道德实践，才能走上成全自我的道路。而通过教育，尤其是针对天下英才的教育，我们的理想可以承前启后，逐步提升，眼见文化命脉由一群仁智兼备的青年传继下去，想象国家的未来前途日益光明，这种快乐显然要比自己一个人志得意满更为踏实。

以上三种快乐，第一种快乐是人人皆可珍惜的，父母兄弟姐妹都平平安安，可以让你的人性从家庭慢慢推展到社会；第二种快乐是人人皆可实践的，对上无愧于天，对下无愧于人，把天给你的向善的人性充分实现出来；第三种快乐则是人人皆可努力支持赞助的，能够在自己年纪大的时候，教育天下很多有心上进的年轻人，把自己的经验心得传授给他们。这三种快乐中，第一乐和第三乐都不能由我们来决定。父母、兄弟的健在与否不是我们所能掌握的，而学生素质的好坏也要靠缘分。只有第二乐仰俯无愧，完全操之于自己。孟子曰："反身而诚，乐莫大焉。强恕而行，求仁莫近焉。"当我们反省内心，发现自己诚恳，可以对得起自己，那便是无比的快乐了。

第二章　人格之美

1.修养六境

儒家的美学思想，基本上有两个主张，第一是人文之美，第二是人格之美。主张人文之美的是孔子，主张人格之美的是孟子，两者不一样。在《论语》里可以发现很多地方表现人文之美。简单来说，人文修养所表现的美，就是人文之美。这种修养不仅仅是读书、求知，也包括诗教和乐教；在今天这个时代，则包括了对音乐、绘画、电影、戏剧、小说等各种艺术的爱好和欣赏能力。以孔子为例，他强调《诗》《书》《礼》《乐》《易》五经。《诗》是中国古代的文学，乐是中国古代的艺术或音乐，两者是中国古代最典型的艺术陶冶和人文修养。子曰："兴于《诗》，立于礼，成于乐。"一个人要成为真正的人，必须有《诗》、礼、乐三方面的修养。诗教启发人的原始情感，抒发出来可以发现人我的相通性，自然而然会关怀别人、同情别人。孔子教育弟子，重视诗教。他说："不学《诗》，无以言。"不学诗，就无法和别人交谈，因为古人说话，喜欢使用比喻或典故，以适当的方式表达情感。子曰："入其国，其教可知也。其为人也，温柔敦厚，诗教也。"

到一个国家，看到老百姓温柔敦厚，就知道这是诗的教育所成就的，足见孔子对诗教的重视。

至于乐教，孔子本人有相当高的音乐修养，精通琴、瑟、磬这些乐器。在周游列国的过程中，照样弦歌不辍，曾经在齐国听过韶乐之后，“三月不知肉味，曰：‘不图为乐之至于斯也。’”弟子们记录他的生活起居，“子于是日哭，则不歌”，只要那一天不哭，孔子就可能会唱歌，足见他对音乐的爱好和痴迷。如此深厚的艺术修养，使他本身成为人文之美的体现和结晶。弟子说他“温、良、恭、俭、让”“望之俨然，即之也温”“温而厉，威而不猛，恭而安”，他进退有节、中规中矩、举止优美、恰到好处。《论语》记载孔子在朝廷负责送宾客出去，走路“翼如也”，像鸟的飞翔一样；连走路的姿态、手摆动的姿势，都经过特别的训练。这样的人，你一看到，就觉得是宇宙大自然一个精彩的结果，在任何地方都是“发而皆中节谓之和”，非常和谐。子贡形容孔子像“宗庙之美，百官之富”，实在非常恰当。但是，这种人文之美的达成需要很多条件，不是每个人都能做到。譬如，一个人如果没有受教育的机会，大概很难具备诗、乐这些艺术修养。如果他还是要求一种美，只有走上人格之美一途，这正是孟子所走的路线。

孟子强调人本身具有的条件，不必过于依赖传统或靠别人教育，而要由自己的人格通过某种修养，达成人格之美。也就是说，要达成人格之美，是不需要外在条件的，不管有没有受教育，即使是文盲，也可以追求人格之美。人格之美的基础是什么？人性向善。美并不是与生俱来的品质，而是经由长期努力，实践内心向善的要求，达到完美无瑕的地步所表现的境界。这种境界表现出来，就是善、信、美、大、圣、神人格六境。

曰：“可欲之谓善，有诸己之谓信，充实之谓美，充实而有光辉之谓大，大而化之之谓圣，圣而不可知之之谓神。”

（《孟子 · 尽心下》）

孟子说：“值得喜爱的行为，叫作善；自己确实做到善，叫作真；完完全全做到善，叫作美；完完全全做到善，并且发出光辉照耀别人，叫作大；

发出光辉并且产生感化群众的力量，叫作圣；圣到人们无法理解的程度，叫作神。”

这几句话听起来很简单，但容易引起误解。有位美国学者翻译成英文，说“可欲之谓善”，所以牛排是善的。我们听了都觉得奇怪，怎么孟子忽然讲到吃牛排呢？这里的“欲”不是指形体所对的感官世界，如食与色这些可欲之物。孟子以形体为人之“小体”，而以心灵为人之“大体”。“可欲”是指心灵之对象，如孝、悌、忠、信这些道德行为。譬如我坐车，看到一个年轻人把座位让给老太太，会觉得很喜欢，虽然我不认识他，但是他行善我看到后得心中喜悦。这说明人性向善，任何一种善的行为，不用别人讲，你自己就觉得很喜欢。

第二，“有诸己之谓信”，“信”代表“真”，“有诸己”是在我自己身上，我做到了，叫作真。说明我本来只是向善，但是如果真的行善，我就是一个真正的人。换句话说，一般我们跟别人来往，只是在社会上互动而已，不见得真诚，也不见得真的做到那些善的行为。我喜欢善与我行善是两回事。孟子强调你自己真的有这些善的行为，才是真正的人。说来有趣，儒家强调真正的人要行善，道家的庄子也发明一个词叫“真人”。他对真人有许多描述：“何谓真人？古之真人，不逆寡，不雄成，不谟士。若然者，过而弗悔，当而不自得也；若然者，登高不慄，入水不濡，入火不热。是知之能登假于道者也若此。”（《庄子·大宗师》）你一看就知道做不到。儒家讲的真人相对来说容易做到，它是以善做基础，我去行善就代表我是一个真正的人。

第三步叫“充实之谓美”，这是明白人格之美的关键一句。“充实”是指在任何时候任何地方对任何人都可以做到善，没有任何缺漏或遗憾。譬如在家孝敬父母、友爱兄弟，在校尊敬师长、友爱同学，在外遇到陌生人有困难，可以伸出援手。如果你在一切行为上都做到了善，那你的人格就没有缺陷了，就可以称作“美”了。

但是，这还不够，你只是自己受用而已，还要做到第四步，“充实而有光辉之谓大”。你自己做到善之后，还能发出光辉照耀别人，使人看到之后，想跟你学习，这就是“大”了。我们看到有很多伟大人物，尤其宗教人物的画像，头上都有光圈，表示他能够发出光辉。这是各个民族不约而同的做法，一个人因为理性产生智慧，又有德行和良好的修养，这个人出现的时候，可以发出光辉来照耀别人。孟子说过一句话叫："居仁由义，大人之事备矣。""大人"是德行完备的人，大人要做什么事呢？四个字"居仁由义"，存心处心都以仁德为主，做事处事都顺着义去做。儒家的思想说穿了，是从仁义一路走下去，到最后一个平凡人成为一个大人。成为大人之后，孟子还有很多描述，譬如"大人者，不失其赤子之心者也"，像小孩子一样，心灵非常纯真。但小孩子心灵纯真，为什么不是大人？因为你可能天真幼稚，而大人是在了解所有事物变化的道理之后，依然能保持一颗纯真之心，这才叫大人。

第五种境界"大而化之之谓圣"，圣人能产生一种力量，感化群众。我们今天讲"大而化之"是另一种说法，好像这个人不拘小节，很多事情无所谓。孟子的原意是能够产生感化百姓的力量，化民成俗。圣人在上实施仁政，下面风动草偃，闻风景从，整个时代、整个人群都改变了，都可以行善避恶，这就是圣人的功绩。庄子有一句话叫作"内圣外王"，我里面是圣人，外面是帝王，才能产生力量。否则你光是圣人，没有帝位，有光辉也不能照耀百姓，有力量也不能感动百姓。

最后一重境界最奇妙，"圣而不可知之之谓神"。什么叫作神妙莫测呢？什么叫"不可知之"呢？人生的很多境界，不要先去划清界限，境界是无法去限制的。一个人的修养到达一定程度的时候，表面上看起来似乎和大家一样，但他内心达到的层次，你是无法了解的，因为你没有体验。佛教里谈到最高境界常用一个词叫"不可思议"。基督教中世纪后期也谈到，最高的神是一个无法去了解的神，是一个理性所不能了解的、隐藏起来的神。不管是佛教、基督教还是儒家，都认为人生的最高境界不是人的理性可以了解的。人对自己的人格修养，一定要保留这种无限上升的空间，修养到最后恐怕让我们觉得人可以变得跟神很接近，可以牺牲奉献，可以死而后已，可以完全不在乎个人的利害得失。有人问，这样的人可能有吗？可能。在任何时代、任何社会都有人朝这个方向努力。

善、信、美、大、圣、神，是人格之美的六种境界。能做到吗？不容易。孟子有一个很好的学生叫乐正子，孟子说他只做到信与大之间，“二之中，四之下”，连充实之美，都没有完全做到。一般人大都如此，有时挂一漏万，有时力不从心。但在孟子来说，人格之美是每个人都能做到，并且应该做到的。

2.浩然之气

小时候读文天祥的《正气歌》：“天地有正气，杂然赋流形。下则为河岳，上则为日星。于人曰浩然，沛乎塞苍冥……”后来我到美国，看到美国人把“天地有正气”翻译成“天地之间有‘正确的空气’”，觉得太离谱了。因为中国人所谓的“气”，不光指空气，也指精神力量。“天地有正气”指的是一种正义的精神力量，而这个思想来自孟子。

孟子有很多学生，学生请教他，老师，您胜过别人的地方在哪儿呢？孟子说，我有两点跟别人不一样，第一，“我知言”，能辨识言论，逻辑思维能力很强，知道怎么判断别人说话的用意；第二，“我善养吾浩然之气”。学生进一步问，什么是浩然之气呢？

曰：“难言也。其为气也，至大至刚，以直养而无害，则塞于天地之间。其为气也，配义与道；无是，馁也。是集义所生者，非义袭而取之也。行有不慊于心，则馁矣。”

（《孟子 · 公孙丑上》）

孟子说：“很难说清楚的。那一种气，最盛大也最刚强，以正直去培养而不加妨碍，就会充满在天地之间。那一种气，要和义行与正道配合；没有这些，它就会萎缩。它是不断集结义行而产生的，不是偶然的义行就能装扮成的。如果行为让内心不满意，它就萎缩了。”

古人认为，“气”原是一种实质的东西，为有形质的宇宙万物的共同因素，也为人的形体所具。由于人是身心合一的整体，所以可以凭借心志的修养而凝结形气，再突破形体的局限，达到与天地相通的境界。孟子曰，“夫君子所过者化，所存者神，上下与天地同流”，真正的君子经过之处都会感化百姓，心中所存则是神妙莫测，造化之功与天地一起运转。很多人看到这样的话觉得很难理解，什么叫作“上下与天地同流”呢？人是一个个体，天地这么大，我怎么跟它同流呢？这就是孟子所讲的浩然之气，是把人的生命力发挥到极限，与万物相通，塞于天地之间。要培养此气，有三个条件：第一是用“直”来培养，“直”包含两个意思，一是真诚，二是正直；第二用“义”来培养，义者，宜也，代表在各种情况下，你说话做事的正当性，也即你随时要用理性做判断；第三用“道”来培养，“道”代表人生的光明大道，譬如行善避恶、孝顺守信等。因此，培养浩然之气说穿了是一种道德实践。一个人如果做任何事都能够真诚而正直，所做的事都是正当的，所走的路是人类应该走的，那么他就是在培养浩然之气。这种内外合一、身心一致的作为，久而久之使人感受到整体的生命之力，动静自得，人我相应，甚至万物亦可相摩相荡，以至可以通于天地，亦即发生可大可久的影响。

孟子提醒我们，“浩然之气”的培养要“集义所生”，必须循序渐进、由小到大、由近及远，长年累月慢慢做，每天做，长期连续做下去，才能有成。如果只是一曝十寒，做几次休个假，或者有人在的时候做一做，只做表面功夫，是不会有效果的。儒家思想特别强调“慎独”，一个人独处时要能耐得住寂寞，面对完整的自己，认清自己的真正意向，人生所有修养的功夫都从“慎独”开始。更重要的是，“集义”必须发自内心，有源有本，绝不能由外在的角度去衡量得失，更不能由外在的力量去帮助它达成。因为这种气，“必有事焉而勿正，心勿忘，勿助长也”，一定要在行事上努力，但不可预期成效；内心不能忘记它，不可主动助长。孟子举了一个例子，说宋国有个人，老是担心自己的禾苗长得太慢了，就每天去把它拔高一点，结果禾苗都枯萎了。孟子说，天下不帮助禾苗的人很少啊，以为养气没有用处而放弃的，是不为禾苗锄草的人；主动助长的，是揠苗助长的人，不但没有好处，反而伤害了它。因为在道义方面的成就，绝对没有侥幸的余地。我们唯有自己发心立志，集义养气，才能体会到这种令人向往的境界。

儒家对“气”的看法，从孔子到孟子经历了一个变化。孔子认为人有“血气”，血气会带来问题。所谓“君子有三戒：少之时，血气未定，戒之在色；及其壮也，血气方刚，戒之在斗；及其老也，血气既衰，戒之在得”。血气“未定”“方刚”“既衰”都不好。孟子进一步说明，气有两个层次，第一种气和身体有关，代表各种可能出现的欲望，亦即孔子所说的血气。血气不代表人的本质，如果把血气排除，人性可能是本善的。第二种气则和心志、志向有关，一个人如果能以心志为主导，以身体、行动来配合，坚持下去，就可以排除杂念，内心充满浩然之气，而这种浩然之气是可以跟天地的各种力量相结合的。怎样结合呢？说起来有点神秘。谈到人生修养，许多话是没有办法说清楚的，你必须自己去体验才行。譬如从现在开始，每天认真地去做一点好事，不要求立刻有效果，不要求立刻变成不一样的人，但是只要你长期坚持去做，时时惕勉，不松懈，一定会体会到那股“浩然之气”到底是什么。

3.三种勇敢

仁、智、勇是儒家的“三达德”。孔子说：“仁者必有勇，勇者不必有仁。”（《论语·宪问》）行仁的人一定有勇气，勇敢的人却不一定能行仁。什么意思呢？勇是从仁的实践而来，一个人如果立志行仁，就会表现出诸如勇敢、正义、诚实、孝顺等美好的品格。反之，就不一定了，勇敢的人未必可以称得上仁。但什么是勇敢呢？这是一个问题。说到勇敢，很多人会联想起司马迁写的《史记·刺客列传》。他笔下的刺客，个个勇猛异常，视死如归，令人敬畏。孟子也曾谈到三种勇敢，第一种勇敢就跟刺客类似。

北宫黝之养勇也，不肤挠，不目逃，思以一豪挫于人，若挞之于市朝，不受于褐宽博，亦不受于万乘之君；视刺万乘之君，若刺褐夫，无严诸侯，恶声至，必反之。

（《孟子·公孙丑上》）

北宫黝这样培养勇气：肌肤被刺不退缩，眼睛被戳不逃避；他觉得受到一点小挫折，就像在公共场所被人鞭打一样；既不受平凡小民的羞辱，也不受大国君主的羞辱；把刺杀大国君主看成刺杀平凡小民一样；毫不畏惧诸侯，听到斥骂的声音一定反击。

北宫黝是古代的勇士，他培养勇气的方式很残忍，不怕疼，不怕苦，“不肤挠，不目逃”，一般人很难做到。而且“恶声至，必反之”，听到有人斥骂他，必定要反击。这样的人确实很强悍，一个人如果连死都不怕，你就对他毫无办法了。像老子说的“民不畏死，奈何以死惧之”，老百姓被逼得走投无路，连死都不怕了，你再用死来吓他是没有用的。但是这种勇敢，一听就好像要同归于尽了，而且需要的条件太多，武功要过人，身体要强壮。这不是任何人都可以做到的。这属于一种向外发散的勇气。

第二种勇敢，孟子以另一个勇士孟施舍为例：

孟施舍之所养勇也，曰：“视不胜犹胜也；量敌而后进，虑胜而后会，是畏三军者也。舍岂能为必胜哉？能无惧而已矣。”

（《孟子·公孙丑上》）

孟施舍这样培养勇气，他说：“对待不能战胜的，就像对待足以战胜的一样；如果衡量敌得过才前进，考虑可以胜才交战，那是畏惧众多军队的人。我怎能做到必胜呢？不过是无所畏惧罢了。”

孟施舍培养勇气的方式是一种心理建设，自我鞭策，自我激励，心里认为我一定可以胜。像现在很多做直销的人，推销东西之前，会先跟自己说：“我一定可以成功，别人能做到，我也能做到。”这种心理建设有时候会产生一种积极的效果。相对北宫黝的勇敢，孟施舍的勇敢比较内敛，是一种自我要求的勇敢。但是这两种勇敢都不是孟子欣赏的。他欣赏的是第三种，也就是孔子所说的勇敢。孔子的话经由曾参传下来，孟子引用曾子的话说：

昔者曾子谓子襄曰："子好勇乎？吾尝闻大勇于夫子矣：自反而不缩，虽褐宽博，吾不惴焉？自反而缩，虽千万人，吾往矣。"

（《孟子·公孙丑上》）

从前曾参对子襄（曾子的学生）说："你爱好勇敢吗？我曾经听孔子谈过大勇的作风：反省自己觉得理屈，即使面对平凡小民，我怎能不害怕呢？反省自己觉得理直，即使面对千人万人，我也向前走去。"

原来勇敢并不只是外在的行为表现，而有其内在的基础。"虽千万人，吾往矣"是多么动人的气魄啊。这种气魄在两军对阵、沙场激战之时，最为明显；但是在坚持理想、拒绝妥协之时，体认才真正深刻。然而，我凭什么认为"千万人"是错的，而我所坚持的就是对的呢？所凭的只是"自反而缩"四个字。"缩"是"直"，指正直有理。当我反省自己，发现自己正直有理，行为合乎正义，那么就不必惧怕外力的压迫。即使为了正义而牺牲生命，也是死得其所。这句话对于今天的政治领袖很有启发。因为许多领导人一看到群众意见，就觉得我应该尊重，但不要忘记群众意见也像流水一样，经常变化，如果你本身没有原则，只是看外在的人多人少，最后恐怕会应接不暇，失去道义。

不过，我们也不能忽略这句话的前半段，就是当我们"自反而不缩"时，怎么办？总不能所有的道理、每一次的正义都站在我们这一边啊！我们也可能由于认识不清、判断错误，或动机不良、意志不坚，而偏离了正义之途。这个时候，不必考虑是否有"千万人"，即便对方是一个人，是"褐宽博"这种没有任何地位、权势、财富的贩夫走卒，我们照样会觉得内心惴惴不安。

换言之，真正的勇敢是以内在的自我判断为标准的。天下人都说我有理，我未必真的有理；反之，天下人起来反对我，我也未必是错的。然而，在此必须避免陷入“自我中心主义”的诱惑，以自我作为万事万物的唯一权衡标准；而必须以开放的心胸与谦虚的态度，真诚地反省。“自反”二字提醒我们严格地自我检讨，时常设想自己可能犯了故意或无意的错误。通过这一关考验，才能产生自信和勇气。

孟子所说的三种勇敢：第一种向外发散，我反正一条命，拼了算了。这种勇敢有时会太过莽撞，有点像匹夫之勇，虽然可以当刺客，但是下场不会好。第二种勇敢是心理建设，认为自己一定可以成功，比较有自信，有自我要求。第三种勇敢是孔子的思想，是真正值得我们学习的。因为真正的勇敢就是不问对方人多人少，弱势还是强势，只问自己有没有道理：如果我有道理，是凭良心做该做的事，说该说的话，就不要在乎别人；如果我做错了，道义上输给别人，就要勇于认错，向别人道歉，这才是真正的勇敢。真正的勇敢是以道义作为依归的，是由内心对自己的期许开始，求其表里如一，知过能改，并且对一切人以平等之心加以尊重。

4.四种圣人

人格的修养，必须做到“知行合一”，否则光学习，不实践，只是多一些知识而已，对自己的生命没有什么改善。一方面学习道理，一方面加以实践，最后达到儒家所标举的圣人理想，算是人格修养达到了完美境界。不过，说到圣人，很多年轻人开玩笑说是“剩下的人”，好像圣人很难做到，做到就变成一种很奇怪的人。圣人是否每一个人都能做到呢？孔子说：“若圣与仁，则吾岂敢？”做到成圣和成仁，我是不敢当的，只是努力去做而已。这并不是孔子谦虚，因为他所谓的圣人，指的是古代的圣王。到了孟子，他把“圣人”的观念改了，扩大范围，把古代的大臣和一般的读书人如孔子，也列入圣人的范围，并且认为原则上人人皆可成圣。他提到四位圣人，各有各的特点。第一位伯夷，非常清高。

伯夷，非其君不事，非其友不友。不立于恶人之朝，不与恶人言。立于恶人之朝，与恶人言，如以朝衣朝冠坐于涂炭。推恶恶之心，思与乡人立，其冠不正，望望然去之，若将浼焉。是故诸侯虽有善其辞命而至者，不受也。不受也者，是亦不屑就已。

（《孟子 · 公孙丑上》）

伯夷，不是理想的君主不去服侍，不是理想的朋友不去结交。不在恶人的朝廷做官，不与恶人交谈。在恶人的朝廷做官，与恶人交谈，就像穿戴礼服礼帽坐在泥土炭灰上一样。把这种讨厌恶人的心情推广出去，他会想，如果与一个乡下人站在一起，而那人帽子戴得不正，他就会生气地走开，像是被玷污一样。因此，诸侯即使有好言好语来相请的，他也不会接受。不接受，也就是不屑于接近罢了。

伯夷和其弟叔齐，为孤竹君之子，互相让位而逃离本国。伯夷后来逃到“周”这个地方，当时周还是诸侯。他看到周武王起来革命，就劝阻说，你最好不要革命，这是造反的事情。但周武王说，不行，天下百姓在受苦。周武王革命成功之后，伯夷不再食“周粟”，认为从商朝变周朝之后，连食物也改变了朝代，结果兄弟两人饿死在首阳山上。像这样一种作为，对人对事的要求非常高，绝不妥协，在孟子看来可以达到圣人的标准，叫作清高。

第二位圣人非常负责任，叫伊尹。伊尹是商汤的宰相，他辅佐商汤推翻暴君夏桀，创建了商朝。伊尹的作风跟伯夷不一样。“何事非君，何使非民；治亦进，乱亦进，伊尹也。”（《孟子 · 公孙丑上》）对于任何君主都可以服侍，对于任何百姓都可以使唤，天下安定出来做官，天下动乱也出来做官，这是伊尹的作风。伊尹为什么这么做，因为他强调：

天之生此民也，使先知觉后知，使先觉觉后觉也。予，天民之先觉者也，予将以斯道觉斯民也。非予觉之，而谁也？

（《孟子 · 万章上》）

天生育了这些百姓，就是要使先知道的去开导后知道的，使先觉悟的去启发后觉悟的。我是天生育的百姓中先觉悟的人，我将用尧、舜的这种理想来使百姓觉悟。不是我使他们觉悟，又有谁呢?

“先知觉后知，先觉觉后觉”，这句话我们到现在还朗朗上口。世界上的人，有些就是比较聪明，对于人生该做什么，人性往哪里发展，很容易就觉悟了；也有人只顾自己的生活，没时间也没兴趣想这些问题。所以人才需要接受教育，由前面那些先知先觉之士，教育后知后觉之辈。我们一般人都属于后知后觉，要有老师来教我们。我们懂了之后也去设法实践所学的东西，这样整个社会就会慢慢得到改善。伊尹曾经好几次出来做官，别人不要他，他就退下来；别人需要他，他再出来做，非常有责任感，总觉得我一个人得到尧舜之道的好处不行，也要让天下人都得到，只要有一个老百姓没有受到这样的照顾，我就应该出来做事，帮大家的忙。这种行为，涉及知识分子的使命感。

第三位圣人非常随和，是柳下惠。

柳下惠不羞污君，不辞小官。进不隐贤，必以其道。遗佚而不怨，厄穷而不悯。与乡人处，由由然不忍去也。“尔为尔，我为我，虽袒裼裸裎于我侧，尔焉能浼我哉?”故闻柳下惠之风者，鄙夫宽，薄夫敦。

（《孟子·万章下》）

柳下惠不以坏君主为羞耻，也不以官职低为卑下。入朝做官，不隐藏才干，但一定要遵循自己的原则。丢官去职而不抱怨，倒霉穷困而不忧愁。与没有教养的乡下人相处，他态度随和不忍心离开。“你是你，我是我，你即使在我旁边赤身裸体，又怎么能够玷污我呢?”所以，听说了柳下惠作风的人，狭隘的变得开朗了，刻薄的变得敦厚了。

柳下惠和伯夷正好是对照。伯夷清高，稍微有一点看不顺眼，就不愿妥协；柳下惠随和，完全不拘小节。两个人在孟子心中都达到了圣人的要求，说明什么？每一个人都有他的性格和作风，只要坚持真诚善意，努力做下去，都可以成为圣人。孟子这样说了以后，许多知识分子有希望了，圣人不再只是少数帝王，像尧、舜、禹、汤这些人，一般读书人只要能够为百姓服务，坚持某种理想，也可以成为儒家的圣人。儒家思想的演变从这里可以看出来。

这三种圣人，第一位非常清高，清者；第二位非常负责任，任者；第三位非常随和，和者。第四种圣人，孟子认为是孔子，“圣之时者也”，是圣人中最合时宜的。这里要分辨一下“时”这个字。古代讲“时”是时机、适当的时候，也就是你要判断在什么时候该做什么事，怎么去做，该清高时清高，该负责时负责，该随和时随和，这需要判断。孟子这样描写孔子：

孔子之去齐，接淅而行。去鲁，曰：“迟迟吾行也，去父母国之道也。”可以速而速，可以久而久，可以处而处，可以仕而仕，孔子也。

（《孟子·万章下》）

孔子离开齐国时，捞起正在淘洗的米就上路；离开鲁国时，却说：“我们慢慢走吧，这是离开祖国的态度。”应该速去就速去，应该久留就久留，应该闲居就闲居，应该做官就做官，这是孔子的作风。

离开一个国家，代表孔子没有受到重用。离开齐国时，孔子把正在洗的米捞起来就走，等不及吃一顿饭。因为齐国不是孔子的祖国，离开时毫不留恋。但他离开鲁国的时候，他说：各位同学，慢慢走吧，这是离开我们父母之国的态度。表明孔子希望鲁国的国君再把他请回去。所以什么时候应该快走，什么时候可以留下来，什么时候可以做官，什么时候应该隐居起来，孔子对这些都有智慧的判断。

孟子接下来讲了两个比喻，说孔子是集圣人之大成。所谓集大成就像古代演奏音乐，开始时先敲钟，结束时击玉磬；开始奏出旋律节奏，要靠智能，最后奏出旋律节奏，要靠圣德。智慧有如技巧，圣德有如力气。像射箭，一百步之外，把箭射到目标区域，这不简单，代表这个人力量很够，但要射中靶心，靠的不只是力气，还需要智慧。儒家思想的特色就在这里。很多人学儒家，常常讲修德行善，但不能是一种单纯或单调的拼命做好事，很多时候你没有判断，不能够分辨，好事也变成坏事。西方人强调，你要做对的事情，还要把事情做对，方法上要重视。儒家思想强调“守经达权”，你有原则，但是你做的时候要配合各种情况来选择。

孔子曾经说过他跟别人不太一样，他是五个字“无可无不可”，没有一定要怎么样，也没有一定不要怎么样。有人说，这样不是很滑头吗？好像墙头草，随风倒。错了！这是让我们以智慧设法因应各种外在的情况，如果你只是抱残守缺，胶柱鼓瑟，到最后恐怕就窒碍难行了，再好的理想也不能实现。儒家提醒我们，要让心非常敏锐，注意到在什么时机怎么做才是恰当的。宋朝学者说，一个人修养要跟猫学习，猫捉老鼠，眼睛看着，耳朵听着，全身都警戒着；人也一样，待人接物，为人处世，要随时注意察言观色，保持一颗敏感的心，看看别人对你有什么样的要求，看看自己怎么做才比较恰当。所以孔子作为圣人中的“时者”，最为孟子所推崇。孟子说过，如果让我选择，我要向孔子学习。很可惜，孔子过世一百多年，才有孟子。孟子只能够自己找些材料，努力加以学习，学得也非常好。他把圣人分为四种，而以孔子作为集大成者，就是一个很好的证据。孟子延续并建构了儒家的传统。

第三章　人我之间

1.勇于自省

日本有一家很大的书店，叫“三省堂”。“三省”出自《论语》里的“吾日三省吾身”，可见我们对日本文化确有很深刻的影响。“吾日三省吾身”是孔子的学生曾参说的。“三”代表多数，“三省”并不是每天只反省三次，或者反省三件事，而是每天多次反省。反省什么呢？一，“为人谋而不忠乎”，替别人办事有没有尽心尽力。二，“与朋友交而不信乎”，跟朋友来往有没有信守承诺。三，“传不习乎”，这句话有两种解释，一种是说曾参反省老师教给他的东西，他自己有没有做到，有没有实践；另一种说法是曾参自己当老师了，他自问我传授给学生的道理，自己有没有去印证练习。我认为第二种说法是对的。曾参比孔子小四十六岁，他在社会上正式工作，跟人交朋友的时候，孔子很可能已经不在人世了。所以他当老师教学生，问自己有没有做到，比较适合。而且曾参还是一个出名的大孝子，他在每天反省自己的行为时，却没有提到反省自己是否孝顺，说明当时他的父母很可能也已过世了，所以这是他年纪比较大的时候说的话。

曾参自我反省，问自己是否不忠、不信、不习。一般人自我反省时，却经常在问，谁害我了？谁整我了？谁对不起我了？显然是两种境界。曾参是先问自己有没有错，而不管别人对他做了什么。如果是我自己做错了，就没有人可以帮上我，只有靠自己的反省，才能够改过迁善。这就是儒家“反求诸己”的精神。《孟子》里也有一段话提到类似的意思：

孟子曰：“爱人不亲，反其仁；治人不治，反其智；礼人不答，反其敬。行有不得者皆反求诸己，其身正而天下归之。”

（《孟子·离娄上》）

孟子说：“爱护别人，别人却不来亲近，就要反问自己仁德够不够；治理别人，别人却不上轨道，就要反问自己明智够不够；礼貌待人，别人却没有回应，就要反问自己恭敬够不够。行为没有得到预期效果的，就要反过来要求自己，自身端正了，天下的人就会来归附。”

什么意思呢？你做任何事情，如果没有达到预期效果，先不要怪别人，要先问自己是不是仁德不够、智慧不够、恭敬不够。这样一来，你才可以改善自己，使自己愈来愈好。而自身端正了，天下人都会肯定你。

不过，有时候我们对别人非常关心，也很有礼貌，希望他能够上轨道，别人的反应却出乎意料。我们就失去耐心了，心说我对你这么好，你怎么不知好歹呢。这时候，你要想到孔子说的一句话：“见贤思齐焉，见不贤而内自省也。”（《论语·里仁》）“贤”代表杰出，“贤”有三种：第一种非常有能力，叫贤能；第二种非常有德行，叫贤良；第三种非常聪明，叫贤明。你只要看到别人贤能、贤良、贤明，有杰出的地方，就要想到向他学习，努力像他一样。如果你看到别人有很多地方做得不好，这时候也不要批评人家，嘲笑人家，而是要反省自己是否也犯了跟他一样不好的毛病。所以交朋友首先要自我修炼。你能够勇于自省，过错自然慢慢地减少，德行就会慢慢地提高，才能使别人对你慢慢肯定，最后和你交朋友。

2.做人处世

说到做人处世，儒家在这方面给出了许多值得参考的建议，譬如“君子欲讷于言而敏于行”（《论语・里仁》），君子要说话非常谨慎，好像木讷不言的样子，做起事来却非常迅捷有效。“夫仁者，己欲立而立人，己欲达而达人。能近取譬，可谓仁之方也已。”（《论语・雍也》）仁者，当自己要立身处世时，也要让别人立身处世。例如我若要做个好老师，就必须好好教书。要做好老师是“己欲立”；好好教书则学生会受到影响而变成好学生，这就是我“立”了学生。再如那句著名的“己所不欲，勿施于人”（《论语・卫灵公》），人要能推己及人，将心比心，设身处地去为别人考虑。这些都是孔子说的话。孟子关于做人处世，也说过三句重要的话，可供参考。第一句：

人有不为也，而后可以有为。

（《孟子・离娄下》）

一个人有所不为，然后才可以有所作为。

人活在世界上，时间、力量很有限，如果你什么事都要做，最后可能什么事都做不好。所谓十八般武艺，样样皆通，样样稀松。只有懂得取舍，某些事情不去做，才能够集中力量去做你认为该做的事情。譬如在一个团体里，一个人平常对许多事情都没有意见，他认为别人是专家，让别人说吧。等到他认为这是我研究过的，我有我的想法时，他说的话，别人就会认真考虑。相反，如果一个人平常什么事都要提意见，什么事都要表达一下自己的想法，到最后别人可能就不在意你的意见了。因为大家知道你只是喜欢说话而已，未见得真有什么心得。所以一个人有所不为，才能有所为。如果什么都要，最后可能一无所获。这是做人处世的第一个原则。

第二句话：

言人之不善，当如后患何？

（《孟子·离娄下》）

谈论别人的缺点，招来了后患要怎么办？

“后患”在此是指：被你谈论的人可能会挟怨报复。并且，既然此人有缺点被你谈论，他对你又何必保留情面？孔子最讨厌的，就是述说别人缺点的人。孟子也一样。孟子喜欢辩论，辩论时难免会提到别人的缺点，但他不会故意去说一些没有根据的话。如果你听到有些人的闲话，你也跟着去说，说到最后恐怕传来传去变成是你说的话了，被你说的人就会“以其人之道还治其人之身”，也说你的闲话，弄成“罗生门”，没有人知道真相是什么。孔子很强调君子要刚毅木讷，谨言慎行，说话尽量节制一点，甚至吞吞吐吐，说话慢一点都没关系；重要的是没有把握的话，不要轻易出口，尤其是牵涉别人缺点的话，更要谨慎。如此一来，才能避免后患。

第三句话提到孔子：

仲尼不为已甚者。

（《孟子·离娄下》）

孟子说：“孔子是做什么事都不过分的人。”

孔子做什么事都能恰到好处，因为他懂得判断，修养不凡。人在年轻的时候，个性往往比较冲动，喜欢把事情做到底，好事做到底，坏事也做到底，到最后恐怕过头了。孔子说“过犹不及”，过度和不及都不好。古希腊德尔菲神殿上面刻着两句话，第一句是“认识你自己”，第二句是“凡事皆勿过度”。第一句话跟“知”有关，认识你自己远比认识别人更重要，你对自己不了解，对自己的人生目标是什么都没有搞清楚，光去知道别人的许多事情，有什么用呢？第二句话和“行”有关，你要有分寸，能够自我约束。所谓“以约失之者鲜矣”，因为自我约束而在做人处世上有什么失误，那是很少有的。颜渊请教孔子什么叫仁，孔子说了四个勿：非礼勿视、非礼勿听、非礼勿言、非礼勿动。违背礼仪规范法律的事情不要看，不要听，不要说，不要做。因为礼的作用之一即是规范行为，使之恰到好处。孔子终生以此为念，到了七十岁，自谓“从心所欲，不逾矩”，“从心所欲”每一个人都会，但是“不逾矩”就不容易了。这个“矩”字正是孔子严格自我约束的明证。平时我们交朋友也希望能交到这样的朋友。有些人慷慨激昂，当时气氛很好，会觉得干脆、潇洒，事后恐怕会觉得无以为继，不能言行配合。

孟子这三句话，首先说到我们的行动，要有所不为，才能有所为，我们受教育的目的首先是要有所不为。第二步谈到我们的言论，可以谈论公共事务，但要尽量避免谈论别人的缺点或隐私，尤其不要说一些没有把握的传言。最后要向孔子学习“不为已甚”，凡事勿过度，能够在言行上适可而止，自我约束。

3.五种不孝

中国人自古以来讲究孝道，到了儒家的孔子和孟子，为孝道提出了经验上及理论上的依据，使它成为可以普遍奉行的行为准则。有关孝与不孝的说法不止一种，孟子曾列出世俗所谓的五不孝：

世俗所谓不孝者五：惰其四支，不顾父母之养，一不孝也；博弈好饮酒，不顾父母之养，二不孝也；好货财，私妻子，不顾父母之养，三不孝也；从耳目之欲，以为父母戮，四不孝也；好勇斗很，以危父母，五不孝也。

（《孟子·离娄下》）

世俗所说的不孝，有五种情况：手脚懒惰，不管父母生活，这是一不孝；喜欢赌博喝酒，不顾父母生活，这是二不孝；贪图钱财，偏爱妻小，不顾父母生活，这是三不孝；放纵耳目欲望，让父母蒙受羞辱，这是四不孝；喜欢逞勇打斗，使父母陷于危险，这是五不孝。

前三种不孝都是为了某一理由而“不顾父母之养”。我们小时候父母把我们养大，我们成年之后一定要照顾父母的生活。如果你手脚懒惰，好逸恶劳，不肯努力工作，以致父母衣食无靠，这是头一种不孝顺。像现在有些“啃老族”，自己年纪轻轻，不出去工作，在家里吃父母的老本。当然有的父母说，我不在乎，反正只有这一个孩子，让他啃吧。可是将来父母百年之后，子女怎么办呢？他还要在社会上生存下去，还要成家立业养育子女，到时候怎么办？

第二种不孝是喜欢喝酒赌博，沉迷在游乐之中，只顾自己享受人生，而忽略了照顾父母的需要。这种情况就比较可怕了，因为喝酒会伤身，赌博说不定会弄得倾家荡产。到时候不但自己无立锥之地，父母的生活也毫无保障。

第三种不孝是贪图钱财，只顾着自己积累财富，对自己的妻子儿女很照顾，反而不管父母的生活。这会很伤父母的心，等于把你养大之后，你只顾自己的小家庭，忘记了奉养年高的父母。

尤有甚者，是第四种不孝：放纵耳目欲望，追求声色之娱；在社会上为非作歹，违法乱纪；败坏家声，侮及先人。“以为父母戮”，“戮”是羞辱的意思，自己的行为使父母受到羞辱。中国人重视家庭，在判断一个人的成就时，往往会考虑其子女的表现。子女于此，可不慎乎？

第五种不孝更麻烦：你在外面好勇斗狠，参加帮会，动刀动枪，甚至掳人劫财，通缉在案，跟人结下仇；那些人找不到你报仇，说不定会找到你的父母亲报复，使父母也终日危惧，寝食难安。这样的子女真是罪大恶极，令人伤心绝望。

由此可见，古代所谓的不孝，首先牵涉父母的奉养问题，能不能让父母安享晚年，生活无忧，这是头等大事；其次是避免让父母受到羞辱，不要因为你在外面做了不好的事，让父母替你担心，甚至被人嘲笑；最后涉及父母的身家性命问题，不要因为你在外面结仇滋事，让父母的生命陷于危险。这五种不孝，我们都要小心避免。避开之后，再积极想办法孝顺父母。

除了这五种不孝，孟子还说过一句话，大家都很熟悉，也因此很有意见，叫作“不孝有三，无后为大”（《孟子·离娄上》）。不孝有哪三样？根据赵岐的注解，第一种不孝是“阿意曲从，陷亲不义”，父母做了坏事了，你不在乎，也不劝阻，陷父母于不义。由此可知，如果父母做了违背社会正义的事，做子女的一定要加以劝阻，勉励他们走上正路，否则就是不孝。第二种不孝是“家贫亲老，不为禄仕”，家里很穷，父母老了，你却不上班不工作，使父母老无所依。这与前面所说的“惰其四支，不顾父母之养”是类似的意思。第三种不孝是“不娶无子，绝先祖祀”，你不结婚，搞独身主义，或者结了婚，没有生儿子，让祖先的祭祀不能延续，这是最大的一种不孝。

古代的观念，生一个儿子祭祀祖先是最重要的事情。像孔子的父亲，第一次结婚生了九个女儿，第二次结婚生了一个儿子，但这儿子腿有点残疾，第三次才找到孔子的母亲，生下孔子。在孟子看来，一个人如果没有生下儿子，就是所谓的“无后”，是非常严重的问题。当然，现代人已经摆脱这种观念了，男女平等，祭祀祖先不分男女，儿子女儿一样好；而且即使因为各种原因没有子女，也一样可以善度这一生。不过，古人这几条关于不孝的说法，仍是值得今人戒慎的准则。为人子女者，避开不孝的作为，善尽奉养的责任，才能代代相传，形成良好的家风。

4.易子而教

教育子女是很不容易的事。《易经·蒙卦》有一句话：“蒙以养正，圣功也。”“蒙”，物之幼稚阶段，有如蒙昧未开的状态，在人则是童蒙，所以小孩念书也叫启蒙。这句话可以理解为：在小孩启蒙的时候，培养他走上人生正路，这是成就圣人的功业。因为一个人要想成为圣人，在启蒙阶段就要打下根基；如果第一步走偏了，将来要花很多时间来导正，等你再走上正路，恐怕会“时不我与”，来不及了。所以教育子女，从孩子很小的时候就要特别用心。

西方大哲柏拉图，一辈子没结婚，也没有子女，但是他对于小孩教育，观察得很深刻。他说，你要害一个孩子，最有效的办法是让他心想事成。这句话我们听了，会觉得诧异。平常都是孩子想要什么想买什么，我们做父母的尽量满足，怎么柏拉图说这样做是害了孩子呢？因为一个人如果总是心想事成，从来没有体验过挫折，会缺乏情绪上的调节能力，面对困境逆境时，会不知道如何面对和处理。而人的一生不可能一帆风顺，父母也不可能一辈子把孩子置于自己的羽翼之下，将来他碰到挫折怎么办？他有情绪问题能够自我调节吗？恐怕会有困难。所以柏拉图说，父母总是让孩子心想事成，实际上是害了他。

如何进行家庭教育，孟子也说过一段话，叫作“易子而教”。

古者易子而教之，父子之间不责善。责善则离，离则不祥莫大焉。

（《孟子·离娄上》）

古代的人是与别人交换儿子教育的，父子之间不会因为要求行善而互相责备。要求行善而互相责备，就会彼此疏远；父子变得疏远，没有比这更不幸的了。

“教”是指像老师一样，进行正式的教导。父亲如果在家里总是摆出一张老师的脸，经常严格地对孩子进行教育，势必会影响父子之间原有的亲密情感。所谓“责善”，是以善来互相要求对方。譬如父亲要求儿子行善避恶，但儿子一时之间做不到怎么办？父子之间的亲情很可能因为这种深切期待的落空而受到伤害。而且，做父母的身教重于言教。你光让孩子做好人好事，如果自己没做到，恐怕孩子会回过头来问你：“夫子教我以正，夫子未出于正也。”（《孟子·离娄上》）你用正确的道理教育我，而你自己的作为未必合乎道理。这样一来，父母和子女恐怕就要吵架了。人生没有十全十美的感情，家庭里面的亲情也是一样。这时候你要有所取舍，到底是亲情更重要，还是“责善”更重要？孟子认为，亲情为重，无可替代；但教育子女走上正路也很重要，那就让老师来教吧。

我自己教书三十年，教别人的孩子有一点心得，教自己的女儿束手无策。为什么？亲情为重。我记得有一次跟她说，你在朋友背后不要批评朋友。结果过了一阵子，我在家里和人聊天，批评到我一个很好的朋友。我女儿立刻说，你不是说在背后不要批评朋友吗？你现在为什么批评你的朋友呢？我觉得非常惭愧。所以，教育孩子的那些道理说起来容易，但父母做得到吗？每个人都有缺点，缺点有时候跟性格是有关的，你有这样的性格，这个缺点就很难改，而性格往往很小就固定了，除非你有心去修炼，否则很难改善。

儒家思想对于教育子女有两个原则。第一，从孩子念书开始，要让他走上正路。现在很多父母愿意花钱送孩子上好的幼儿园，好的小学，这是正确的；但好的教育有时候不一定要花很多钱，譬如你有一个好的居住环境，家里经常有一些好的朋友来往，孩子交朋友时你注意他跟哪些人互动，这些都是我们可以做到的。

第二，要有家庭教育，父母的身教重于言教。家庭教育其实可以从看电视开始，尽量看一些适合孩子看的电视节目，这样一来大家有共同的话题可以沟通。我的方法之一是带孩子看电影，然后讨论电影剧情，沟通我们的价值观。这种教育是比较隐性的，能够潜移默化。直接诉诸言语的教育，说你应该这样，应该那样，到最后子女看见父母就会害怕、担心，因为没有做到父母的要求，感情恐怕也慢慢疏远了。

如果一定需要言教，就让老师来做吧。老师可以是学校的老师，也可以是亲朋长辈，让他们扮演老师的角色，教育自己的子女。万一孩子做不到老师的要求，也没有什么伤害，正好可以多加鼓励，继续要求。同时，孩子在学校受到过重的压力，或者因为达不到标准而自觉惭愧时，回家之后还有父母的亲情可以抚慰、宽恕与期待。如果不懂这个道理，父子相互“责善”，要求严苛，会使人（或是父，或是子，或是两者）觉得自己无所逃于天地之间，连家庭里面也没有包容自己的余地，那真是人生悲剧。亲子之间日渐疏远，甚至成为仇人，正是人生最不幸的事，也是令人觉得最遗憾的事。因为，一切的善，追本溯源，都是以父母与子女之间的亲情为基础的。如果为了“责善”而伤害亲情，岂非本末倒置，舍本逐末?

5.以德论交

交朋友要考虑德行，这是大家都明白的道理。子曰：“德不孤，必有邻。”一个有德行的人是不会孤单的，必定会得到与他立场一致、坚持道德的人的亲近与支持。这也强调了道德是做人和交友的根本。孔子又说：“里仁为美。择不处仁，焉得知？”当你选择居住环境时，若不选择洋溢着仁德之风的住宅区，又怎么能算得上智慧呢?这说明人会受风气的影响，朋友之间也会互相影响，耳濡目染。

孟子的学生万章有一次问孟子：“敢问友？”请问您交朋友的原则是什么呢?

孟子曰：“不挟长，不挟贵，不挟兄弟而友。友也者，友其德也，不可以有挟也。”

（《孟子·万章下》）

孟子说：“不依仗自己年纪大，不依仗自己地位高，不依仗自己兄弟的成就。所谓交朋友，是要结交他的品德，所以不可以有所依仗。”

这些话听上去比较尖锐，但立场鲜明。孟子说，交朋友要以品德为重，而不是看年龄、地位、成就这些外在的条件。孟子举例说，孟献子是一个拥有一百辆马车的大夫，他有五个朋友。他与这五个人来往时，心里并没有自己是大夫的想法；而这五个人如果心里有孟献子是大夫的想法，也就不与他交往了。为什么?朋友来往，看重的是品德，而不是对方的身份、地位。孔子的孙子子思给鲁穆公当老师。有一次鲁穆公对他说，我现在跟你做朋友，应该可以传为美谈吧。因为一个是国君，一个是普通读书人；国君和平民交朋友，难道不是佳话吗？但子思怎么回答？子思说，论地位，你是国君，我是大臣，怎么敢跟你做朋友呢？论德行，我是老师，你是学生，怎么能跟我做朋友呢？意思是你虽然贵为国君，但我子思是有德行的人，有德行的人交朋友只有一种考虑：德行相当。两个德行相当的人做朋友，才能够相互勉励，让彼此的德行更高；而不是看你年纪多大，地位多高，或者兄弟有什么功绩，我才决定是否跟你做朋友。所谓“用下敬上，谓之贵贵；用上敬下，谓之尊贤。贵贵尊贤，其义一也”，地位低的敬重地位高的，叫作尊重贵人；地位高的尊重地位低的，叫作尊敬贤人。孟子说，尊重贵人与尊敬贤人，其中的道理是一样的，都是以“友其德”为基础，再寻求实现共同的理想。

“友其德”有什么好处呢？《孟子》里还有一段故事，提到的几个人名都是四个字：尹公之他、子濯孺子、庾公之斯。尹公之他是一个射箭高手，他的老师是子濯孺子。子濯孺子年纪大了，奉命去讨伐卫国。卫国派出的是尹公之他的学生，也是射箭高手的庾公之斯。子濯孺子是老将军，庾公之斯是年轻将军。老将军年纪大了，打仗打到一半，发现自己风湿病犯了，不能拉弓，只好逃跑，说“吾死矣夫”，今天我活不成了。逃跑的过程中，子濯孺子问驾车的人，后面追赶我的人是谁？驾车的一看，说后面追赶的人是卫国的神射手庾公之斯。老将军一听，说那就没事了，我今天不会死。驾车的就奇怪，庾公之斯是卫国最好的射手，百发百中，怎么会没事呢？子濯孺子说：“夫尹公之他，端人也，其取友必端矣。”（《孟子·离娄下》）我的学生尹公之他是个正人君子，他交的朋友、教的学生也一定会是正人君子；正人君子不会乘人之危，这位年轻将军也一定不会利用我老病复发、不能拉弓的时机来对付我。结果真被子濯孺子说中了。

庾公之斯至，曰：“夫子何为不执弓？”曰：“今日我疾作，不可以执弓。”曰：“小人学射于尹公之他，尹公之他学射于夫子。我不忍以夫子之道反害夫子。虽然，今日之事，君事也，我不敢废。”抽矢，扣轮，去其金，发乘矢而后反。

（《孟子·离娄下》）

庚公之斯追来了，说："先生为什么不拿弓？"子濯孺子说："今天我旧疾发作，不能拿弓。"庚公之斯说："我向尹公之他学习射箭，尹公之他向您学习射箭，我不忍心用您传授的技术反过来伤害您。但是，今天的事是国君交代的，我不敢不办。"说完就抽出箭来，往车轮上敲，去掉箭头之后，发射四箭就反身回去了。

这真是一个感人的故事。照理说，交战的时候，碰上敌手出了问题，正好乘虚而入，乘胜直追。但是庚公之斯不忍心这么做，因为他的老师尹公之他是一个正人君子。他会觉得，老师当初看中了我，收我做学生，是因为我跟他的个性理想接近，也是正人君子。既然要做正人君子，就不能乘人之危，我今天必须放子濯孺子一马。子濯孺子因此保住了性命。不过，归根到底，还是子濯孺子有眼光，因为他收到尹公之他这样的好学生，所以在危难关头，逃过一劫。

6.守经达权

儒家讲求择善固执。择善之后，还要固执。固执就是坚持原则，决不妥协。但固执所坚持的是自己内心的真实感受，而不是外在的表现方式。譬如我坚持对父母的孝心，但是表现方式却要依实际情况而定，不能顽固。孔子说："无可无不可。"他不是顽固的。孟子也说，绝不能执迷不悟，一定要守经达权。"经"指规则、规范，"权"指变通。一个人坚持原则没错，但在具体做事的时候，也要能加以变通。否则你光固守原则，而不知灵活变通，到最后恐怕就窒碍难行了。《孟子》里有这么一段故事：

淳于髡曰："男女授受不亲，礼与？"

孟子曰："礼也。"

曰："嫂溺，则援之以手乎？"

曰："嫂溺不援，是豺狼也。男女授受不亲，礼也；嫂溺，援之以手者，权也。"

（《孟子·离娄上》）

淳于髡说："男女之间不亲手递接东西，这是礼制的规定吗？"

孟子说："是礼制的规定。"

淳于髡说："如果嫂嫂掉进水里，要用手去拉她吗？"

孟子说："嫂嫂掉进水里而不去拉她，就是豺狼了。男女之间不亲手递接东西，这是礼制的规定；嫂嫂掉进水里则用手去拉她，这是变通的方法。"

淳于髡是齐国有名的辩士。古时候的礼制规定一般男女之间不能接触，譬如把一本书交给一个女孩，不能直接给她，要放在桌上，请她自己来拿，避免手碰到手。不但陌生男女之间授受不亲，甚至叔嫂之间见面也不能多说话。因为古代人是一大家子住在一起，要严格防备男女之间任何可能的误会。淳于髡就问了，假设嫂嫂掉进水里快淹死了，我这个做小叔的能不能用手去拉她呢？意思是，一方面她是女的，一方面她又是我嫂嫂，双重限制，该怎么办？孟子说，嫂嫂掉到水里而不去拉她，那简直是豺狼野兽，毫无人性了。一个不认识的女孩子掉到水里都该去拉她，何况是你的亲人呢？你怎么能为了守住礼的规定而居然狠心看着亲人淹死，这不是残忍的豺狼吗？男女授受不亲，这是礼；嫂溺援之以手，这是变通。因为这时候救人是第一位的，应该通权达变，不必拘泥古礼。

人活在世界上，有各种各样的规范，这些规范维系着社会的秩序，但是人的现实处境却个个不同，因此要培养判断的智慧，既能遵守常规，又能做到变通。譬如一个年轻男子在路上走，旁边一个小姐走过来，后面突然开来一辆车，这时候为了救这个女孩子，要一把把她拉过来。这时，小姐不但不会怪你拉她，还会感激你救了她。相反，如果后面没有车，也没有任何危险，你突然去拉人家，不就变成性骚扰了吗？所以礼仪的规定是一个常态，是正常情况下不能做的事情，但是碰到非常情况，要懂得变通。好像我们学习文法一样，学外语的人都知道，有些日常习惯用法是不合乎文法规定的，可是照样用。

其次，“礼”的原意是要提供一套社会规范，使我们内在的感受得到表达的方式。不过，礼一旦形成，也可能成为桎梏，处处限制人，所以礼一定要有内心的“仁”做基础。仁则是出于真实的感受，两者配合起来，才能使一个人的行为恰到好处。子曰：“人而不仁，如礼何？”礼必须以人真诚的心意为前提。孟子强调“执中无权，犹执一也”，有立场也必须权衡轻重，懂得变通，否则会因噎废食。

儒家的思想既有原则，又能变通，这里面需要智慧的判断，而判断的基础在于真诚的良知。佛教里也有一个类似的故事。老和尚携小和尚过河，碰到一位女子想过河又不敢过，老和尚主动把她背过去了，然后放下女子，继续赶路。小和尚就问，师父，你犯戒了，怎么背女人呢？老和尚说，我背过就放下了，你到现在还没有放下！儒家的思想也是这样，我真诚地愿意帮助别人，只看他是否需要帮助，而不问他是什么性别、什么身份、什么角色、什么地位。在急难的时候，每一个人都应该真诚地伸出援手。

在这段对话的最后，淳于髡又问孟子：“今天下溺矣，夫子之不援，何也？”现在天下人都掉到水里去了，您却不肯伸手，为什么呢？他知道孟子是个人才，很有本事。现在天下政治败坏，世事无道，他责怪孟子怎么不出手相救。孟子回答：“天下溺，援之以道，嫂溺，援之以手。子欲手援天下乎？”天下的人掉到水里，要用正道也就是“仁政”去救；嫂嫂掉在水里，要用手去救。你难道想用手去救天下的人吗？也就是说，国君必须觉悟，起用人才来帮忙，实施正当的措施，改善老百姓的生活，这才能救天下。但孟子只是一个学者，国君不任用他，不给他信任，不给他权力，他是没有办法去做造福百姓的事的，这超出了他的能力。孟子用这个比喻来说明，淳于髡的想法太幼稚、太狭隘了。

第四章　仁政理想

1.一曝十寒

孟子抱持入世情怀，也像孔子当年一样，周游列国，与许多国君见面，希望得君行道。《孟子》一书的前几篇记录了孟子和各国国君的谈话。有些人读到这儿会觉得没意思，司马迁就说他读到《孟子》第一章的第一段话，梁惠王问孟子“何以利吾国”，就“废书而叹”。我与他正好相反，不但不把书本合起，反而急着想知道孟子如何回答。接着，我的感受是惊喜连连，因为孟子的辩才无懈可击，思想更是精微深刻，而辩才与思想结合起来所产生的震撼效果，则为古今罕见。

首先，孟子与当时手握大权的诸侯见面时，当然明白这些诸侯想要的是什么，是富国强兵，称霸天下。然而他所提供的却是“仁政”。一个人怎能如此“对牛弹琴”而依然充满自信呢？这就有赖于口才了。孟子的口才来自丰富的学识和人生经历。他随口引述《诗经》与《书经》，显示超强的记忆力。这些资料是大家都接受的古代智慧，具有高度的说服力。他还能灵活运用，把古典引入现实处境，让诸侯无言以对，只能茫茫然地点头认可。

孟子的仁政并非纯属理论，而是要由经济政策着手。对农业社会而言，百姓只要平安度日，得以养生送死无憾，然后加以适当的教育，提升人伦秩序的水平，国家自然上轨道。要推行仁政，国君必须减轻赋税，照顾百姓，或者就抓紧四个字“与民偕乐”，君民同心，天下怎能不治？孟子反复说明如何进行经济改革，但是并未引起共鸣，因为若要与民偕乐，则诸侯首先就得放弃“作威作福”的权力，还须克制“好色”“好勇”“好货”的无穷欲望，然后呢？再经常听取孟子的教训。

孟子的教训其实很好听，因为十分生动。他实在喜欢说话，往往是国君提出一个问题，他就引申发挥为一篇演讲，给国君上一课。他说话除了引述经典与史实之外，还有创造格言的非凡能力。我们今天还在用的许多成语格言，都出于孟子之口。譬如“一曝十寒”这个成语，来自孟子和齐宣王的对话。

孟子跟齐宣王宣传他的仁政理想，一时不见有什么效果。有人就问，是不是国君太笨了。

孟子曰：“无或乎王之不智也。虽有天下易生之物也，一日暴之，十日寒之，未有能生者也。吾见亦罕矣，吾退而寒之者至矣，吾如有萌焉何哉？”

（《孟子·告子上》）

孟子说：“对于大王的不明智，不必觉得奇怪。即使有天下最容易生长的东西，如果晒它一天，再冻它十天，也没有能够生长的。我与大王相见的次数太少了，我一离开，那些给他浇冷水的人就来了，我对他刚萌芽的一点善心又能怎么样呢？”

孟子实际上是把自己比作太阳，把齐宣王比作植物的种子。太阳晒一晒，他开始发芽，开始成长。但是孟子走了之后，别人都来浇冷水，说这个理想太高了，做不到。因为仁政先要自我约束，替百姓设想，这太难了；而且别的国家不做，以前也很少有人能做到。如此一来，齐宣王就灰心了。“一曝十寒”的典故源于此。

古代的国君因为权力太大，权力又使人腐化，做判断时很难考虑周全，所以需要好的大臣来辅佐，但是只靠一个好的大臣偶尔说一些好的意见，国君是不容易坚持下去的。

孟子曰："仁之胜不仁也，犹水胜火。今之为仁者，犹以一杯水救一车薪之火也；不熄，则谓之水不胜火，此又与于不仁之甚者也，亦终必亡而已矣。"

（《孟子·告子上》）

孟子说："仁德战胜不仁德，就像水战胜火一样。现在实践仁德的人，就像用一杯水去救一车木材的火，火没有熄灭，就说这是水不能战胜火，这样就给了不仁德最大的帮助，最后连原先的一点点仁德也会丧失的。"

什么意思呢？水要胜火，需要相当的"量"。你看到一整车的木材着火了，用一杯水去救，怎么可能熄灭火呢？数量上相差太远了。仁的起作用也不能靠一念之转，孟子跟大王见一次面，别的泼冷水的大臣跟大王见十次面；一次给他温暖，另外十次给他寒冷，种子再怎么样发芽，也无法成长。怎么办呢？只有一个办法，就是长期而大量地去行仁，才能胜过不仁。就好像你做一件好事，别人做十件坏事。你说我这一件好事怎么能胜过他做的十件坏事呢？你再做十件好事，就胜过了。

孟子强调一个人行善要有恒心，要不断累积，到了一定时候才能够改变形势。很多人年轻的时候怀抱理想主义，一旦发现理想不能实现，很容易就放弃斗志，变成虚无主义。西谚说得好："理想主义的旁边就住着虚无主义。"认为理想没用，反正实现不了，人生再奋斗也一样，好人坏人都没有得到报应，这种想法会使很多人放弃理想，或者同流合污，或者郁郁寡欢，而让下一代有理想的年轻人，感觉更加失望。孟子教导我们，凡事都要避免"一曝十寒"，我们做好事，不能说只做一件就希望改变这个世界，我们需要不断地努力，累积到最后，正义一定可以胜过不义，这就是儒家的信念。

2.缘木求鱼

做任何事都需要方法。西方人喜欢讲两句话：Do the right thing，做对的事；Do the thing right，把事做对。做对的事和把事做对，都需要正确的方法。

孟子有一天和齐宣王谈话，发现齐宣王老是有一些话不愿意说出来。孟子旁敲侧击，问他："大王最大的愿望是什么，可以说来听听吗？"齐宣王笑而不答。孟子接着问："是为了肥美的食物不够吃，轻暖的衣服不够穿，还是艳丽的色彩不够看呢？是为了美妙的音乐不够听，还是乖巧的侍从不够使唤呢？"齐宣王说："不，我不是为了这些。"那是为了什么呢？齐宣王还是不说。最后，孟子自己把话说出来了，因为齐宣王的愿望，他其实早就知道了。齐宣王的愿望其实是战国七雄共同的愿望。

曰："然则王之所大欲可知已，欲辟土地，朝秦、楚，莅中国而抚四夷也。以若所为，求若所欲，犹缘木而求鱼也。"

（《孟子 · 梁惠王上》）

孟子说："那么，大王最大的愿望就可以知道了，你是想要开拓疆土，让秦国与楚国都来朝贡，君临天下并且安抚四周的外族。然而，以您的做法追求您的愿望，就好像爬到树上去捉鱼一样。"

成语"缘木求鱼"出自这里。抓鱼应该到溪边，爬到树上怎么能抓鱼呢？孟子的意思是，齐宣王想要达成这个愿望的做法不对头。应该用什么方法呢？行仁政。在正常情况下，小国不能胜大国，但是孟子却坚信他的仁政理想可以所向无敌，这是由于他对人性的洞见，亦即人性向善，人们自然也必然归向善的政治。可惜从来没有国君愿意去试试看，都觉得这个理想太高了，很难做到。孟子提醒齐宣王不要"缘木求鱼"。齐宣王说："若是其甚与？"有那么严重吗？孟子说：

殆有甚焉。缘木求鱼，虽不得鱼，无后灾。以若所为，求若所欲，尽心力而为之，后必有灾。

恐怕比这个更严重。爬到树上去捉鱼，虽然捉不到鱼，也不会有什么后患。以您的做法去追求您的愿望，如果费心尽力去做，一定会有祸患在后面。

齐宣王的做法是什么呢？是想要通过战争和武力来统一天下，这种做法必然会带来后遗症。从历史上可以看到，虽然最后统一六国的是秦始皇，而秦始皇用的是法家那一套，以武力统一天下，以严刑峻法统治天下，结果秦朝只维持了十五年就结束了。说明什么？用法家也许可以统一，却不能维持。用儒家能不能统一，能不能维持呢？没有做过试验。中国封建社会两千多年来的政治其实是四个字“阳儒阴法”，表面是儒家，内里还是法家。政治领袖高高在上，想尽办法“尊君卑臣”，一般老百姓并没有得到真正的照顾，儒家的仁政理想一直束之高阁。

孟子还说过一句跟“缘木求鱼”中的“木”有关的话：

吾闻出于幽谷迁于乔木者，未闻下乔木而入于幽谷者。

（《孟子·滕文公上》）

我只听说有从幽暗山谷飞出来，迁移到高大的树木上的，没有听说从高大的树木上飞下来，迁移到幽暗山谷中的。

朋友搬家，我们祝他“乔迁之喜”的“乔迁”就出自这里，也即从比较不好的地方迁到更理想的地方。孟子为什么讲这句话呢？当时有一位从宋国来的学者陈相，他本来是学儒家推行仁政的，到了滕国之后，见到一个叫许行的人，开始转行，跟着许行学习农家。农家奉行神农氏学说，也是诸子百家之一，其特点是非常重视农业生产，主张每一个人，连同国君在内，都要耕田养活自己，耕田之后才有饭吃，类似于一种人人平等的观念。孟子问了，如果一定要自己耕田才能吃饭，那也一定要自己织布才穿衣，自己织帽子才戴帽，自己做的锅盘碗盏才用吗？陈相说：“不是的，是用粮食换回来的。”孟子就反问他，那为何不兼做瓦匠铁匠，样样东西都自己动手来做呢？陈相只好说，不可能一面耕田，一面做这些工作。孟子说："那么难道治理天下也能一面耕种一面操作吗？有官吏的工作，有小民的工作。并且，一个人身上的用品，要靠着各种工匠来制作才能齐备，如果一定要自己制作而后使用，那将率领天下人疲于奔命了。"接着，就是那句名言："劳心者治人，劳力者治于人；治于人者食人，治人者食于人，天下之通义也。"换句话说，一个社会中，分工合作是重要的，每一个人尽己所能，做他能做的事，然后互相交换，这才是正确的途径。而陈相这位学者，放着好好的儒家不去研究，居然跟着许行去学农家，孟子感到很难过，说他好像从高大的树木上飞下来，飞到了幽暗的山谷里。

孟子并不是反对农业，不是说种地不好，而是强调分工合作。一个国家需要有人来领导，但你叫领导人每天种地，他哪有时间来想国家大事？孟子认为，你当儒家学者，把五经、六艺学会了，可以做官造福百姓，但是你却不努力，转到农家，岂不是太可惜。孟子觉得还是儒家思想比较能够兼顾人类生命的全方位需要，尤其是政治领袖，做一个正确决策发挥的效应，绝对胜过你亲自耕田。

3.与民共享

与民共享的意思是：国君要跟老百姓分享他所拥有的东西。这出自孟子和齐宣王的一段对话。孟子在齐国担任国策顾问，有机会就向齐宣王建议，希望他推行仁政，不断改善及照顾百姓的生活。久而久之，齐宣王大概觉得孟子很可靠了，就跟他讲了一些真心话。他说："寡人有疾。"我有毛病。有什么毛病呢？好勇（爱好勇敢）、好货（爱好财物）、好色（爱好美色）。孟子听到这儿，大概会发出会心的微笑，因为这三种毛病在《论语》里也出现过。孔子说君子有三戒：戒色、戒斗、戒得。孔子把三种毛病放在人生的三个阶段来说，但事实上很多人是不管生命的哪一阶段，都同时具备这三种毛病，齐宣王就是例子。不过齐宣王身为国家领袖，居然承认自己有病，胆气可嘉。只要承认自己有病，就有可能把病治好；怕就怕有病而不肯面对，讳疾忌医。但是他为什么跟孟子说他有病呢？这使我想到一句尼采的话：哲学家是文化的医生。一个时代的文化出了问题，要问哲学家。哲学家孟子的特色是，他认为人性向善，每一个人只要真诚，都会发现内心有一种力量在要求自己向善、择善和行善。

齐宣王在承认自己有病这个问题上很真诚，他说自己的第一个毛病是“寡人好勇”。

王请无好小勇。夫抚剑疾视，曰：“彼恶敢当我哉！”此匹夫之勇，敌一人者也。王请大之。

（《孟子 · 梁惠王下》）

希望大王不要爱好小勇。手按剑柄，怒目而视，说：“他怎么敢抵挡我！”这是平凡人的勇敢，只能对付一个人。希望大王扩而大之。

孟子说，勇敢分两种，第一种叫小勇，出于意气冲动。走在路上看到有人瞪我一眼，就怒目而视，拔刀相向，这是匹夫之勇。第二种叫大勇，是为了主持正义，照顾百姓。譬如周文王和周武王，“一怒而安天下之民”，这叫作大勇。孟子说，大王爱好勇敢没有问题，如果爱好的是大勇，老百姓还害怕你不“好勇”呢。他不但没有批评齐宣王，还希望他把勇敢发挥到正途上，把天下的坏人、坏事全部断绝，为百姓主持正义。

齐宣王接着说了，我还有一个毛病，“寡人好货”，喜欢财物。这是人之常情，孟子并没有责怪他。

昔者公刘好货，《诗》云：“乃积乃仓，乃裹糇粮，于橐于囊，思戢用光。弓矢斯张，干戈戚扬，爰方启行。”故居者有积仓，行者有裹囊也，然后可以爰方启行。王如好货，与百姓同之，于王何有？

（《孟子 · 梁惠王下》）

从前公刘爱好财物，《诗经·大雅·公刘》上说："粮食囤积在仓库，包裹干粮装橐囊，安定百姓显声威。把箭张在弓弦上，干戈刀斧都齐备，这才出发向前行。"因此，留守的人有囤积的仓库，出行的人有满载的干粮，然后才可以出发远行。大王如果爱好财物，与百姓共同享用，要称王天下有什么困难呢？

公刘，传说是后稷的曾孙，周朝的先祖。他带领百姓积极从事经济生产，使部落渐渐兴盛起来。孟子说，你爱好财物没有关系，如果能像公刘一样，把财物与老百姓共享，要称王天下有什么困难呢？有一句话说得好，"藏富于民"。老百姓有钱，国君根本不用担心钱的问题；相反，国君一个人拼命搜集钱财，王宫里堆着珍珠宝贝，而老百姓的生活苦得要命，国君还能够享受吗？

齐宣王又说了，我还有第三个毛病，"寡人好色"，喜欢美女。这更是人之常情了。孟子也没有责怪他，而是讲了《诗经》里的一个故事。

昔者大王好色，爱厥妃。《诗》云："古公亶父，来朝走马，率西水浒，至于岐下，爰及姜女，聿来胥宇。"当是时也，内无怨女，外无旷夫。王如好色，与百姓同之，于王何有？"

（《孟子·梁惠王下》）

从前大王爱好美色，宠爱他的妃子。《诗经·大雅·绵》上说："古公亶父，清晨骑马奔驰，沿着西边河岸，到了岐山脚下，于是姜氏女子，一起来此居住。"在那个时候，没有不嫁而抱怨的女子，也没有不娶而单身的男子。大王如果爱好美色，与百姓共同分享，要称王天下有什么困难呢？

齐宣王想说，我很好色，想把天下佳丽都藏在一个人的后宫。孟子说，你好色不是问题，让天下人都好色，男有分，女有归，各个都有感情的归宿，这不是很好吗？从这里可以看出，儒家并不是真的反对自然欲望，不像朱熹说的"存天理，灭人欲"。说这种话的人，自己也做不到。真正的孔孟思想是了解人的欲望，顺着它去发展，但有一个原则，要由自我中心的欲望推广到非自我中心的欲望。我一个人有欲望，要知道别人也跟我一样有欲望，我不能只为个人欲望的满足而伤害其他人，或者让别人不要有欲望，我一个人来尽情享受，这样是不行的。

孟子真是聪明，他一再以“于王何有”来鼓励齐宣王，对于齐宣王坦承的种种毛病，不但没有疾言厉色地加以批驳，反而“诱之以利”，鼓励他施行仁政。孟子说，你这些毛病都没有错，关键在于是否与民共享，让老百姓也能满足这些自然欲望。一个国君只要能做到推己及人、与民共享，就算他好勇、好货、好色，也问题不大。因为一个社会的繁荣发展，就是要让每一个人都可以满足自己正当合理的愿望，国君也不例外。

4.见牛未见羊

齐宣王有一天坐在堂上，堂下有人牵了一头牛从他前面经过。这头牛拼命哀鸣，叫唤得很惨。齐宣王见了问：“这头牛要牵到哪里去啊？它好像没犯什么罪就被判死刑了嘛，叫得那么凄惨，把它放了吧。”牵牛的人说：“请问大王要废除祭钟的典礼吗？”古代的礼仪，一口钟铸好之后，要杀一头牛，把牛的血涂在钟上，钟才可以开始用。牵牛的人的意思是，你既然不让杀牛，那么祭钟的典礼就没法举行了。齐宣王说：“你怎么那么笨，换一只羊不就完了。”

这件事传出去之后，老百姓议论纷纷。大家觉得大王未免太小气了，牛比羊贵，所以他祭钟的时候用羊换牛。这话传到齐宣王耳朵里，他觉得心里很委屈。这时候正好孟子来见他，主动提起这件事，说：“我知道大王不是因为吝啬才以牛换羊，而是因为不忍心看到这头牛被杀啊。”齐宣王一听，“于我心有戚戚焉”，觉得孟子真是了解他，说：“齐国虽然小，我又怎么会吝惜一头牛呢？就是因为不忍心看到牛恐惧发抖的样子，好像没有犯罪就被置于死地，所以才用羊来代替它啊。”孟子怎么回答呢？他是想尽办法，利用一切机会，希望劝醒当政者来行仁政。

曰：“王无异于百姓之以王为爱也。以小易大，彼恶知之？王若隐其无罪而就死地，则牛羊何择焉？”

（《孟子·梁惠三上》）

孟子说：“大王不必责怪百姓以为您吝啬。用小的代替大的，他们怎么了解您的想法？大王如果可怜它没有犯罪就被置于死地，那么牛和羊又有什么分别呢？”

什么意思呢？孟子说，大王你听到牛在哀号，看到牛的样子，觉得很可怜，难道羊就不可怜吗？换句话说，你就算看到牛和羊都很可怜，那你看到百姓的可怜了吗？看到百姓恐惧发抖、民不聊生的样子了吗？大王的恩惠能够推广到牛羊身上，可是功绩却照顾不到百姓，到底是怎么回事呢？如果大王看到百姓因为战争、饥荒、剥削而陷于生离死别的痛苦中，难道不会心生怜悯吗？同情牛羊而无法体恤百姓，这实在是不分本末轻重到了极点。

孟子生活在战国中期，当时诸侯争霸，征战连绵，各国都在为了达到称霸的目的而不择手段，一般老百姓的境遇非常悲惨。孟子有一次在和梁惠王的谈话中提到“率兽食人”四个字，道尽乱世的荒谬。

庖有肥肉，厩有肥马，民有饥色，野有饿殍，此率兽而食人也。

（《孟子·梁惠王上》）

厨房里有肥肉，马厩里有肥马，可是百姓面带饥色，野外有饿死的人的尸体，这等于是率领野兽来吃人。

厨房里有肥肉，表明猪养得很肥；马厩里有肥马，表明马吃得很好。动物的粮食都很充裕，老百姓却瘦弱不堪，乃至饿死，这不等于带着野兽来吃人吗？孟子说这段话之前，先问了梁惠王两个问题。他说：“杀人以梃与刃，有以异乎？”用木棍把人打死与用刀把人杀死，有什么不一样吗？梁惠王说，没有不一样啊。孟子接着问：“以刃与政，有以异乎？”用刀把人杀死与用苛政把人害死，有什么不同吗？梁惠王不敢说话了。原来孟子说来说去，说的是他。国君看到老百姓死于非命，然后还说这不关我的事，是今年收成不好，运气不好，事实上呢，“苛政猛于虎”，孔子所处的时代就有这样的说法，一百年后情形更为严重。最后，孟子说：“野兽相互残杀，人们尚且厌恶；身为百姓的父母，推行政事，却不免于率领野兽来吃人，这又怎么配做老百姓的父母呢？”

孟子和这些国君谈话非常懂得运用语言技巧，穿插的各种比喻非常生动。这些国君就算再怎么不喜欢念书，不喜欢思考，也一听就懂，懂了之后问自己，要不要改善？怎么改善？然后孟子借机说出他的仁政理想，劝他们推行仁政，勤政爱民。孟子通过这两个关于动物的比喻提醒国君，你们见到牛和羊很可怜，不要忘记老百姓也很可怜；你让自己养的动物食物充裕，却让老百姓活不下去，这是绝对错误的。当然，话虽如此，孟子说到最后还是不忘鼓励齐宣王一下，称赞他的不忍之心是“仁心”的发端。

无伤也，是乃仁术也，见牛未见羊也。君子之于禽兽也，见其生，不忍见其死；闻其声，不忍食其肉。是以君子远庖厨也。

（《孟子·梁惠王上》）

没有关系，这正是仁德的表现，是大王见到牛而没有见到羊的缘故。君子对于禽兽，看到它活着，就不忍心看到它死去；听到它的哀鸣，就不忍心食用它的肉。正是因为如此，君子总是会与厨房保持距离。

这里的“君子”是指有位者或有德者。“君子远庖厨”一语，不是为了给君子理由不下厨房烧菜，而是担心君子的“不忍”因为接近庖厨而减损，最后对人也不再怜惜。孟子希望齐宣王能把对牛羊的“仁心”扩而充之到老百姓身上，能够体恤百姓的疾苦，为百姓着想。这番苦心实在让人感叹。

5.不可忽视环境

做任何事想要成功，都需要环境的配合。譬如孩子学英文，你是找一个美国人当老师，还是找一个中国人当老师呢？答案很清楚，当然找美国老师，因为英语是人家的母语。中国老师英文再好，难免说一说就想用中文来解释，小孩在这种环境下，语言不容易学得好。

我自己有经验。我在美国念书时，女儿五岁。我把她放到美国小学念一年级，两个月之后，她英文讲得比我都好。因为英文好不好要配合发音、腔调，她讲得跟美国小孩一模一样，非常地道。但是回中国台湾念书之后，她的英文底子就忘了。她后来怪我怎么不让她继续学英文。我说你在台北让你学英文，学习的效果会很差，因为语言的学习尤其要环境配合，你没有在那个环境下，根本没办法跟别人沟通，你不知道这句话在书上念起来和实际说出来是不是一回事。我现在有时候会觉得自己英文很差，打开《纽约时报》和《时代》杂志，很多字已经看不懂了，为什么？因为时代在发展，他们渐渐改变了一些口头用语，而你没有在那个环境中生活，就跟不上，查字典也查不到。由此可知，环境对人学习语言的影响有多么大。

为人处世也是一样。孟子有一次跟宋国大夫戴不胜谈话。戴不胜说，有个叫薛居州的人，是个大好人，让他在我们国君身边，国君也会慢慢变好吧。孟子讲了一个学习语言的比喻。他说：“假定有一位楚国大夫想让他的儿子学习齐国话，那么是请齐国人来教，还是请楚国人来教？”戴不胜说：“请齐国人来教。”

曰：“一齐人傅之，众楚人咻之，虽日挞而求其齐也，不可得矣。引而置之庄岳之间数年，虽日挞而求其楚，亦不可得矣。子谓薛居州，善士也，使之居于王所。在于王所者，长幼卑尊皆薛居州也，王谁与为不善？在王所者，长幼卑尊皆非薛居州也，王谁与为善？一薛居州，独如宋王何？”

（《孟子 · 滕文公下》）

孟子说："一个齐国人教他，许多楚国人干扰他，即使天天鞭打来逼他说齐国话，也不可能做到。如果带他到齐国都城的街坊住上几年，即使天天鞭打来逼他说楚国话，也不可能做到。你说薛居州是个好人，让他住在大王宫中。如果大王宫中，不论年纪大小、地位高低，都是薛居州那样的人，大王能同谁去做坏事呢？如果大王宫中，不论年纪大小、地位高低，都不是薛居州那样的人，大王能同谁去做好事呢？单靠一个薛居州，能对宋王起什么作用呢？"

从这段话可以知道，古时候的教育也挺可怕的，会有体罚，小孩子学习学不好，要受到老师的鞭打。孟子以此为喻的用意是强调人要走上善途，需要环境的配合，需要很多人一起配合。如果周围都是好人，你想做坏事也没机会；相反，周围都是坏朋友，你要做好事也不可能。当然，这么说并不是要否定每一个人自主自由的力量，而是因为在古代社会，一个国君拥有极大的权力，真的需要有许多好的大臣来辅佐才行，否则后果不堪设想。老百姓等着你实行好的政策，可以让他改善生活；如果你没有这么做，他会慢慢忍耐，但是忍耐到极限就要起来造反了。孟子生活的时代天下已经很乱了，他总是想各种办法希望国君可以尽快改善。因为国君做得好，老百姓才能跟着好，这是古人的想法。所谓"一人有庆，兆民赖之"，国君如果做得不对，老百姓也要跟着受苦了。

如何能让国君实行仁政呢？孟子认为，光靠一个好人薛居州，或是个别几个好的大臣，在他身边教导，是起不了作用的。"一薛居州，独如宋王何？"反之，如果宋王四周的人都是努力行善之辈，那么宋王想要作恶也不大容易了。这段话的道理虽然很平凡，但足以说明，儒家绝不是单单讲究个人之发心立志，好像一个人可以不受环境影响，独自成就伟大的人格似的。事实上，从孔子的"择不处仁，焉得知"一语开始，儒家就注意到人的具体生命与外在环境之间有着极为深刻的互动关系。人的价值当然是由内而发的，基础在于自觉和自愿；但是这种价值必须落在人际关系的网络中，才能得以实现。同时，人的自觉与自愿不能离开对于具体处境的判断，不能离开四周的环境。

6.事半功倍

“事半功倍”每一个人都很喜欢，总希望做事情花一半的力气，达到一倍以上的效果。孟子有一次跟弟子公孙丑聊天，谈到当下局势，他说如果哪一个国君能够在今天这个时代推行仁政，可以达到事半功倍的效果。为什么？因为“仁德的君主不出现，没有比现在等得更久的；百姓受暴政压迫的痛苦，没有比现在更严重的”。

饥者易为食，渴者易为饮。孔子曰：“德之流行，速于置邮而传命。”当今之时，万乘之国行仁政，民之悦之，犹解倒悬也。故事半古之人，功必倍之，惟此时为然。

（《孟子·公孙丑上》）

饥饿的人吃什么都容易满足，口渴的人喝什么都容易接受。孔子说：“德政的流行，比驿站传达政令还要快。”现在这个时候，拥有万辆兵车的大国实行仁政，百姓的喜悦就像解除了倒悬的痛苦一样。所以，事情做到古人的一半，功效必定是古人的一倍，只有在这个时候是如此。

孟子说，一个人肚子饿的时候，吃什么都好吃；相反，如果已经吃得很饱，就算让你再吃山珍海味，你恐怕也吃不下。同样地，一个人口渴的时候，喝杯白开水就很高兴了；如果根本不渴，给你喝再好的东西，你恐怕也不觉得好喝。所以，食物好不好吃，水好不好喝，要看你本身的需要情况。如果现在天下太平，你行仁政，老百姓可能会觉得很自然；相反，天下大乱了，民不聊生，这时候你来行仁政，天下人会非常羡慕你的百姓，自然来支持你。最后，“事半古之人，功必倍之”，不仅是一倍的效果，甚至是四倍的效果了。

孟子的说法好像有些夸张。他生活的时代，各国都在富国强兵，争霸天下，老百姓只好牺牲奉献，活得很苦。他用“倒悬”两个字描写老百姓的痛苦，是说人被倒挂着，头在下，脚在上，是非颠倒，痛苦不堪，老百姓的生命完全无法安顿，活着只是受罪而已。孟子说这时候如果你能实行仁政，那效果可是不得了的。说实在的，听到这样的话，每一个国君恐怕都会动心，但这些国君有没有做呢？没办法做。因为儒家让你行仁政，首先要做到自我约束，节制欲望，不能有那么多奢华的享受；不能是我国君在上面吃喝玩乐，你们底下人去行仁政吧，这是不可能的。行仁政首先要减少税收，税收一少，国君就无法充分享受。国君在行仁政与自身的利益之间必须做个抉择，这不是一件容易的事，因此真正能把孟子的话听进去，并加以实行的国君就少之又少了。这时候，孟子怎么办呢？他提到自己的选择，说了四个字“绰绰有余”：

吾闻之也：有官守者，不得其职则去；有言责者，不得其言则去。我无官守，我无言责也，则吾进退，岂不绰绰然有余裕哉？

（《孟子·公孙丑下》）

我听说过，有固定官位的，无法行使职权就该离去；有进言责任的，无法以言进谏就该离去。我既没有固定官位，也没有进言的责任，那么我的行为要进要退不是宽绰而大有余地吗？

这段话有个背景。孟子的朋友蚳蛙本来是齐国一个县长，后来到齐宣王身边担任监察官，负责谏言，告诉国君该做什么不该做什么。结果干了一段时间，没什么表现。孟子跟他说，你县长不干，干监察官，应该向国君进谏啊，让他改善一下。蚳蛙于是真的去向齐宣王进谏，结果国君不采纳，他辞官走了。别人批评孟子说，你看你为蚳蛙考虑得倒是很好，那你自己呢？你不是也在齐国政府里面担任某些职务吗？孟子当时在齐国担任国策顾问，地位崇高，但是没有正式的官位，也没有进言的责任。所以孟子说了这段话，作为回应。孟子说，你不要批评我，我在齐国既无官守也无言责，所以不能怪我。换句话说，孟子是顾问的身份，空有仁政理想，但使不上力。他认为我要进要退绰绰有余，很从容。

这两段话前面讲“事半功倍”是针对政治领袖，如何花很少的力气，产生巨大的效果。因为时机很重要，天下大乱，别的国家都在瞎搞、乱搞，你这边如果好好实行仁政，老百姓会非常感恩。后面讲到“绰绰有余”是孟子自己。孔子曾提到做官有两种，第一种叫作“具臣”，有专业能力的、尽忠职守的臣子；第二种叫作“大臣”，以正道来服侍君主的臣子。孔子用八个字描写大臣：“以道事君，不可则止。”我用正道来服侍国君，如果行不通，我就停下来，辞职。孔子认为自己的学生中，像子路、冉有都有“具臣”的能力，但是还没有办法达到“大臣”的标准。孟子认为如果他有机会的话，他可以做到“大臣”，但是很可惜，没有机会。他本身不是齐国人，只是客卿，从外国来帮忙的。虽然想劝导齐宣王推行仁政，进而匡济天下百姓，但是国君不听，他也无可奈何。

第五章　自我超越

1.豪杰之士

说到豪杰，想到俊杰。有句话叫“识时务者为俊杰”，有人觉得，这话有点投机，识时务嘛，见风使舵。但是《孟子》里面提到的豪杰，却是不一样的概念。

孟子曰：“待文王而后兴者，凡民也。若夫豪杰之士，虽无文王犹兴。”

（《孟子·尽心上》）

孟子说：“等待周文王出现之后，才振作起来的，是一般百姓。至于真正杰出的人，即使没有周文王出现，也能发愤图强。”

在传统社会里，一般百姓由于知识与环境的限制，比较缺乏自主能力，从国家大政到个人抉择，都需依靠卓越的领袖，有如羊群等待牧者的指示。因此，孟子所谓的“待文王而后兴者，凡民也”，算是十分客观的描写。但是，周文王做了什么事，能让老百姓振作呢？行仁政。

商朝末年，纣王暴虐无道，百姓陷于水深火热之中。大多数人若不与商纣同流合污，就是灰心丧志，认为世间没有公平和正义，善恶并无适当的报应。当时有许多人躲在民间，逃到海边，甚至藏入深山之中，等待有个仁德的领袖出来，带领国家重新走上正途。周文王实行了很多照顾老百姓的政策，名声很好。他让行善的受到善报，为恶的受到处分，《孟子》里提到他尤其对老人很好，推行了许多养老措施。因此，许多人一听周文王行仁政，就振作起来了。

孟子认为这样振作起来的只是一般百姓，不是豪杰。真正的豪杰之士是即使没有周文王，自己也要振作。为什么呢？因为儒家思想有一个基本原则，即每一个人都是道德的主体，道德主体有一股内在的力量，这股力量不仅是真诚的，还表现出一种道德勇气，能自我振作，做自己该做的事情，不受外在潮流的影响。真正的豪杰，是不管时代是光明还是黑暗，也不论是否有圣贤出现，他都可以自立自强。他为自己负责，要陶冶自己的人格趋于完美的境界，会凭着他的智慧和爱心，奋发有为，开创出个人与国家的理想局面。这种创造时代的英雄，是值得我们敬佩和效法的。不过，只是做到这一点，孟子认为还不够，还要做到什么呢？

居天下之广居，立天下之正位，行天下之大道；得志，与民由之；不得志，独行其道。富贵不能淫，贫贱不能移，威武不能屈，此之谓大丈夫。

（《孟子·滕文公下》）

居住在天下最宽广的住宅，站立在天下最正确的位置，行走在天下最开阔的道路；能实现志向，就同百姓一起走上正道；不能实现志向，就独自走在正道上。富贵不能让他耽溺，贫贱不能让他变节，威武不能让他屈服，这样的人才叫作大丈夫。

居天下之广居，是仁；立天下之正位，是礼；行天下之大道，是义。孟子认为，一个人只要做到了仁、礼、义，到天下任何地方去，都可以站得住脚。为什么？子曰：“德不孤，必有邻。”有德行的人不会孤单，一定有人来支持他。因为人性是向善的，古今中外任何地方的人都一样。当你得志的时候，也即读书人有机会做官，就跟老百姓一起走上正路；如果没有机会，至少可以自己一个人走上正路，独善其身。独善其身不是不跟别人来往，而是我先把自己修养好了，等待时机来临，所谓“居易以俟命”。

接下来这三句话“富贵不能淫，贫贱不能移，威武不能屈”，千古以来为中国人津津乐道。“富贵不能淫”是说富贵不能惑乱我的心志。世间的成就，容易使人迷惑，愈陷愈深，逐物不反，甚至纵欲伤身，不可收拾。“贫贱不能移”则是相反的情况，处于贫穷困顿、一筹莫展之时，要不要放弃或改变我的做人原则呢？绝不，人的操守在艰难危亡之际，最能得到磨炼及证明，我们正该把握此一机会，品尝孔子与颜回所说的乐趣。“威武不能屈”，权势和暴力能否使我屈服呢？不能。只要我“自反而缩”，肯定自己站在正义的一方，就必须坚持立场，让正义因着我的行动而得以伸张。

由此可见，富贵、贫贱、威武都是外在加诸我身的，而我内心却有一个主宰，有一个道德自觉，所以外在的情况变化影响不到我。孟子把这样一种境界称为“大丈夫”，也就是真正的豪杰。当然，“大丈夫”绝不是只能是男性。过去古代社会，女子一般没有机会受教育和在社会上发展。现在时代不一样了，人人平等，不分男女，只要一个人能够自觉内在的尊严，真诚面对自己，做合乎仁、礼、义的事情，在富贵、贫贱、威武三种情况下都不改变原则，就是大丈夫，就是豪杰。大丈夫和豪杰，不见得是要成大功立大业，而是要能够建立自己生命的主体性。

2.效法尧舜

儒家喜欢把尧舜当成典范人物，孟子更是如此。孟子到了齐国，那时候齐宣王还没有见过他，先派人去看看孟子长什么样子。

储子曰："王使人瞷夫子，果有以异于人乎？"孟子曰："何以异于人哉？尧、舜与人同耳。"

（《孟子·离娄下》）

储子说："齐王派人来窥探先生，是不是真有与别人不同的地方？"孟子说："有什么与别人不同的地方呢？尧、舜也与一般人一样啊。"

齐王想知道孟子这样一位国际知名的大学者，长的样子是不是很特别，或者生活习惯是不是跟人不一样，譬如是否道貌岸然，每天一开口就是仁义道德。结果孟子说，我怎么会跟别人不一样呢？连尧、舜也跟一般人一样啊。换句话说，既然尧、舜这样的圣人跟平凡人没什么两样，那么人人都有希望变成尧、舜了。

一个叫曹交的人听到这句话，特地跑来请教孟子。他说："每个人都可以成为尧、舜，有这样的说法吗？"孟子说："有啊！"曹交就问了："我听说周文王身高十尺，商汤身高九尺，他们两个人都当了帝王，而我曹交身高九尺四寸，在这两个人中间，怎么我只会吃饭呢？"说实在的，听到这种问题，大家都会觉得好笑。身高和成就有什么关系啊？又不是打篮球。可见曹交这人实在老实得可爱。孟子怎么回答他？

尧、舜之道，孝弟而已矣。子服尧之服，诵尧之言，行尧之行，是尧而已矣。子服桀之服，诵桀之言，行桀之行，是桀而已矣。

（《孟子·告子下》）

尧、舜的正途，不过是孝与悌而已。你穿上尧所穿的衣服，说尧所说的话，做尧所做的事，这样就成为尧了。你穿上桀所穿的衣服，说桀所说的话，做桀所做的事，这样就成为桀了。

桀，是夏桀，古代最坏的人之一；尧是圣人，最好的人之一。孟子认为，一个人模仿别人，不管学坏学好，都是从外在模仿开始，再到言行表现，亦步亦趋地跟着学，他怎么做，你怎么做，久而久之你也就跟他一样了。曹交显然是不太喜欢思考的人，所以才会问出这样的问题。而孟子的回答是告诉他一个简单的办法，找到一个典范人物跟着学，他怎么做，我跟着做，久而久之，我就忘了这是我学来的，还是我自己要做的。譬如做好事，做久了之后，就会忘记我做好事是为了博得名声，还是出于内在的要求，反正做久了之后成为习惯，自然而然会去做好事。由此可见孟子对于习惯的重视，亦即只要努力学习与实践，长期下来，自然会转化生命。这与西方人说的“习惯是第二天性”是相同的道理。

那么，学习尧、舜，从何学起呢？孟子说：“尧、舜之道，孝弟而已矣。”孝顺父母，友爱兄弟姐妹，是我们步上圣人之道的坦途。孝悌出自每一个人原始的、自然的感情，如果不孝不悌，我们怎能进而关怀别人、服务社会呢？又怎么谈得上治国平天下的理想呢？所以孟子鼓励曹交从孝悌学起。

曹交听孟子这么说之后，很高兴。他说，那我准备去谒见邹君了。什么意思？孟子是邹国人，曹交是曹国人，而且是曹国国君的一个亲戚，邹君是邹穆公。曹交跑去见邹君，是想借个住处，留在孟子门下学习。但孟子好像不大愿意收这个学生，觉得这人不但慧根有问题，恐怕做事的决心都成问题。所以孟子说了一句话：

> 夫道若大路然，岂难知哉？人病不求耳。子归而求之，有余师。
>
> （《孟子·告子下》）

人生的正途就像大马路一样，怎么会难懂呢？只怕人们不去寻找而已。你回去自己寻找，老师多得很呢。

“道”为什么像大马路一样？因为“道”来自人内心的良知。你只要真诚面对自己，就会发现内心的良知一直在不断地要求你行善，要求你见到父母能孝顺，见到晚辈能照顾，因为孝悌是做人最基本的道理。你对于父母能孝顺，“老吾老，以及人之老”，对于晚辈能照顾，“幼吾幼，以及人之幼”，那么，达到尧、舜这种圣人的精神境界还有什么难的呢？问题在于，很多人根本没有回到自己的内心，不去体察自己的良知，总是注意外在的事功，羡慕别人的成就，甚至到处拜访名师，以为他们可以指点光明的未来。事实上呢？在知识和技能方面，我们应该虚心向别人学习，并且不难获得具体的成绩。但在做人原则与善恶分辨方面，则首先应该倾听自己内心良知的指示，并且努力遵行。如果持之以恒，则人人都有成为尧、舜的可能。

3.与古人为友

物以类聚，人以群分。人总是选择适合他的群体交往。随着年龄的增长，阅历的增加，交朋友的范围越来越广。到任何地方去，都有同声相应、同气相求的朋友，这是一件快乐的事。但孟子认为这还不够，一个人还要学会跟古人交朋友。为什么呢？因为人有时难免会觉得自己的理想在现实中找不到可以呼应的人，这时候说不定意气相投的古人能够带给你许多安慰和鼓励。

孟子谓万章曰："一乡之善士斯友一乡之善士，一国之善士斯友一国之善士，天下之善士斯友天下之善士。以友天下之善士为未足，又尚论古之人。颂其诗，读其书，不知其人，可乎？是以论其世也，是尚友也。"

（《孟子·万章下》）

孟子对万章说："一乡中的优秀士人，与这一乡的优秀士人做朋友；一国中的优秀士人，与这一国的优秀士人做朋友；天下的优秀士人，与天下的优秀士人做朋友。认为与天下的优秀士人做朋友还不够，就再上溯历史，评论古代人物。吟咏他们的诗，阅读他们的书，但不了解他们的为人，可以吗？所以要讨论他们在当时的所作所为，这就是与古人交朋友。"

"善士"的"善"是指德行上有好的表现，也即做一个好人。做一个好人一定会有某些高尚的理想，某些必须坚持的原则。这时候如果你能在一乡之中，一国之中，甚至全天下的范围内，找到志趣相投、心有灵犀的朋友，无疑是一件很幸运的事。但是如果找不到呢，也不要紧，你还可以跟古人交朋友。怎么交朋友呢？首先要去吟咏他们所写的诗，阅读他们所写的书；诗书表达了他们的心意，记录了历史。但是光读诗书不够，还要了解他们生活的时代，以及他们在当时环境下的所作所为。就像我们平常读小说一样，第一看书里有哪些人物，发生了什么事；第二看这些事情合不合乎逻辑，尤其是人性的逻辑；第三要投身到书本当中，想象我如果是其中的某个人物，我会怎么办，譬如我是学刘备呢，还是学诸葛亮？孟子说，只有这样读书，才能够真正与古人交朋友。

孟子自己就喜欢和尧、舜、禹这些古代伟大的人物交朋友。孟子在书里甚至把舜的父亲、继母和弟弟怎样迫害舜的细节都写得很生动，好像他自己在现场看到一样。能够有这种表现力，说明孟子充分了解舜的情况，包括他所生活的时代、他的性格、他为人处世的原则等。譬如舜当了天子以后，把他的弟弟封在有庳国当国君。孟子的学生问，舜让他弟弟这样的坏人去当国君，那一国的人不是要倒霉吗？孟子说，舜让他的弟弟当国君，但是不给他实际的权力；设法派官员负责税收，不让他碰到钱；设法让官员负责法律，不让他介入；经常召见弟弟，让他来不及做坏事。为什么这么安排？因为舜是天子，天子的弟弟要封为国君，这是古时候的传统，但是不能因此就让他去糟蹋百姓，所以舜想出了各种办法，减少和避免他弟弟做坏事造成的危害。孟子能够如此设身处地替舜着想，并且理解他的思想和做法，说明他确实和舜交了朋友。

我们今天学习国学也一样，并不只是发思古之幽情，说说古人的话而已，而是希望跟孔子、孟子、老子、庄子这些伟大的先哲做朋友，甚至跟苏格拉底、柏拉图、康德这些西方的大哲学家做朋友，了解他们所处的时代，了解他们怎样面对和处理问题，并设想如果自己在当时的情况下，会不会跟他们一样选择，还是有不同的想法。这就是阅读的好处，可以读其书而思其人，跟古人做朋友。一个人不光要能看到现在，也必须了解过去和未来。这时你会发现某些原则和理想是几千年不变的，譬如我们常说的人性向善，行善最乐，不管你喜不喜欢，赞不赞成，这都是人性共同的要求。

事实上，我自己很喜欢和古人交朋友。我曾翻译《四大圣哲》一书，这也是影响我最深的书。四大圣哲是孔子、耶稣、苏格拉底、释迦牟尼。在我们这个时代真的无法找到像他们的人。今天不易看到有内涵、有深度的人，社会上呈现的只是舆论、宣传、口号而已，人生目标现实而功利。接触此书后，发现他们皆为人中之龙、人上之人，显示了人类的分水岭，因而从中得到很多心得与鼓励。所以，当你觉得世界太贫乏、太堕落时，不妨从古人中选择朋友，视个人所好和他们交往，这样可以高尚其志，不受时间、空间所限，让自己与古人心意相通。这是人类心灵的特殊能力。

4.有为者亦若是

“有为者亦若是”是我们经常用来勉励自己和别人的话，出自孟子和滕文公的一次对话。滕文公当太子的时候，有一次前往楚国，路过宋国时与孟子会面。孟子谈论人性向善的道理，句句都要提到尧舜。太子从楚国返回，又来见孟子。孟子又举了齐国勇士成𫜹和孔子学生颜渊的例子，对他加以鼓励。

成𫜹谓齐景公曰：“彼，丈夫也；我，丈夫也；吾何畏彼哉？”颜渊曰：“舜，何人也？予，何人也？有为者亦若是。”

（《孟子·滕文公上》）

成𫜹对景公说：“他，是个男子；我，也是男子，我怕他什么呢？”颜渊说：“舜，是什么样的人？我，是什么样的人？有所作为的人也会像他那样。”

勇士需要作战，需要竞争，有时候看到别人长得比自己高大，心生畏惧，气势上就先输了。成𫜹说，别人是一个人，我也是一个人，男子汉大丈夫有什么好怕的？心理上先给自己一种信心，然后才能表现真功夫。这是体力方面的，许多运动员也有类似的激励方法。颜渊说的则是德行修养方面的，以舜为学习的楷模。舜并非生在帝王之家，而是出生在一个平凡的家庭，事实上还是一个问题家庭，但舜的抱负很大，后来表现杰出，成为古代的圣人。舜也是孟子佩服的人。孟子说舜年轻的时候住在深山里，跟树木、石头一起居住，跟野猪、野鹿一起游玩，跟一般平凡的乡下人没什么区别。但是他听到一句善的话，看到一种善的行为，内心立刻涌现出向善的力量，“沛然莫之能御”，挡也挡不住，把别人的善言善行全部拿来在自己身上实践，最后成就了伟大的德行。

我们都知道“取法乎上”的道理，一个人的成就大小，要看他年轻时的志向如何。历史上这样的例子很多。譬如明朝大儒王阳明在十二岁的时候，有一天请教老师，说什么是天下第一等事？老师说，念书考状元是第一等事。但王阳明居然说，不见得吧。老师吓一跳，心想这个十二岁的小朋友还有什么特别的见解吗？问他，你认为如何？王阳明说，天下第一等事应该是读书做圣人。

状元和圣人有什么区别呢？状元几年才考一次，每次只有一个。如果一个人把自己的成功界定在社会竞争上，后果一定非常惨烈，所谓“一将功成万骨枯”，一个人成功多少人失败啊！王阳明说，读书做圣人这个目标好，因为人人都可以成为圣人，圣人不但不会互相冲突竞争，反而会互相帮助。“有为者亦若是”，王阳明小时候的志向就这么高，所以他后来取得的成就也远在状元之上。

当然，人的能力有限，不是世界上所有的事你都可以做到的，但有些事明明在你的能力范围之内，你却做不到，这是因为你不去做，不想做，其实一做就会成功。什么样的事呢？

曰：“挟太山以超北海，语人曰：‘我不能。’是诚不能也。为长者折枝，语人曰：‘我不能。’是不为也，非不能也。”

（《孟子·梁惠王上》）

孟子说：“用手臂挟着泰山跳过北海，对别人说：‘我办不到。’这是真的不能做到。给年长的人弯腰行礼，对别人说：‘我办不到。’这就是不去做，而不是不能做。”

孟子说话有时候比较夸张，手臂挟着泰山跳过北海，听起来是神话，怎么可能做到呢？这件事不是我不想做，而是根本不可能做到。但是尊敬自己的长辈，给年长的人弯腰鞠躬一类，却是每一个人都可以做到的。“折枝”代表弯腰鞠躬，古时候树枝的“枝”跟肢体的“肢”通用。我们常说你对长辈要尊敬，用孟子的话说就是“徐行后长者”，慢慢地走在长辈的后面，表示你尊敬他。这件事任何人都可以做到，你说做不到是找借口。

事实上，活在这个世界上，有些事情，比如升官发财，不是人人都可以成功的，但是在修养德行方面，你只要愿意去做，一定可以成功。没有任何人可以说我无法孝顺，我无法讲信用。这种事只要你想做，你去做，一定可以做到。所以我们要常常问自己，这件事是我“不为”还是我“不能”，如果是我不能，别人会谅解；如果是我不为，那就是我的责任啊。

5.天降大任

说到“天降大任”，很多人认为跟自己没有什么关系，反正我又不是那些帝王将相、英雄豪杰，何必去考虑呢？但孟子提到这句话时，是把它引申到每一个人的生活中。他举了好多古代领导人做例子。

孟子曰：“舜发于畎亩之中，傅说举于版筑之间，胶鬲举于鱼盐之中，管夷吾举于士，孙叔敖举于海，百里奚举于市。故天将降大任于是人也，必先苦其心志，劳其筋骨，饿其体肤，空乏其身，行拂乱其所为，所以动心忍性，曾益其所不能。”

（《孟子·告子下》）

孟子说：“舜在田野之中兴起，傅说从筑墙的牢役中被提拔出来，胶鬲从鱼盐贩子中被提拔出来，管仲从牢狱中被提拔出来，孙叔敖从海边被提拔出来，百里奚从市场中被提拔出来。所以，天准备把重大任务交付这个人，一定要先折磨他的心志，劳累他的筋骨，饥饿他的肠胃，穷尽他的体力，使他的所作所为都不能如意，这样就可以震撼他的心灵，坚忍他的性格，由此增加他所缺少的才干。”

舜家境贫寒，年轻时在历山耕种，在雷泽打鱼，为养家糊口到处奔波。傅说是商王武丁梦见的圣人，当时他正在受刑筑墙，后来成为宰相，商朝大治。胶鬲曾为商纣之臣，据说是周文王发掘的人才。管夷吾（管仲）跟随公子纠失败，被鲁国囚禁，后赖鲍叔牙推荐，成为齐桓公的宰相。孙叔敖是从隐居的海边被人举荐进入朝廷，任楚国令尹（宰相）。百里奚早年贫困，流落不仕，后任秦国大夫。这些人一开始都苦得不得了，想做什么偏偏做不成，饱受了各种折磨和考验，上天的目的就是要激励他们的心志，坚忍他们的性格，使他们原来不会的事情都会了。最后，身心饱受磨炼之后充分发展。像炼铁成钢，若不在火中煎熬锤打，终究还是废铁一堆；但只要通过锻炼，就可以脱胎换骨，成为经久耐用的利器。

台湾有句话说得好，吃苦就是吃补。年轻时吃苦绝对是好事，可以开发潜能。人的身体会自然成长，只要有适当的食物和运动；但人的心智不会自然成长，需要某些锤炼。潜能没有经过锤炼，是不可能自己发展出来的。美国心理学家威廉·詹姆斯说，一个人一生中所开发出的潜能，往往只是他所有潜能的十分之一而已。也就是说，一个人不管今天有什么样的成就，可能只是表现出了十分之一的能力，另外十分之九浪费掉了。苏联做过一个研究，认为一个人如果把潜能全部发挥出来，可以把一所大学的所有课程念完，至少可以学会十几种语言。不过我们有时也会想，人生这么累，这又何必呢？我们当然不需要真的去做这些事，但至少要知道自己的潜能是非常大的。我们在学生时代每天念书，每天进步，从小学到中学到大学，进步非常明显。大学毕业之后进入社会，具有专长可以就业，但往往在这个时候也就停下了求知的步伐，这是非常可惜的。

如果一个人的一生不想虚度，想过得充实圆满，不断向上提升，感受到生命真正的意义，至少要注意两方面：一要不断地学习，不断地阅读，增加自己的知识；二要培养德行，懂得人性向善，设法择善固执，以期做到止于至善。我们内心经常羡慕某些人甚至崇拜某些人，这些人的才能我们可能怎么学也学不到，但是在德行方面有良好的表现，却是每一个人都可以做到的。譬如每一个人都可以孝顺，每一个人都可以守信，每一个人都可以讲道义。你如果真的去实践这些德行，整个生命都会改观，像登山一样，越登越高，到了山顶就会发现，过去有些事情恐怕太执着了，有些事其实是可以放手的，放手之后，你的生命才能有真正的自由、真正的喜悦。

孟子所说的天降大任，并不是只有大人物才可以考虑，我们每一个普通人也要考虑，因为每一个人都要对自己负责。古代所谓的"天命"只有少数政治领袖才有，但是从孔子的"五十而知天命"开始，每一个人都有了自己的天命。天命包括命运和使命，每一个人活在世界上都是有命运的，也就是说有些遭遇是你不能选择的；但同时人也有使命，你可以去选择我要达成什么目标，使命是要对自己负责的。我们即使没有大的使命，也有自己的小的任务。否则如果只看一些大人物的大成就，大多数人要怎么去肯定自己生命的价值呢？

因此，每一个人都应该学习自我教育，认清自己的弱点，痛下针砭，务求改变。同时，我们要在工作中学习，即使是最微末的细节，也必须全力以赴。做好一件小事，远比做一件大事但做不好更有意义。我们在工作中成长，等到时机成熟，自然会有"天降大任"、担当大任的一天。

6.孟子之乐

一个哲学家必须经过双重验证，一方面是他的理论必须自圆其说，另一方面他必须过得快乐。否则，你讲了半天，别人实践起来很痛苦，吃不消，这样的哲学谁要念呢？谁念了谁倒霉。

孟子当过齐国的国策顾问，地位很高，受到许多诸侯的重视，但他毕竟没有机会来真正实践自己的仁政理想。有一次在周游列国的路上，孟子的学生问，老师，您好像有些不愉快的样子，您不是以前说过孔子那句话吗，“不怨天，不尤人”，为什么看起来还不开心呢？孟子说，我没有什么好不开心的。“夫天未欲平治天下也，如欲平治天下，当今之世，舍我其谁也？”（《孟子·公孙丑下》）是上天还不想让天下太平吧，如果想让天下太平，在今天这个时代，除了我还有谁呢？我为什么要不愉快呢？换句话说，孟子的快乐在于他有自信，相信你只要给我机会，我就可以让天下太平。但很多时候，不是你要做就有机会的。每一个国家都有各种复杂的利害关系，就算再好的学者，一旦妨害别人的利益，别人就不会给你机会。所以孔子周游列国不得志，孟子也一样。

做一个儒家的学者，有时候会因为理想太高，使得别人没办法相信你；或者即使让你去做，结果怎么样，别人也没有把握。表面上看，孟子很不得志，甚至学生也以为他不快乐，但他说出的那句话可谓豪气干云，非常自信洒脱。上天要治好天下，“当今之世，舍我其谁也？”读书人读到这句话，会觉得很有魄力。这就像孔子在匡被围住之后，他说：“天之未丧斯文也，匡人其如予何？”（《论语·子罕》）上天如果不想让我们的文化传统灭绝的话，匡人又能对我怎么样呢？表明孔子认为自己有天命，是文化的传承者。但是不要忘记，即使有这么高的理想，并且真的相信自己有把握做到，也需要等待时机的配合。时机如果不来，怎么办？好好从事教育工作，让这样的理想一代代传下去，希望将来有一天后辈的年轻人有机会实现。这是儒家学者的做法。但是，孟子真正的快乐是什么呢？

孟子曰：“万物皆备于我矣。反身而诚，乐莫大焉。强恕而行，求仁莫近焉。”

（《孟子·尽心上》）

孟子说：“一切在我身上都齐备了。反省自己做到了完全真诚，就没有比这个更大的快乐了。努力实践推己及人的恕道，就没有更近的路可以达到仁德了。”

“万物皆备于我”，宋朝学者解释这句话，在“万物”之后加了两个字，叫作“万物之理”，万物的原则道理在我心中都齐备了。说实话，这种解释太牵强了。如果万物之理在我心中都齐备了，也要等待时机，我才能够了解。譬如我没有见过飞机，但是飞机的原理在我心中，等哪一天我见到飞机了，这个原理就呈现出来了。这样讲好像孟子一天到晚都想着要去认知外在的一切。在我看来，是跟原意有差距的。

其实孟子说得很简单，“万物皆备于我”，就是我身上所拥有的一切已经足够了，什么都不缺。因为我的心有“四端”：恻隐之心、羞恶之心、辞让之心、是非之心。当这四种心扩大充实的时候，就像水开始流、火开始烧一样，自然就可以行善。行善而做到“反身而诚”，“诚”是我的心不受遮蔽及扭曲，可以内外如一，亦即完全做到了真诚，自然会感到最大的快乐。为什么呢？因为千言万语讲儒家，最后就是两个字：真诚。孟子说：“诚身有道，不明乎善，不诚其身矣。是故诚者，天之道也；思诚者，人之道也。”人只要真诚地反省自己，就会体悟到什么是善；同样，明白了什么是善，就能真诚地反省自己。真诚是天的运作模式，追求真诚是人的正确途径。因此在儒家思想里，“善”和“诚”经常是连在一起的。一个人如果能做到“反身而诚”，快乐就会由内而发，源源不绝。

最后一句“强恕而行，求仁莫近焉”。恕与仁的关系是：“恕”落实在人我之间，所以要推己及人；“仁”则出于对自己的要求，要响应那恒存的恻隐之心。这两者在根本上是不可分的。

孔子也有类似的说法，叫作“能近取譬，可谓仁之方也已”（《论语·雍也》）。“譬”是譬喻，将心比心，假如我是你，我会怎么办。一个人能做到推己及人，设身处地去关心别人，才能做到“己所不欲，勿施于人”。由此可知，孟子的快乐一方面来自他有自信，认为想要治好天下，当今之世，舍我其谁？另一方面，他能存养扩充自己与生俱来的向善之性，做一个真实的人，生命的快乐根源在内不在外。

第三部

老子的智慧

老子的道

圣人之道

治国之道

立身之道

阅世之道

第一章　老子的道

1.儒道之别

中国传统文化有两大支柱，一是儒家，一是道家。一般认为，儒家比较强调伦理学，重视道德修养；道家则强调智慧的觉悟和解脱。两者的不同，可以用三个简单观念来加以分辨。

第一，儒家以人为中心，强调人的社会性；道家不以人为中心，重视人的自然性。道家出现在春秋战国时代，当时是一个乱世，兵荒马乱，老百姓苦不堪言。当时的人必须思考的一个问题是：天下如此纷乱，如何才能化解？儒家采取的路线是在政治上改革，但道家认为，这种方式就像五十步笑百步，未必有效，在乱世里没有人可以幸免，想活下去，必须改变思维模式。

儒家的思考方式是以人类为中心，要从人的角度来设想，所以肯定我们要尊重及帮助别人，让人类社会可以永续发展。然而，以政治或教育的手段来改革人类社会，永远无法彻底成功，因为新一代不断出生，当旧的问题获得改善，又会有新问题出现，永无止期。并且，由少数人努力去帮助多数人，效果必然有限。因此儒家思想推行到最后，常会让大家感到很沉重、很疲乏。就算把这一代改革好了，也不知道下一代会变成什么样子。

道家看透了这一点，认为以人为中心去思考问题，最后必定徒劳无功，不如换一个角度，超越人类本位。而超越人类本位，首先必须顺其自然，尽量避免人为的造作，因为人为的造作越多，麻烦越多。譬如“法令滋彰，盗贼多有”（《老子·五十七章》），设定的法规越多，就有越多的人违法；相反，如果不定法令，自然没有所谓的违法问题，大家也可以过得更自在。又如：“天下皆知美之为美，斯恶已；皆知善之为善，斯不善已。”（《老子·二章》）定出真、善、美的标准以后，就会有不真、不善、不美出现；反之，如果还没有标准，每个人都可以开心自在，不用刻意做好事，因为没有所谓的好事可做，不用担心有没有面子，因为所要做的只是活着而已。所以，人世间的一切都是相对的，道家的思想是要我们设法排除人类本位的想法，敞开眼界与心胸，从整个宇宙来看一切。只有不受时间与空间的拘束，心灵才可能自由逍遥。

第二，儒家以“天”为至高存在，凸显历史背景；道家以“道”为至高存在，展现宇宙视野。任何一派哲学对于宇宙的真相或本体都必须有所论断。中国的传统思想是以“天”作为宇宙的最后根源。《诗经·大雅》说：“天生烝民，有物有则。民之秉彝，好是懿德。”古人称帝王为“天子”，更是充分证明“天”在古人心目中是至高主宰。儒家承前启后，继承了这一观念，把“天”当作最高存在。孔子两次遇到困境，都把“天”抬出来，如说：“天之未丧斯文也，匡人其如予何？”

道家则不同，道家以“道”代替“天”，“天”则被降格为和“地”并称，“天地”指的主要是自然界，自然界本身保持一种均衡状态，问题也远比人类社会少。然而，自然界虽然自给自足，毕竟不是最后的根源。道家认为宇宙最后的根源是“道”，“道生一，一生二，二生三，三生万物”（《老子·四十二章》），“道”孕育万物，是一切的起始与归宿；“道”存在于万物之中，却又超越万物，“独立而不改，周行而不殆”。由“道”取代“天”的地位，很多西方学者据此认为，道家才是中国古代最具革命性的思想。

第三，儒家期盼“天人合德”，从向善到择善到至善；道家则希望“与道合一”。“天人合德”的“德”是善的德行，亦即人要行善，要不断地修养德行。“与道合一”则代表人要成为有道者或行道者，觉悟了“道”，人的生命境界整个就不一样了。如何觉悟“道”？老子的方法是“致虚极，守静笃”，追求虚要到达极点，守住静要完全确实。“虚”是指排除各种感官欲望，“静”是指人不要有什么行动，能虚又能静，就能空，空了之后，“道”就会显现出它的光明。

过去认为，有三种人学习道家会比较有心得。第一种是年长的人，有了一定阅历，可说是饱经风霜、见多识广，对人生有了更为深刻的体验；第二种是失意的人，失意的人年纪不一定大，但一路倒霉，处于逆境，对于人生的体会比较复杂；第三种是非常聪明的人，从秦汉到唐宋，中国历代的文人，许多都喜欢道家，他们的作品所用的语汇，他们的生命所展现出的情调，与崇尚儒家的文人截然不同。像苏东坡在《前赤壁赋》提到的：“惟江上之清风，与山间之明月：耳得之而为声，目遇之而成色。取之无禁，用之不竭。”这显然是道家对大自然的欣赏，是敞开心灵与自然沟通，不像儒家主要界定在人的社会中。

但是，人活在这个世界上，也不能没有儒家作为指引，因为每一个人都是从家庭出发，然后进入社会，因而必须设法实践人与人之间适当的关系。如果离开儒家，可能会面临不知如何安顿自己，以及不知如何与人相处的问题。况且，如果大家都走道家的路，这个社会要交给谁来担当呢？由此观之，儒家和道家在社会的功用上，是有点分工合作的意味。

一个人如果喜欢不受约束，自由选择他的生活方式，他显然比较倾向于道家。因为儒家是让我们在社会上尽好自己的责任，重视道德修养，这容易让人觉得有压力。譬如孔子的“知其不可而为之”，明明知道理想不能实现，还要努力去做，这是很伟大、很悲壮的情怀。长此以往，难免会觉得“何必如此辛苦”呢？这时候，如果能让自己转个弯，从道家的角度来看待人生，让一切顺其自然，就会摆脱世上的许多烦恼和束缚，活得更为自在、潇洒和愉快。

2.《老子》第一章

道家思想的创始人是老子。关于老子的生平背景，现在还有许多情况没弄清楚。根据司马迁的说法，老子是楚国苦县厉乡曲仁里人，姓李，名耳，字聃。他是“周守藏室之史也”，负责管理文书档案，可以说是周朝的图书馆馆长。既然他的工作是管文书档案，一定受过高等教育，学问广博可想而知。

《史记》记载，孔子曾“问礼于老子”。老子对孔子说，不要一天到晚老是充满斗志想要成就功业，想着将来要如何如何，这样其实无益于自身，恐怕也不容易活得久；在社会上发展得好，将来难免有后遗症。孔子听了他的话，说：“吾今日见老子，其犹龙邪！”龙可以“乘风云而上天”，孔子认为老子的境界深不可测，高不可攀。

据说老子后来骑着青牛西出函谷关，准备隐居，半道被守关的官员拦下来，一定要让他留下几句话。老子连夜写成了《道德经》。当然，这是不可能的事，《道德经》不可能一夜写成。这本书到底是老子一个人写的，还是多人合作的，也还没有确定。但不管怎么样，老子开创了道家学派，在儒家之外，开辟了另一条更为宽广的道路。两者相比，儒家以较为积极的态度看待人生，从真诚出发，找到做人处世的原则，达成修养的目的，对自己、对社会都有正面的贡献。道家所强调的不只真诚而已，它更强调“真实”，亦即突破人类中心的格局，看到宇宙万物的整体性，从永恒和无限的层面观察世界，以无心的态度顺其自然。

《道德经》又名《老子》，全书八十一章，五千余字，历代以来对它的注解之书却汗牛充栋，不知凡几。在中国文化经典中，《老子》也是被译为西方文字最多的一本书，译文达两百余种，连俄国的文豪托尔斯泰和德国的大哲海德格尔都翻译过《老子》。可惜海德格尔不懂中文，只翻译了前八章就译不下去了，因为中国学者给他的解释，每个人都不一样，最后只好不欢而散。

学习道家思想，先要理解什么是“道”。《老子》第一章说“道，可道，非常道”，许多人念到这六个字，就念不下去了，大家都晕了。到底什么是“道”呢？先看原文：

道，可道，非常道；名，可名，非常名。无名，万物之始；有名，万物之母。故常无欲，以观其妙；常有欲，以观其徼。此两者同出而异名，同谓之玄。玄之又玄，众妙之门。

（《老子·一章》）

道，可以用言语表述的，就不是永恒的道。名，可以用名称界定的，就不是恒久的名。名称未定之时，那是万物的起源；名称已定之后，那是万物的母体。因此，总是在消解欲望时，才可看出起源的奥妙；总是在保存欲望时，才可看出母体的广大。起源与母体，这两者来自一处而名称不同，都可以称为神奇。神奇之中还有神奇，那是一切奥妙的由来。

翻译成白话文，意思还是很深奥。首先，“道”是老子的核心概念，所代表的是究竟真实。“道”在文言文里，也有“说”的意思。“道，可道，非常道”，人的言语所能表述的，都是相对真实，亦即充满变化的事物；因此，永恒的“道”是不可说的。讲完这句，老子紧接着说“名，可名，非常名”。“道”后面为什么立刻要讲“名”呢？答案很简单，因为是人在思考，人思考需要名称，这是人类生命的特色。对人来说，一样东西的存在，是从它有名称开始的，没有名称等于它不存在，不是真的不存在，而是人的思考无法运作。“名以指实”，名称用来指涉真实之物，其作用为符号或象征，因此有调整或改变的空间。所以，针对永恒的“道”，“名”只能说是恒久的，两者不在同一个层次，而且名称一经界定落实，就成为相对的名了。

名称未定之时，无名是万物的始源，是思想无法企及的阶段；名称定了之后，有名是万物的母体，“母”表示有母必有子，万物就跟着出现了。譬如今天在山里发现一种从没见过的动物，还没取名字，问你那是什么动物，你只能说是“那种动物”，不能说是什么动物，因为它还没有名字。假设给它取名为“熊”，“熊”这个名称出现之后，才能用来指具体的这只熊或那只能。“名”与“万物”是同时出现的母子关系。

“故常无欲，以观其妙”，人在没有任何欲望、没有任何主观成见的时候，才可以是什么就看见什么，才能了解起源的奥妙。这句是针对“万物之始”说的。“常有欲，以观其徼”，“徼”指母体广大的范围，母体是可以生生不息、衍生万物的。“有欲”才能看到“有名”造成的万物到底有多大。这句是针对“万物之母”说的。譬如我想要知道狗的能耐，要安排各种情况来测试，了解它可以听到多远的声音，看到多远的景观。这就叫“常有欲，以观其徼”，等于万物的作用，需要人的介入才能了解。人如果完全“无欲”，注意力会没有焦点，“有欲”才会想知道万物有什么限制、范围多大，才能了解得比较正确。

“无欲”和“有欲”都是针对人的意志欲求而言。很多人质疑，老子怎么可能主张“有欲”呢？事实上，“欲”随“知”而生，有“知”就有“欲”。老子反对的是一般老百姓偏差的知所带来的偏差的欲，所以希望老百姓无知无欲；但不要忘记，老子本人或是他所谓的圣人、有道者、悟道者这些人，他们有正确的知，也会有正确的欲。因此，“有欲”并不一定是坏事。

“此两者，同出而异名，同谓之玄”，此两者指“始”与“母”，起源和母体，它们的“名”虽不同而来源相同，都源自神奇的“常名”，常名再往上推溯，就是玄之又玄，作为众妙之门的“道”了。《老子》第一章的内容是老子一生仰观俯察，了解宇宙人生道理的心得。

他首先提出“道”这个核心概念，指出“道”代表的是“究竟真实”，而人类语言和文字所表述的都是相对真实。然后，“名”衍生了万物，有了名称，人类的思想才能开始运作。接着讲到“无名”“有名”，针对人的理智；“无欲”“有欲”，针对人的行动。你有欲望，才会有某种行动，想要认识这个世界。但最后目的都归结到要欣赏“道”的奥妙。如此解读，则全章首尾相应，层次井然。《老子》全书的后续各章皆依次充分发挥其理。

3.道是什么

“道”是什么？这是一个大哉问。千古以来，恐怕没有人能用几句话就把它说清楚。老子谈到这个问题时的描述非常特别，可以说是充分表现了古人的哲学智慧。他说：

有物混成，先天地生。寂兮寥兮，独立而不改，周行而不殆，可以为天下母。吾不知其名，强字之曰道，强为之名曰大。大曰逝，逝曰远，远曰反。

（《老子·二十五章》）

有一个浑然一体的东西，在天地出现之前就存在了。寂静无声啊，空虚无形啊，它独立长存而不改变，循环运行而不止息，可以作为天下万物的母体。我不知道它的名字，勉强叫它作“道”，再勉强命名为“大”。它广大无边而周流不息，周流不息而伸展遥远，伸展遥远而返回本源。

这段话的意思非常丰富。首先，“道”在天地之前就存在；其次，“道”可以作为天下万物的母体。也就是说，“道”是使天地万物可以存在、出现的力量。“道”有什么特色呢？老子说了两句话：独立而不改，周行而不殆。“独立”代表它是唯一的，旁边没有任何其他东西，因为它本身是一个绝对的整体，是“究竟真实”；“不改”是不会因为任何缘故而发生变化，等于“道”从开始到现在，没有任何增加或减少。“周行而不殆”是说“道”遍布我们所见的万物，到处都有“道”，它周流循环运行，好像春夏秋冬四季循环一样，永远不会停下来。

“道”的这两点特色很值得我们思考。为什么呢？西方哲学谈上帝有一个基本原则，自因——自己是自己的原因，这就是上帝。我们所见的万物都是“他因”——需要其他的东西作为原因。譬如我们都是父母所生，父母就是我之外的原因，所以我是“他因”。那父母又是怎么来的？由父母的父母把他们生下来。这样一环一环问下去，到最后宇宙万物都有别的东西做它的原因。“他因”有开始，那个因素就是开始，有开始就有结束。假如没有因素使自己开始，那就是“自因”，一定永远存在。“自因”只有一个，在西方称为上帝，在老子来说就是“道”。上帝之前没有东西存在，“道”之前也没有东西存在。“道”就是那个根源的、自己是自己的原因。

后来的庄子对老子的想法很了解。庄子讲到“道”时，用了一个词，“自本自根”，自己作为本源，自己作为根本，跟西方讲上帝是“自因”，意思完全一样。《圣经》记载，摩西带领犹太人出埃及，他到西奈山上去祷告，这时上帝现身，显示为荆棘丛着火了，但是并没有被烧毁——上帝的示现跟一般自然现象当然是不同的。摩西问：“你是谁？告诉我，我才好对百姓说。”上帝说：“我是自有永存者（I am who I am）。”意思是：我就是一直如此，我就是原先所是的；亦即上帝不可能有过去或未来，他是永恒的。《圣经》里的摩西和中国的老子互不相识，为什么谈的东西会类似呢？因为凡是人，顺着思想的要求，就非有这样的结果不可。

宇宙万物从哪里来？我从哪里来？以前没有我，以后也没有我，那我到底存在吗？笛卡儿说：“我思，故我在。”但他接着就说：“我在，故上帝在。”我凭什么存在？这是不是个幻觉？要想证明我的存在不是幻觉，只有一个办法，就是找到一个存在的根源，亦即证明使我存在的那个力量。但那个力量本身不能是别的东西使它存在的，而必须是自己使自己存在的，这样我才有真的保障。人类在思考宇宙万物的变化，想要找到一个根源时，最多只能到这个程度。当然，如果你主张没有根源，那是另外一回事；但只有你主张有根源，才能够解释这个世界为什么充满变化，而不至于是完全虚无的。

道家为什么出现？老子的时代比孔子稍微早一点，是春秋末期的天下大乱时期。那个时代出现了一种思想危机，叫作“虚无主义”。很多人认为，活在这个乱世中，反正最后会死，我何必忍受这些痛苦呢，晚死不如早死。所以很多人自杀，很多人杀人，战争变成普遍的现象。这时候人会问，难道人活着只是为了死吗？人生有什么意义呢？老子的思想表面上很冷静，内心却非常热忱。他担心人类陷入虚无主义的困境，因此在体验到这种智慧之后，不忍独享，说出来告诉大家，不要怕，人的生命，宇宙万物的存在，虽然充满变化，有生老病死，但最后是有根源的，这个根源就是“道”。为什么呢？道理很简单。如果没有“道”做最后的基础，这一切由何而来又往何而去？这一切变化是为了什么呢？在某一个时空某一种条件下，我们曾经存在过，既然存在过，就有存在的理由和目的。所以“道”的存在太重要了。西方哲学为什么喜欢谈上帝或存在本身？因为你不能忍受只有光是变化的世界。如果我们所见的人生只是变化到最后，结束了没有了；如果万物再过一百亿年之后，整个消失了没有了，那我们真的要问，何苦过这一生呢？这一生到底要做什么事呢？做与不做又有什么差别呢？做成了和没做成，对这个世界又有什么影响呢？如果最后是一个非常悲凉的结论，这是我们不能够接受的。所以“道”的存在，虽然没有人可以证明，却是非存在不可的。老子说，我不知道它的名字，勉强叫它作“道”，再勉强称它为“大”。“大”得不是你用感觉或理性所能掌握的。《庄子》开篇就写了一个大鹏鸟的寓言，说：“鲲之大，不知其几千里也。化而为鸟，其名为鹏。鹏之背，不知其几千里也；怒而飞，其翼若垂天之云。”庄子为什么这样写？就是要让这只鸟“大”到你不能想象。人能够思考想象的东西都是有限的，“道”却是超越言说，超越你的思考想象的不可思议的东西。

老子说“道”广大无边，周流不息，伸展遥远，最后再返回根源，还是一个整体，这个整体就是“道”，也即宇宙万物变化的根源。宇宙万物会消失，“道”永远存在。人的生命只有一个目的，就是在你活着的时候，好好珍惜机会，开发智慧的潜能，觉悟到什么是“道”，觉悟到我的生命不是白白来这一遭的，是有一个根源和基础的，应该设法跟“道”去结合的。“与道合一”之后，会觉得我们的生命就像一滴水融进了大海，永远不会干涸。

4.道与自然

提起“自然”，很多人会想到自然界。但“自然”一词在《老子》一书中出现五次，没有一次指自然界。“自然界”老子用四个字来形容：天地万物。换句话说，天地万物就是大自然。而老子所说的“自然”，是指自己如此的状态，自己本来的样子。

希言，自然。故飘风不终朝，骤雨不终日。孰为此者？天地。天地尚不能久，而况于人乎？

（《老子·二十三章》）

少说话，才合乎自己如此的状态。所以狂风不会持续吹一个早上，暴雨不会持续下一整天。是谁造成这样的现象呢？是天地。连天地的特殊运作都不能持久，何况人呢？

“希言”是少说话。很多话保留不说，不但对别人没有损失，说不定还可以减少困扰。西方有一句民谚：“话说得愈多，误会愈深。”不说话反而没有误会。最好的辩论是沉默，一句话不说，反而口才过人。口若悬河，话如流水，有时却比不上沉默的力量。有个小故事，某个老太太一天到晚不说话，别人问她为什么，老太太回答说：“我小时候就知道一件事，一个人活在世界上说的话有个限度，把话全部说完就死了。”

“自然”，就是自己如此的状态。后面讲：“而况于人乎？”何况人呢？代表说话是人特殊的一种能力，少说话，才合乎自己如此的状态。为什么呢？因为“飘风不终朝，骤雨不终日”，狂风不会吹一个早上——老子显然没到过台湾，台湾台风来时，恐怕能吹两天；暴雨不会下一整天——其实也可能下一整天，但不管怎样，狂风不会一直吹，暴雨不会一直下，说明什么？狂风暴雨是天地造成的现象，天地是比人更高的层次，天地造成的现象都不能持久，何况是人呢？老子认为，任何现象在自然界里出现，一定是平常的、稳定的最持久，狂风暴雨是特殊现象，特殊现象都不能持久；因此人的一切也应该维持在一种平常、平淡、平凡的状态，做任何事都不要有超越常规的行为，才能够真正持久。

那么，“道”与“自然”又是什么关系呢？《老子·二十五章》有所论及，这也是全书最为关键的一章。

故道大，天大，地大，人亦大。域中有四大，而人居其一焉。人法地，地法天，天法道，道法自然。

（《老子·二十五章》）

所以，道是大的，天是大的，地是大的，人也是大的。存在界有四种大，而人是其中之一。人所取法的是地，地所取法的是天，天所取法的是道，道所取法的是自己如此的状态。

这段话非常深刻。老子首先提出四种“大”，大代表人无法想象，无法用理智或感觉去把握。道是大的，没有问题；天、地很大，也没问题；但人大在什么地方呢？顶多身长七尺，稍微胖一点而已，有什么大呢？这里的“人大”，是因为人有一种内在的潜能，可以提升到领悟“道”的程度，这种智慧的力量是大的。因此，存在界有四种大，人在其中是一种，老子对人的肯定由此可见。

接下来四句话比较难懂。首先，“人法地”。人活在地上，地上生长五谷蔬菜、水果等物产，人要按照“地”所提供的生存条件活下去。俗话说“靠山吃山，靠海吃海”，我住在山上，就从山里取得各种生活资源；住在海边，就从海里获得生存资源——人活在地球的任何一个地方，都要从周围地理环境所给予的生存条件中取法，才能够活下去，这叫“人法地”。接着，“地法天”。地指地理，天指天时，也就是春夏秋冬。地上万物的生发和成长，要靠春夏秋冬来配合，靠季节及风、雨、雷、电的相互配合，风调雨顺，才能够自然生长。一个地方如果雨水多，草木就茂盛；雨水少，就变成沙漠。这叫作地理环境受到天时的影响。至于“天法道”，因为天时也有规则，天也需要来源。“道”的解释之一就是规则。天所取法的是道，最根本的规则是要保持平衡，保持常态，保持恒久。

此三者，“人法地”，可以保障人的生存，并学习合宜的生活法则；“地法天”，地理要受到天时的影响；“天法道”，等于是让天有个最后的依靠。最后，“道法自然”，问题来了。有人把这句话翻译成：“道”所取法的是自然界。但是天和地就是自然界，人法天地，天地法道，道又回过头来法天地，这不是循环论证吗？所以道所取法的“自然”是自己如此的状态。也就是说，宇宙万物连人在内，只要维持自己如此的状态，没有任何额外的意念和欲望，连“道”也要向你取法。当然，老子这么说，并不是“道”真的要取法谁，因为“自己如此的状态”也来自“道”——无为，什么都没做，但是无为而无不为，到最后所有该做的都做完了。任何事物若是保持“自己如此的状态”，就是与“道”同行。

5.道生万物

《老子》一书中，有六章专门谈“道”，分别为：第一、第四、第十四、第二十一、第二十五、第四十二章。完全明白这六章，不仅能够掌握道家思想的核心，也可以懂得人类智慧的最高境界。

道生一，一生二，二生三，三生万物。万物负阴而抱阳，冲气以为和。

（《老子·四十二章》）

道展现为统一的整体，统一的整体展现为阴阳二气，阴阳二气再交流形成阴、阳、和三气，这三气再产生万物。万物都是背靠阴而面向阳，由阴阳激荡而成的和谐体。

这段白话翻译，有些人觉得好像和原文有落差。原文念起来朗朗上口，“道生一，一生二，二生三，三生万物”，没有翻译的那么复杂。

但不要忘记底下那句话“万物负阴而抱阳”，这就给前面的“二”找到了答案，阴和阳是“二”，道当然是“一”，因为道是统一的整体。但是“道生一，一生二，二生三”的“生”不是产生，而是展现、形成。《易经·系辞传》里提到，“《易》有太极，是生两仪，两仪生四象，四象生八卦”。这里的“生”也是展现的意思。“三生万物”的“生”才是产生的意思。

“道”本来是一个整体，只有它存在，“独立而不改”；其他的东西都不存在，它们需要从“道”获得“德”，才能存在。所以“道生一”等于“道”展现为一个统一的整体。统一的整体展现为阴阳二气，亦即“一生二”。古人认为，万物的形成有两种力量，阳气代表主动力，阴气代表受动力，这两种气构成了“二”。“二生三”，“三”代表阴气、阳气，以及两者交流互动形成的“和”气。这个和气，不是“和气生财”的和气，而是一种和谐的状态。任何一样东西的存在，都是某种成分的阴阳配合形成的和谐体，阴性多一点，叫作雌性；阳性多一点，叫作雄性。譬如一座山，如果山代表阳，山谷就变成阴。宇宙万物皆分雌雄。我们可以利用阴阳的原理来解释所有现象，但并非是纯粹的阴或纯粹的阳。俗话说“孤阴不生，独阳不长”，只有一个阴，没有办法生；只有一个阳，也没有办法长。这是宇宙变化的道理。因此，阴、阳、和三气，“三”才产生了万物。

“万物负阴而抱阳”是讲阴阳两种条件都具备了，再“冲气以为和”，把阴阳二气调和到一种和谐的状态。宇宙万物只要存在，一定是某种阴阳力量处于和谐的状态；否则立刻毁灭，不能存在。举例来说，一株小草，生长时是和谐体，枯萎时也是和谐体。龚自珍说：“落红不是无情物，化作春泥更护花。”一朵花枯萎之后化作春泥，保护下一朵花，当它化成春泥的时候，也是一个和谐体。

这几句话向来被视为老子的万物生成论，也即从“道”这个源头讨论宇宙万物是如何生成的。这种说明在古代西方也尝试过，但是从来没有说清楚。为什么？因为人类活在世界上的时候，这个世界早已存在不知道几十亿年了，你怎么去说清楚宇宙是怎么形成的呢？所谓“井蛙不知天大，夏虫难与言冰”，人类要说明“宇宙生成”或“万物生成”，只能靠推理，靠一种合理的想象。老子给出的答案是“道”，然而“道”本身又是不能说的，“道，可道，非常道”。“道”本身如何我们不清楚，却勉强说“道”，一说“道”就与“道”不一样了。

《老子·五十一章》也提到“道生之”的问题：

道生之，德畜之，物形之，器成之，是以万物莫不尊道而贵德。道之尊，德之贵，夫莫之命而常自然。

由道来产生，由德来充实，由物质来赋形，由具象来完成，因此万物无不尊崇道而重视德。道受到尊崇，德受到重视，这是没有任何命令而向来自己如此的。

“道生之”，宇宙万物由“道”生出，“道”是宇宙万物的根源。“德畜之”的“德”与一般所谓的“仁义道德”无关。道家的“德”是获得的“得”。也就是说，任何东西只要存在，就是获得了“道”的支持，“道”赋予它一种力量，使它可以成为这样东西，而这样东西本身具有某种本性或禀赋。譬如它作为树就是树，作为草就是草，不能随便改变，这种本性或禀赋是“道”赋予它的，亦即其“德”。

“物形之”，是指由形以见物，有物才有形；有一物之形，则不能有他物之形。“器成之”的“器”指具体的万物，也是我们感觉及思考的对象，亦即万物最后由具象来完成，因为任何一样东西呈现出来时，都是具象。“道”受到尊，“德”受到贵，正好反映了万物接受存在与肯定存在的客观事实；“自然”是自己如此，非由外力。也就是说，宇宙万物只要存在，就是在“尊道而贵德”，无法选择要还是不要；只要存在，就表示道的力量在支持；只要存在，就表示万物的禀赋（德）在运作，这就是“夫莫之命而常自然”，没有任何命令，而是向来自己如此。

6.悟道之法

学习道家，一定要掌握方法。我记得我第一次到北京西单图书大厦做演讲，讲完了有位穿道士袍的先生问我，研究道家的方法是什么？我说《老子・十六章》就有标准答案。事实上，许多道教人士今天还从这一章里寻找他们修行的一些引导。

致虚静，守静笃。万物并作，吾以观复。夫物芸芸，各复归其根。归根曰静，静曰复命。复命曰常，知常曰明。

（《老子・十六章》）

追求虚，要达到极点；守住静，要完全确实。万物蓬勃生长，我因此看出回归之理。一切事物变化纷纭，各自返回其根源。返回根源叫作寂静，寂静叫作回归本来状态。回归本来状态叫作常理，了解常理叫作启明。

这段话开头的两个字就是标准答案：第一是“虚”，第二是“静”。虚之后，能空能明；静之后，能安能观。虚有什么好处呢？譬如一只杯子，空的时候代表虚，这时它可以装进任何东西；相反，如果杯子里装满了水，别的东西，如咖啡、酒，就装不进去了。追求虚，等于要把一个人内心里的各种杂念、欲望、幻想化解掉，化解之后，让心空了，才能得到一种新的启发。《庄子・人间世》说得好，“虚室生白”，空的房间显得亮；相反，如果房间里塞满了东西，再亮的灯光也没有用，因为到处都有阴影，光亮根本显示不出来。人也是一样。如果你想得到智慧，就要慢慢去掉内心的各种欲望，去掉之后，心中空了，空才能灵。所谓“虚灵不昧”，一个人的内心虚了就空，空了就“明”，“明”是什么都能照见，像镜子一样，不被遮蔽。反之，如果内心充斥着各种世俗的念头，怎么可能觉悟呢？庄子说：“其耆欲深者，其天机浅。”这里的“天机”不是“天机不可泄露”的天机，而是一种自然的领悟能力。如果一个人的嗜好和欲望太多，他再怎么聪明，也很难觉悟；而有些人悟性很高，是因为他没什么欲望，心中像镜子一样，看到什么立刻觉悟。

其次，要静。一个人要思考，首先要安静下来；不能静下来，再好的道理讲了也听不进去。庄子讲过一个有趣的比喻，说有一个人很害怕自己的足迹和影子，怎么办呢？拼命地跑，想避开足迹，逃开影子，跑到最后累死了。为什么？因为你跑得愈快，足迹愈多，影子愈跟得紧；但是如果你走到树荫之下，安静下来，足迹就不见了，影子也没有了。所以，一个人的心能静下来，才能安定，安定之后才能“观”，“观”就是看得清楚。由此可以看出万物的回归路线，“万物并作，吾以观复”，“复”是回归的路线。道士修行的地方叫“道观”，道观的“观”就来自这里。也就是说，智慧的觉悟要通过观察，观察之后才能觉悟。所以“观”是道家的特色，儒家的特色则是修德行善。

到底觉悟了什么呢？他看出了回归之理，也即一切事物不论如何纷纭变化，最后都要各自返回它的根源。这是很重要的观念，所有变化都要回到根源。譬如我们的生命慢慢成长，老了之后，“返老还童”，等于又回到当初童年的状态。草木也是一样，花草树木一直往上长，长到最后，花落归土，叶落归根，都回到根源——泥土里面。亚里士多德说过：“循环的圆是最完美的运动，它的终点和起点合而为一。”

“归根曰静，静曰复命”，“复命”是回归本来状态。“命”对人而言，是指既定的条件、无可奈何的发展以及最后的结局。譬如生下来是男还是女，这对人来说是既定的条件，是“命”。对“物”（一切事物）而言，“命”是指本来状态和最后归宿。老子认为，本来状态无异于最后归宿，也就是“静”。一切都归于寂静，回归本来状态，这是恒常的道理。亦即宇宙万物不要有人为刻意的造作，让它回归本来状态。有人说，这怎么可能呢？人活在世界上，怎么可能没有一种构想或意图，去达成某些事情或计划呢？你可以有，但不能要求非达成不可。老子的观念叫作“无心而为”，我做我该做的事，但不要有刻意的目的，一切顺其自然。因为所有事情都是因缘和合，条件、时机到了，自然会出现这样的结果；条件、时机不到，就不要去勉强。

最后，了解了常理，就是“明”（启明）了。“明”代表光明，内在产生觉悟，获得解脱和超越的智慧。也即从“道”来看这个世界，看到的一切将不再是以前所见的狭隘范围，心胸自然立刻开阔起来，人生的境界从此不同。“明”（启明）是老子对人的最高期许，并由此建立了道家的修行目标。

7.自足于道

“为学日益，为道日损。损之又损，以至于无为。”这是老子的名言。意思是如果你追求学问，每天要增加一点。譬如每天到图书馆去看书，要不然每天看二十分钟书也是可以的，只要每天坚持，每天增加，学问一定愈来愈好。但是你如果想要觉悟什么是“道”，就要每天减少一点。减少什么呢？减少可多可少的相对知识、积非成是的世俗偏见，以及个人特有的各种欲望，最后达到无知、无欲、无求的地步。因为这些东西，包括名声、地位、权力、财富，往往只是增加了你的外在，减少和去除它们，才能帮你回归到自己本来的状态。

《老子》里还有一段话也提到类似的想法：

绝学无忧。唯之与阿，相去几何？美之与恶，相去若何？人之所畏，不可不畏。荒兮，其未央哉！……众人皆有以，而我独顽且鄙。我欲独异于人，而贵食母。

（《老子·二十章》）

去除知识就没有了烦恼。奉承与斥责，相差有多少？美丽与丑陋，差别有多远？众人所畏惧的，我也不能不害怕。遥远啊，差距像是没有尽头！……众人都有所施展，唯独我顽固又闭塞。我所要的，就是与别人都不同，重视那养育万物的母体。

“绝学无忧”意即去除知识就没有了烦恼。这句话不适合给一般学生看。学生一看，这太好了，只要不上学，就没有烦恼了嘛。但这里的“学”指的不是一般的学习，而是有心学习的各种知识。因为有知就有欲，世人的“知”用在区分各种价值，但这种区分往往带来烦恼。而且学无止境，《庄子·养生主》说得好：“吾生也有涯，而知也无涯。以有涯随无涯，殆已。”生命是有限的，知识是无限的，用有限的生命追求无限的知识，那是很累的，即使你再怎么辛苦，也无法达到目的。

“唯之与阿，相去几何？”“唯”即“是的”，听长辈说话的时候，年轻人要“唯”，我们现在还说“唯唯诺诺”；“阿”是长辈对晚辈、老板对下属说话的口气。皇帝很少说“唯”，都是别人说“唯”，皇帝就“阿”，喉咙里发出一点声音。所以“唯”代表尊敬，“阿”代表傲慢。“唯”和“阿”在此处做“奉承”与“斥责”解。被别人称赞、奉承，以及被别人批评、斥责，这两者的差别有多少呢？哪一个人不是对底下的人“阿”，对上面的人“唯”？所以不要太计较。

“美之与恶，相去若何？”“恶”在古代多指丑陋，尤其是跟美放在一起。美和丑是相对的，要看谁在欣赏，谁来判断。譬如我们觉得某某小姐很美，要是到了非洲长颈族，他们一定认为她很丑，为什么？脖子太短了。所以美和丑的标准是不一样的，也不要太计较。

“人之所畏，不可不畏。”别人畏惧的，我也要畏惧。换句话说，你最好不要跟人说，你们怕的我不怕，这种标新立异的话只能给你带来困扰。

“荒兮，其未央哉！”“荒兮”指遥远、没有尽头；“未央”是还没有结束、无尽的意思。老子感叹说，我跟别人的差距像是没有尽头啊。一般人在世界上都接受相对的价值观，追求名利、权位，看见谁风光就很羡慕、崇拜。这是一般人的标准，但是我不同。老子把悟道者称为“我”。我因为领悟“道”，珍惜“道”，懂得以“道”的眼光来看待世界，所以我与一般人的差距很远。

“众人皆有以，而我独顽且鄙。”“以”是“用”，别人都有用，很有本事，可以发挥才干，只有我顽固又闭塞。接下来这句话很重要，“我欲独异于人”，可见老子并不反对有“欲”。没有人活在世界上是没有欲望的，欲望来自认知，有知才有欲，只是这个“欲”一定要加以分辨。老子认为一般老百姓的欲是有偏差的，因为他的知有偏差，所以老百姓最好无知无欲。而圣人，也就是悟道者，也是老子自己，他的欲是没有偏差的，因为来自正确的知。

老子说，我所要的，和别人不一样。别人表面上开开心心，很愉快，要什么有什么；我看起来好像笨笨的，什么都没有，但是我所要的是养育万物的母体。“母”就是“道”，老子说“道”像母亲一样生出万物，所以万物没有贵贱之分，因为都来自“道”。我跟别人不一样是因为我和“道”在一起，好像我们说的“和光同尘”，我外表跟你们同化，我内心不会变化，为什么？因为我和“道”在一起，我和我的母亲在一起。就像一滴水和海洋在一起，永远不会枯竭；如果离开了海洋，太阳一晒，就干了，风一吹，就没有了。所以“自足于道”，跟自己生命的本源结合，是老子一个基本的观念。

第二章　圣人之道

1.自我反省

《老子》其实是一本难解的书，理解这本书的关键词有两个：一个是“道”，一个是“圣人”。老子所说的“圣人”和儒家的“圣人”不同。儒家的圣人强调的是德行修养达到最高的境界，展现出伟大的效果，所谓“化民成俗”，“大而化之之谓圣”。他们的圣人往往是古代的圣王，或是一些重要的大臣，是身先天下，为百姓谋福利者。道家则不同，圣人在《老子》里指的是悟“道”的统治者。成为圣人有前提：第一，他必须悟“道”，悟“道”之后才能成为道家的圣人；第二，他必须是统治者，非统治者的话，效果表现不出来。道家的圣人智慧都特别高，所表现出来的作为也是一般人难以想象的。

《老子》一书八十一章，有二十四章提到“圣人”，另外还有“我”“吾”“有道者”这些类似的概念，合计起来，共占了四十章——全书的一半，可知它的分量了。圣人有什么秘诀呢？首先是要自我反省。

知不知，尚矣；不知知，病也。圣人不病，以其病病。夫唯病病，是以不病。

（《老子·七十一章》）

知道而不自以为知道，最好；不知道而自以为知道，就是缺点。圣人没有缺点，因为他把缺点当成缺点。正因为他把缺点当作缺点，所以他没有缺点。

这段话有二十六个字，出现七个“病”字。“病”指缺点，不是生病的意思。生病是身体发生了状况，缺点指人的言行。为什么“病病”可以“不病”？有一句俗话“久病成良医”，许多人身体健康，没生过病，一生病就一命归西了；反之，把病当成病，才会小心对付它。圣人之所以没有缺点，因为他把缺点当成缺点，自然会设法避开或加以弥补。一般人缺点为什么多呢？因为他不把缺点当缺点，甚至找了各种借口理由来掩饰，到最后缺点愈来愈严重，一辈子也改不了。

缺点是什么？“不知知”，不知道而自以为知道。我们一般人都容易犯这个毛病，太过主观，带有成见，不容易认可别人的想法。譬如我打开电视看见某些人在谈话时，马上转换频道，因为觉得他讲的话很没道理；事实上多听几次会发现，他也有他的理由。不过，我也有我的立场，对我有利的话我才苟同。同样一件事，往往只看到对自己有利的一面，然后专从负面去批评别人，而别人也采取同样的方式来对付你，搞到最后大家都很辛苦，天下也难免混乱了。

圣人却是“知不知”，知道了却不自以为知道。因为我所知道的恐怕只是事物的某一部分、某一侧面、某一阶段而已，不自以为知道，就会不断上进。莎士比亚说：“愚者总以为自己聪明，智者却知道自己愚昧。”真正有智慧的人会觉得自己无知，这样他才会不断学习，获得新的知识。苏格拉底说过一句话：“我只知道一件事，就是我一无所知。”此话一出，整个雅典黯然失色。这件事的缘由是苏格拉底的学生去求问阿波罗神：雅典谁最聪明？得到的答案是苏格拉底。苏格拉底认为一定是神弄错了，所以带着学生去访问各界名人，包括政治领袖、文艺界的诗人、科学界的专家等。最后他明白了，他说：“为什么神认为我最聪明呢？因为所有的人里面，只有我知道一件事，那就是我一无所知。”换句话说，所有的人连自己不知道都不知道，只有苏格拉底知道自己不知道，所以他最聪明。这是苏格拉底的自知之明。

因此，真正的知识来自“我知道自己不知道”，然后才会开始有真正的了解。像孔子说的“知之为知之，不知为不知，是知也”，最后那个“知”是明智的意思；知道就是知道，不知道就承认不知道，实事求是才是明智的。所以，圣人如果有什么秘诀，第一个秘诀就是能够自我反省，把“不知道而自以为知道”当作缺点，避免犯这种错误。

2.被褐怀玉

圣人的另一个特点是“被褐怀玉”，外表穿着粗布衣裳，内里却怀揣美玉。这个词可以代表老子的“圣人”在大众心目中的形象。

吾言甚易知，甚易行。天下莫能知，莫能行。言有宗，事有君。夫唯无知，是以不我知。知我者希，则我者贵。是以圣人被褐怀玉。

（《老子·七十章》）

我的言论很容易了解，也很容易实践。天下人却没办法了解，也没办法实践。言论有宗旨，行事有根据。正是因为无知，所以不了解我。能了解我的很少见，能效法我的很可贵。因此，圣人外面穿着粗衣，怀里揣着美玉。

老子说我的言论很容易了解，也很容易实践。什么样的言论呢？减少欲望。不要有过度的欲望，知足知止，一切顺着本性和禀赋去发展，一切回归到自己如此的状态；你所做的，只是“无心而为”与“无所作为”，由此延伸出柔弱、顺从、不争的表现，确实可以说是易知、易行。可惜，减少欲望很少有人能做到，许多人一辈子都陷于欲望的追逐之中，但得到之后会快乐吗？不一定。譬如我们经常有一些执着，看到好东西就想据为己有，得到之后却弃之如敝屣毫不在乎；隔一段时间又会出现更想要的东西，心态一直处于变化之中，饱受不安定之苦。反之，如果能与根源结合的话，世界上就没有什么东西是非要不可的了，世间的一切荣华富贵好像《庄子》寓言里提及的“如观雀、蚊虻相过乎前也”，看着鸟雀、蚊子从眼前飞过，根本不放在心上。

现代人对“道”太陌生了，不仅遗忘了“道”，连“德”（本性与天赋）也一并迷失了。社会上许多人以“德”为工具去换取外在短暂的利益，即使成功了，也是不可替代的失败，因为他的所作所为完全背离了“道”。所以老子感叹说，天下没有人可以了解，也没有人可以实践。当然这句话说得过于夸张了，至少老子之后，庄子做到了。像孔子说：“吾未见好德如好色者也。”其实他的学生颜渊就能做到。颜渊怎么可能喜欢美色超过美德呢？不可能。老子和孔子这么说，是为了强调它的重要性，不要去计较这么说合不合逻辑。

“言有宗，事有君。”说话要有宗旨，做事要有根据。这六个字可以当成座右铭。人年轻的时候，经常意气用事，说话时常不假思索脱口而出，往往对人对己造成伤害。说话有宗旨，也指言简意赅，不要说废话，和别人相处才不会产生太多困扰。“事有君”，做任何事都有根据，有原则。人做一件事必定有其道理，而不是非这样做不可。如果可以选择这样做或不这样做，就表示没有理由非这样做不可，那么他人也不妨有他人的做法。

老子的言论宗旨在于为世人展示“道”，而他的行事原则是保存天赋之“德”。“道”是视之不见，听之不闻，搏之不得的，当然很难理解。不理解“道”，就容易忘记万物的起源及归宿，困陷于人间相对的价值观中，做徒然无谓的挣扎，并在最后留下各种遗憾。所以老子说，能了解我的很少见，能效法我的很可贵。最后，他说出四个字“被褐怀玉”，圣人的外表和平常人一样，好像很平凡，没什么特别，但他的内在不同凡响，怀揣着一块美玉——智慧，只是不轻易显露出来，免得被不识货的人糟蹋了。

这句话很深刻，耶稣在《圣经》里说："你们不要把圣物给狗，也不要把你们的珠宝投在猪前，怕它们用脚践踏了珠宝，而又转过来咬伤你们。"什么意思呢？宗教里的很多教义是很珍贵的，不要轻易对别人说；如果轻易地说了，可能会引来别人的嘲笑或侮辱；向没有准备好的人宣传教义，往往会招来一些轻慢的话。所以"圣人被褐怀玉"，我们有什么珍宝或心得的时候，不要急着让他人知道，否则他人不懂得欣赏，反而说一些轻蔑的话，那就很可惜了。

3.不为物役

我们生活在一个快速变化的时代，注意力大多被分散到外面的花花世界，常因为外在的诱惑而引发自己的困扰。圣人会从自身着手来化解这些问题，自己先"去甚，去奢，去泰"，采取防御措施，避免被外物所役。

将欲取天下而为之，吾见其不得已。天下神器，不可为也，不可执也。为者败之，执者失之。是以圣人无为，故无败；无执，故无失。夫物或行或随；或嘘或吹；或强或羸；或载或隳。是以圣人去甚，去奢，去泰。

（《老子·二十九章》）

想要治理天下而有所作为，我看他是不能达到目的了。天下是个神妙之物，对它不可以有为，不可以控制。有为就会落败，控制就会失去。因此，圣人无心于为，就不会失败；不加控制，就不会失去。一切事物有的前行，有的后随；有的性缓，有的性急；有的强壮，有的瘦弱；有的成功，有的失败。因此圣人要去除极端，去除奢侈，去除过度。

"天下"指天下万物，也包括人在内，但是谈到圣人，由于他是统治者，所以这里的天下是指人间所构成的整体。老子认为，如果统治者有心治理，那么结局一定难以周全，不是顾此失彼，就是无法久安。譬如现在是要保存农业，还是发展工商业？发展工商业不但得牺牲农业，甚至还得牺牲环保，很难全面兼顾。为政者虽然看得长远，百姓图的却是眼前的利益。历代以来多少帝王将相、政治领袖，没有人可以面面俱到，一定是某些阶级满意，另外一些阶级抱怨，因为资源是有限的，不可能满足每一面的要求。所以最好是无心而为，顺其自然。

“夫物或行或随”的“物”是一切事物，在此特别指“人”的世界。世间一切各有其特色，在参差不齐中保持了整体的均衡，这就是“神器”的妙用。前行、后随；性缓、性急；强壮、瘦弱；成功、失败——这八种状况两个一组，合而观之是一种均衡的状态。有些人生下来适合当领袖，那就当领袖，何必跟他争？有些人生下来就适合在别人后面善后，又何必跑到前面去呢？有些人生下来个性缓慢，反应慢半拍；有些人个性很急，事情还没发生，就跑到前头去了。这一切没有对错，只有配合，人活在世界上是一个搭配的问题。

老子说，圣人明白了这一点，所以去除极端，去除奢侈，去除过度，只是想要回复自然如此的状态。因为极端、奢侈、过度，必定会有后遗症，乐极生悲、纵欲伤身，自古即有明训。这个道理可以联想一般人对古董的态度，如果没有占有欲，欣赏过后赞美一番，放在一旁再给其他人看，那很好；一旦起了占有的心思就麻烦了，不知又有谁家的祖墓要遭殃。

有个故事。古时候有个富人，家里有好几座仓库都堆满各种金银珠宝。他的穷朋友对他说：“你的金银珠宝能不能借我看一看？”他说：“当然可以，不过你不能拿。”穷朋友答应绝不拿，这个人就带他的朋友进仓库看。出来之后，穷朋友说：“我现在跟你一样有钱了。”他吓了一跳：“怎么会呢？你什么都没拿呀，怎么会跟我一样有钱呢？”穷朋友说：“你这些财宝是用来看的，我进去看了一遍之后，不就跟你一样有钱了吗？”这话很有道理。我们想一想，这个有钱人当初的财宝，现在在哪里呢？当然早已落到别人手上，或许由他的子女继承了；或许子孙不孝，富不过三代，家产被变卖；又或者打仗时全被人抢走了；或是陪葬后惨遭掘墓而遗失各处了。那么，为什么还一定要去追求呢？

人的一生经常被外在的刺激引发热情，清醒的时候，已经人过中年。譬如为了看世界杯足球赛，可以彻夜不眠，事过境迁之后会发现这只是一种热情的发散。社会上也有很多事情，让大家跟着起舞。而真正自由的社会应该维护每个人基本的生命尊严，让人有更多的时间善度自己的人生。可惜现在不是，反而放任各种传播媒体，让每个人忘记内心的需求。几年前报纸刊载，台湾每三个小时就有一个人自杀，为什么自杀问题这么严重？因为大家注意的往往是外在的成就，忽略了对自己内心的了解、反省、训练和培养，一碰到挫折就无法承受。这时候，如果我们能够回归内心，想得远一点，考虑老子所说的“去甚，去奢，去泰”，减少外界的干扰，不让心灵被外物所困，人的生命才有可能达到一种自由的境界。

4.内在觉悟

“不出户，知天下”这句话，在今天看来不是难事。打开报纸、电视，或者上网就知道了嘛。甚至有些人被称作“宅男宅女”，很少出门，照样知道全世界发生了什么事。但是在两千多年前没有报纸、电视、互联网，信息交流很不发达的年代，老子说出这样的话，不是很奇怪吗？

不出户，知天下；不窥牖，见天道。其出弥远，其知弥少。是以圣人不行而知，不见而明，不为而成。

（《老子·四十七章》）

不出大门可以知道天下事理，不望窗外可以看见自然规律。走出户外愈远，领悟道理愈少。因此圣人不必经历就知道，不必亲自见到就明白，不必去做就成功。

“不出户，知天下”是针对人间而言。古人大门不出，二门不迈，何以知道天下的事理？答案很简单，人与人相处的困难从家庭开始，家庭的人际关系是最复杂的。以前的大家庭常见三四代同堂，如何与众多亲人和谐相处，是一大挑战。因此，只要留意自己与家人相处的情况，推广到天下去看也是大同小异。换句话说，天下人怎么过日子，其实你从一家人里就可以知道，整个国家社会的缩影就是一个小家庭。老子的观念是整体的，宇宙叫作大宇宙，我们每一个人都是小宇宙。譬如我怎么了解别人呢？先真正了解自己，了解自己的喜怒哀乐，自己有什么样的欲望，自己这一生的奋斗目标，就会知道我这样想，别人也大同小异，所以要能够体谅和理解别人。而一个家庭里人与人的相处，推广到社会上去也差不多，每个人都希望受到尊重、肯定，希望找到合适的机会发展自己，所以由近观远，不必到外头，即使关在屋里，也能通过观察和内省，来通晓天下的事理。

第二句话“不窥牖，见天道”，是针对自然界而言。“牖”是窗户，我不用看窗外就知道宇宙的运行规则。好像西方哲学家斯宾诺莎说的，你给我一块小小的木头，我就可以知道整个宇宙。为什么呢？因为一块木头是从一棵树来的，木头上的年轮和印迹，可以反映这棵树的生长过程；而一棵树反映出一座山；一座山又反映出一个地球；一个地球反映的是全宇宙。换句话说，你把一块小小的木头了解透彻了，整个宇宙的情况就都知道了。“一粒细沙看世界”绝不是诗人的想象，而是事实。老子在两千多年前就能有这样一种思想境界，真是让人佩服。他说的道理跟我们现代人用高科技研究出来的一样。从一个小分子里能知道宇宙万物的结构。你把小事情研究透了，大事情的规律也就掌握了。所以，身边的任何事情，留心就是学问。

老子接着说，走出户外愈远，领悟到的愈少。我经常拿这句话当借口，很多朋友问我要不要去旅游，去参观某个景点，我就用“其出弥远，其知弥少”来回避。为什么？一方面我的时间紧张，总觉得有许多工作要做，很难轻松地去旅游；另一方面如果我去旅游，会先做准备，把当地的历史背景、地理环境、人文特色全部了解之后，再去看一看，就懂了。否则旅游的时候只是浮光掠影，走马观花，回来之后问你看到了什么，不知道，留下几张照片而已。相反，我在家里查查百科全书，认真搜集资料，说不定比去当地旅游还能了解得更多。当然，很多人说“百闻不如一见”“读万卷书，不如行万里路”，我都没意见，只不过要记得老子的提醒，不管怎么做，人的“知”一定要以自我内省为前提，从内在去把握自己看到听到的东西，了解事物深刻的部分；若是没有“自知”，其他一切实在是可有可无。

最后老子还是把圣人提出来了。他说圣人不必经历就知道，不必亲见就明白，不必去做就成功了。而我们一般人一定要自己亲自经历、看到、实践，才能了解事情是怎么一回事，事非经过不知难。圣人为什么跟我们不一样呢？因为他可以从自己身边的事情，从微小的事物当中去推演、了解和深入观察，从而推想人类社会和自然的各种运作规律。

这就是道家跟儒家思想的差别。儒家重视德行的修养，追求从真诚到行善；道家重视智慧的觉悟，做不做善事是另一回事，先要觉悟什么是善，一旦觉悟，行为自然立刻改变。道家是把焦点从外面拉到内在，先求内在觉悟，从身边许多小事情、小地方了解透彻之后，再推扩到整个天下宇宙万物，因为在“道”的层面，一切都是相通的。

5.处下居后

在老子看来，人的社会是一个群体，人与人之间要分工合作，有人当领导，有人被领导。圣人就是悟“道”的领导者。

江海所以能为百谷王者，以其善下之，故能为百谷王。是以圣人欲上民，必以言下之；欲先民，必以身后之。是以圣人处上而民不重，处前而民不害。是以天下乐推而不厌。以其不争，故天下莫能与之争。

（《老子·六十六章》）

江海之所以能成为百川归往之处，是因为它善于处于低下的位置，这样才能够让百川归往。因此，圣人想要居于人民之上，一定要言语谦下；想要居于人民之前，一定要退让于后。如此，圣人居于上位而人民不觉得有负担，站到前列而人民不觉得有妨碍。于是天下人乐于拥戴他而不会嫌弃。因为他不与人争，所以天下没有人能够与他争。

老子很喜欢水的品质，“水善利万物而不争”，万物需要它，水就设法去配合。在这里老子先用江海做比喻，江为什么源远流长呢？海为什么广大无边呢？因为它们的位置最低。位置低，别的支流才能够流进去。圣人要学习江海的品质，如果想居于人民之上，就要说话谦虚，愈谦虚百姓愈喜欢。《易经》里有一个“谦卦”，六爻“非吉则利”，卦象上面是地，下面是山，亦即高山深藏于大地之下。山本来非常高耸，需别人仰望，现在到地底下去了，表现出跟大地一样的特色，柔和而顺从。人也是一样，一个人越是自视卑下，别人越尊重他；一个人地位愈高，言语愈要谦和。因为你已经处在很高的位置了，何必还要那么狂妄嚣张呢？

另一方面，圣人想要居于人民之前，站到最前面的位置，就要退让于后，请别人先走，有福大家先享，不与民争利，这才是高明的统治。《论语》里孔子和四个学生谈志向，子路第一个说话，他说如果让他治国，一定可以让国家在几年之内富强安乐。孔子听完，笑了一下，其实是笑他太天真了。孔子说治理国家要以“礼”，“礼”的本质是“让”。你既然要治国，自己先要礼让；那你现在说话一点都不谦虚，岂不是违背了这个原则？《孟子》里提到心有四端：恻隐之心、羞恶之心、辞让之心、是非之心。辞让之心代表礼，你光是行礼如仪还不够，必须心中有所辞让，能够恭敬，这才是礼的内涵。

圣人是悟道的统治者。他觉悟了什么是“道”，然后按照“道”的启示来统治老百姓，这种统治就是“无为而治”，老百姓自己就改变了，自己就走上正路了。所以老子说，圣人站在上位，人民不觉得有负担，不会觉得他一来，我们就有压力了；圣人站在最前面，人民不会觉得有妨碍，还是照样有自己的生活，做自己的事。

《庄子》里讲到有一个人请教老子该怎么修养。老子说，我看你这一路上，到了旅馆，别人看到你都让座，对你很尊敬，旅馆老板还送毛巾让你擦脸，这说明你外表跟别人差别太大，一定要装出好像一个大官的样子或者富贵人家的派头，这样是不对的。因为人修养到最后，应该让别人觉得你跟大家完全没有分别。这个人听了很受用，就开始修炼。后来他去住旅馆，别人和他抢位置坐，因为没有把他看成大人物，不会觉得在这个人面前，我要特别谨慎小心。老子认为，这个时候他的修养就成功了。你在任何地方都可以跟别人打成一片，大家和你在一起好像没有什么压力，也不需要特别警惕或戒备，这样一来，当然皆大欢喜。因为人本来就在一个宇宙里面，大家都一样，只是扮演不同的角色，有不一样的功能而已。

老子最后说，这样的人，天下人乐于拥戴他而不会嫌弃，因为他不与人争，所以天下没有人可以跟他争。《庄子》里有“让王”的故事。国君要把王位让给别人，结果很多人逃都来不及，为什么？他们不要当王，他们喜欢当老百姓。真正的领袖不会让老百姓觉得他在统治大家，真正的领袖一定让自己处在最低的位置上，这样才能够海纳百川，无所不容。所谓“宰相肚里能撑船”，宰相尚且如此，何况是真正的领导者。其实不见得当领导才这样，我们每一个人都一样。

6.为而不争

《老子》最后一章也提到圣人：

圣人不积，既以为人己愈有，既以与人己愈多。天之道，利而不害；圣人之道，为而不争。

（《老子·八十一章》）

圣人没有任何保留，尽量帮助别人，自己反而更充足；尽量给予别人，自己反而更丰富。自然的法则，是有利万物而不加以损害；圣人的作风，是完成任务而不与人竞争。

这段话读来令人感动。请问什么样的东西是尽量帮助别人，自己反而更充足的？尽量给予别人，自己反而更丰富的？如果是物质财富，假设我有十块钱，给你五块，我剩五块，怎么可能给了之后更多呢？所以一定不是物质，而是精神。譬如爱心，一个人愈关怀别人，他的爱心愈丰富，助人的能量愈大，这个能量不是从外面得来的，而是从内在开发出来的；相反，一个人如果从来不去关心别人，他的爱心就根本没有能力涌现出来，当他看到别人有困难时，也不知道该怎么帮忙。西方有一句话说得好："物质有时而穷，精神愈用愈出。"衣服穿久了，旧了；东西用久了，坏了，这叫"物质有时而穷"。"精神愈用愈出"，很多人读书有这种体会，刚开始看不懂，后来越看越懂，越喜欢读书越不觉得劳累，读书也是一种精神作用。再譬如特里莎修女，她在印度帮助穷人时，每天付出那么多关怀，虽然身体疲惫，但是精神的力量源源不绝。愈关怀别人，愈知道怎么关怀是对的，从关怀少数人，到关怀每一个人，都觉得绰绰有余，因为这本身变成了灵性生命的展现。

由此可知，老子对"道"的理解，也是从灵性上来考虑的。"道"等于超越界，灵性就是人类身心之上超越的部分。这个超越的部分并不排斥身心，而是完全让身心适当地运作。身心会有劳累和限制，但是灵可以让它们永远不觉得劳累。圣人既然领悟了"道"，就不会吝于与人分享心灵方面的资源，会尽量关怀和给予别人，这样一来，自己反而更充足。

老子说圣人效法的是"天"，"天"代表整个自然界的法则，"天之道，利而不害"，只帮助人，不损害人。因此圣人的作风是做该做的事，完成任务而不与人竞争。《庄子·天道》说："天道运而无所积，故万物成；帝道运而无所积，故天下归；圣道运而无所积，故海内服。"其含义就是不要积存，不要保留，不要停滞，一切都在活动之中。譬如现在拥有的事物，以前可能没有，将来也可能消失；有多就有少，有得就有失，有来就有去。

所以，要让万物不断地运作、活动，不必想要积存什么。

天之道，损有余而补不足。人之道则不然，损不足以奉有余。孰能有余以奉天下？唯有道者。是以圣人为而不恃，功成而不处，其不欲见贤。

（《老子·七十七章》）

自然的法则，是减去有余的并且补上不足的。人世的作风就不是如此，是减损不足的，用来供给有余的。谁能够把有余的拿来供给天下人呢？只有悟道的人能够如此。因此，圣人有所作为而不仗恃己力，有所成就而不自居有功，他不愿意表现自己的过人之处。

天之道，是损有余而补不足，要保持自然生态的平衡。春夏秋冬是最明显的例子，热，热到头了，秋天来了；冷，冷到底了，春天来了。人的世界正好相反，“损不足以奉有余”，“西瓜偎大边”，愈穷困愈没人理会，愈富有愈有人捧着，到最后贫富差距越拉越大，人世间不公平的状况愈来愈严重。

圣人的作为是效法“天之道”，把多余或用不完的财产分给天下人。“天之道”为什么接近“道”呢？因为自然界没有经过人为的污染。一旦进入人的世界，用人的标准来衡量，一切都走样了，到最后变成“天下本无事，庸人自扰之”，人间多数的困扰都是人类自己造成的。

第三章　治国之道

1.四种统治

有些人对老子谈论政治的内容很感兴趣。司马迁写《史记》把老子列在《老子韩非列传》里，一看题目就知道，老子跟政治沾了边。因为韩非子是法家代表，法家特别重视政治。韩非子写过《解老》《喻老》，诠释老子的思想。司马迁说韩非："喜刑名法术之学，而其归本于黄老。""黄"是黄帝。战国汉初的黄老学派是道家的一个支派，以道、法并提，也主张清静无为，对于统治的技术（即如何让百姓平安，让帝王的统治稳定等）有很多见解。韩非子解释的《老子》有没有问题呢？问题大了。《史记》说韩非："引绳墨，切事情，明是非，其极惨礉少恩。皆原于道德之意，而老子深远矣。"亦即批评韩非子过于严刑峻法，残酷无情，其理论虽源于"道德"学说，但老子原来的思想比他深远多了。

《老子》一书谈了一些统治术的内容，因为他所说的圣人是悟"道"的统治者。与圣人相对的，是一般老百姓。老子的观察很犀利，他把统治者分为四个层次：

太上，下知有之；其次，亲而誉之；其次，畏之；其次，侮之。信不足焉，有不信焉。悠兮其贵言。功成事遂，百姓皆谓：我自然。

（《老子·十七章》）

最好的统治者，人民只知道有他的存在；次一等的，人民亲近他并且称赞他；再次一等的人民害怕他；更次一等的，人民轻侮他。统治者的诚信不足，人民就不信任他。最好的统治者是那么悠闲啊，他很少发号施令。等到大功告成，万事顺利，百姓都认为：我们是自己如此的。

第一等的统治者是老百姓知道他的存在，但不知道他曾经发号施令，对老百姓来说似有若无，好像什么事情都没有做，问题已经解决了，这叫作“无为而治”。像英国的女王，只是一个精神象征，但国家发生重大的事情，她一说话就有效果。这大概是最高明的政治，这样的统治者是让人佩服的。第二等统治者行仁政，老百姓亲近他，称赞他。现在这个时代的政治领袖最多也只能做到这一等。你担任国家领导人，总希望得到老百姓的肯定。民意调查超过百分之六七十，就觉得很满意，很开心了。第三等统治者使用政令刑罚，老百姓会害怕他。这显然是指比较专制、极权、落后的社会统治者。我前一阵子看了一部电影《最后的苏格兰王》（*The Last King of Scotland*），讲的是乌干达的军事独裁者阿明，他统治期间杀害了三十万同胞，每一个人都怕他怕得要死。阿明就属于这类统治者。最后一等统治者胡作非为，全无章法，人民要去侮辱他，根本看不起他，甚至都不值得怕他。因为在一个民主时代，统治者再怎样坏也有个限度，难道还能搞白色恐怖吗？不行。所以老百姓到最后变成侮辱他，提到这个人的名字大家都骂。一个人担任领袖，开始的时候得到很多支持，后来一路下去，变成人人在骂他，毫无尊严可言，这种情况并不少见。作为普通人也不应该被人家随便骂，作为政治领袖被人家随便骂，到了这个地步，天下就要大乱了。

老子认为统治者的诚信不足，人民就不会信赖他。这与孔子的观点一样。子贡向孔子请教政治的做法，孔子说：“足食，足兵，民信之矣。”（《论语·颜渊》）使粮食充足，使军备充足，使百姓信赖政府。子贡问，如果迫不得已要去掉一项，先去掉这三项中的哪一项？孔子说，先去掉军备。因为老百姓一定要先吃饭，你饭都吃不饱，准备那么多武器干什么？

再问，如果还要去掉一项呢？孔子说，去掉粮食。“自古皆有死，民无信不立”，自古以来，人总难免一死，但老百姓如果不能信赖政府，国家就不能成立，那时候你比死还难过，变成亡国奴了。

最后这句话讲得非常精彩，等一切大功告成，一切上了轨道之后，百姓怎么说呢？百姓皆谓：我自然。我念到这句话，心里真是感动。最好的统治者是让老百姓知道有他的存在，但不觉得受到他的统治。“贵言”代表很少发号施令，很少发号施令，然而仍有统治的事实。有些学者由此联想到“日出而作，日入而息……帝力于我何有哉”，帝王的力量跟我没有什么关系，知道有“帝力”存在，但是不觉得受到“帝力”的摆布。让老百姓不觉得有人在统治，完全出于他的本能，自发地按照你制定的政策去做，最后成功的时候，他会说，你看这是我们自己成为这样的。

《庄子·天地》说：“大圣之治天下也，摇荡民心，使之成教易俗，举灭其贼心而皆进其独志，若性之自为，而民不知其所由然。”大圣人治理天下时，用的方法是放任民心，使他们成就教化、改变风俗，消除他们害人的念头，而促成他们自得的志趣，就像是本性自动要这么做，而他们并不知道何以如此。这当然是最高明的统治，让百姓自然而然觉得一切都上轨道，也不知道为什么如此。我想不管什么社会，最高的政治目标都是老子、庄子说的这种情况，让每一个老百姓都可以安居乐业，感觉到作为一个人，可以不用考虑其他方面的问题，只需要努力去学习和体悟人生的智慧。

2.若烹小鲜

“治大国，若烹小鲜”这句话我经常提起，因为跟我个人的经验有关。

我1983年在美国念书的时候，当时的美国总统里根在元旦发表的国情咨文里引用了这句话。美国总统对美国人提起两千多年前一位中国哲学家说的话，让我这个留学生印象相当深刻。第二天看报纸，《老子》的英译本又卖出好几万册。

治大国，若烹小鲜。以道莅天下，其鬼不神；非其鬼不神，其神不伤人；非其神不伤人，圣人亦不伤人。夫两不相伤，故德交归焉。

（《老子·六十章》）

治理大国，要像烹调小鱼。用道来领导天下人，鬼就失去神妙作用；不但鬼失去神妙作用，神也不会干扰人；不但神不会干扰人，圣人也不会干扰人。神与圣人都不干扰人，所有的禀赋就都得以保存了。

“若烹小鲜”，河上公的注解是“烹小鱼，不去肠，不去鳞，不敢挠，恐其糜也”，小鱼如果去肠、去鳞的话，很容易烂掉，“不敢挠”是指不要随意搅动。煎过鱼的人知道，只要油到一定温度，鱼放下去，很快就熟了，不用多做什么事；相反地，你如果拼命努力去煎，随意搅动，最后变鱼松了，没法吃。老子用这个比喻提醒我们，治理国家最好是无为而治，政府管得愈少愈好。

我当年在美国念书的时候，和好多教授谈起美国政治，他们都表示很欣赏无政府主义。我听了吓一跳，心想搞无政府主义，社会不是乱掉了吗？其实无政府主义跟老子的想法有一点接近，政府只需要把政策设计好，把税收用在正当的地方，让老百姓自己选择自己的生活方式，不要过多干涉。因为你作为的时候，会去思考怎么样才有“利”，但即使目的达到了，也可能带来其他方面的后遗症。现代人经常说的一个词叫“蝴蝶效应”。早知道今天这个结果不好，当初我就应该这么做那么做，来避免这个后果。美国电影《蝴蝶效应》把这个假设演绎出来了，给你机会把过去的某些做法或说法调整，结果怎么样？调整之后所造成的后果，绝对比你现在看到的结果更可怕。说明什么？你不要去幻想我过去这样那样，就能怎么样，人再怎么想都想不过大自然的法则。与其这样，不如无为而治，顺其自然，这时候鬼、神、圣人都不会来干扰。

鬼是什么？“鬼者，归也”，人死之后回到本来的样子，就变成了鬼。神作为比较大的力量存在于自然界，像山神、海神、河神。此外，人类世界里比较特别的伟人，也有被封为神的。俗话说，疑心生暗鬼。鬼往往是因为害怕产生的。而说到神，大家会想到求神拜佛。因此，有所惧会想到鬼，有所求会想到神，鬼神跟人的心理状态和需求有关。譬如今年经济情况不好，失业率很高，很多人跑去算命，跑去求神。为什么？因为他有所惧，也有所求。一个社会如果能够做到不让老百姓感到恐惧，感到随时会出危险，感到有很多愿望不能实现，那么鬼神就不会来显示各种奇奇怪怪的作用。所以我觉得一个社会香火鼎盛不见得是好事，说明人对自己缺乏一种信心，总希望有某些外在力量来帮助我满足愿望，反而忘记做人应尽的本分，忘记自己是一个自主的生命。

庄子说：“一心定而王天下，其鬼不祟。”只要心定，连鬼神都不会作祟。又提到“阴阳和静，鬼神不扰”。“阴阳”指大自然的气，阴阳二气平和安静，鬼神都不会干扰你。因为人有人的责任，鬼神有鬼神的角色，把人的责任尽好，就可以同鬼神保持距离。这近似孔子的主张，“敬鬼神而远之”。但是孔子这句话前面还有四个字“务民之义”，专心做好百姓认为该做的事。反之，“不问苍生问鬼神”，逢庙就拜，就显得愚昧之至。可惜许多政治人物并不明白孔子这句话。

由此可见，还是“道”最重要，老子认为只要以“道”莅临天下，鬼神又能如何？不但如此，圣人也不会来干扰人。神是灵异世界的主导力量，圣人是人类世界的主导力量。圣人因为体悟了“道”而有智慧，知道一切都会自己上轨道，无须人为，做得太多反而造成更大的困扰，因此圣人只会“无为”，不会来干扰人。

等到鬼、神、圣人都不来干扰人的时候，一切就可以回到自然的状态下，最后“德交归焉”。“德”指本性和禀赋，可以理解为获得的“得”。老子认为，万事万物只要能够存在，都是获得了“道”的支持，“道”所支持的是你的本性与禀赋。人的一生要让自己的本性和禀赋保持原始、纯洁、圆满的状态，是老子的理想。如果因为追求某些外在的目的，而伤害了自己的本性和禀赋，就违反了“道”。因此，一个人在追求某种东西的时候，应该时常问自己，我所付出的代价是不是太高了，以致过得不快乐，忘了自己是谁，甚至陷入忧郁的状态？那显然是弄错了生命的方向。“治大国，若烹小鲜”不仅是老子对政治的看法，也可以用来治理我们个人的生命，亦即无为而治，一切顺其自然。

3.小国寡民

“小国寡民”是老子心目中的理想社会。这个社会是怎么样的呢？

小国寡民。使有什伯之器而不用；使民重死而不远徙。虽有舟舆，无所乘之；虽有甲兵，无所陈之。使民复结绳而用之。甘其食，美其服，安其居，乐其俗。邻国相望，鸡犬之声相闻，民至老死，不相往来。

（《老子·八十章》）

国土要小，人口要少。即使有各种器具也不使用；使人民爱惜生命而不远走他乡。虽然有船只车辆，却没有必要去乘坐；虽然有武器装备，却没有机会去陈列。使人民再恢复古代结绳记事的办法。饮食香甜，服饰美好，居处安适，习俗欢乐。邻国彼此相望，鸡鸣狗叫的声音互相听得到，而人民活到老死却不互相往来。

国土要小，人口要少，那是古代社会，今天这个时代是广土众民，已经回不到过去了。“使有什伯之器而不用”，说明老子生活的时代，老百姓已经懂得用各种器具机械来代替人力，使生活更便利，但老子建议尽量不用，为什么呢？《庄子》里有一个故事，孔子的学生子贡要到楚国去，经过汉水南岸，看到一个老人家抱个瓮去浇菜园。子贡建议他，你这样太累了，用一种桔槔——类似于抽水机的方法会比较方便。这位老人家显然属于道家一派，听到子贡这么说，很不高兴。他说我的老师说过，使用机器的人一定会有机心，“机心存于胸中，则纯白不备”，心里常常在想怎么样更好，怎么样更有效，因此心思常常动荡不安，这样一来，就不可能悟“道”了。道家悟“道”是要让自己的心平静下来，像水面一样可以照见万物，觉悟真实。如果花费心思老想着怎么使用器具，怎么更有利，会破坏心思的单纯明净，从而影响悟道。所以道家认为这些“什伯之器”要弃之不用。

接下来，虽然有车有船，人们却不愿意乘坐，不愿意远走他乡。古人远走他乡通常是出于生活的理由，或是为了求学、做官。现在许多人移民，有的是为孩子的教育，有的是为了安全感，但是到最后恐怕会觉得“不如归去”。因为很多事情一辈子努力下来，发现得不偿失，失去的比获得的更多，或者失去的才是更值得珍惜的东西。很多人到了国外，反而每天吃烧饼油条、喝豆浆，对家乡的怀念更为深刻。离开自己的家乡，其实是很痛苦的。

“虽有甲兵，无所陈之”，就算有了武器装备，也不陈列出来。因为没有战争矛盾，人民生活平平安安。“使民复结绳而用之”，古代人结绳记事，因为还没有文字。发明了文字，可以写书，书写多了，麻烦就来了。有人念书念了一辈子，根本脱离现实。庄子说过一个故事，齐桓公在堂上读书，堂下有一个做轮子的工人问他读什么书，齐桓公说，圣人的书啊。再问，圣人活着吗？答：已经死了。工人说，死了的话，这书就叫作糟粕，没有用的垃圾。换句话说，真正圣人的思想不能靠知识来传授，而要靠你去觉悟。老子认为，如果用结绳记事，不要那么多的文字知识，人反而比较容易进入生命真实的状况。

下面四句话每个人都喜欢：甘其食，美其服，安其居，乐其俗。意即每一个人都安于自己的生活，不要随便跟别人去比。请问你觉得自己的饮食香甜吗？如果跟别人的山珍海味比，那就差太远了。再问你觉得自己的服饰美好吗？如果跟那些世界名牌比，你的衣服就太简陋了。还有你住在这里觉得居处安适、习俗欢乐吗？有时候你看到别人奔牛节啊，丢西红柿啊，或者嘉年华啊，会羡慕别人。老子认为这些都没必要，人的快乐就在当下这一刻，不必羡慕其他人或别的地方。人活在世上不可能获得完全的安顿、安逸，你必须去除比较之心，安于自己当下的生活，接受自己的一切，才能过得比较快乐。

最后，老子说，邻国彼此相望，鸡鸣狗叫的声音互相听得到，而人民活到老死却不相往来。这是什么境界呢？因为人们没有往来的需要。以今日来说，现代人听不到鸡鸣狗叫，听到的都是隔壁电视机的声音。有时候跟邻居来往，就会比较，你一个月挣多少钱？你孩子念哪一个学校？比来比去，胜过别人就高兴，不如别人就沮丧，实在没有必要。所以老子说，干脆活到老死都不相往来算了。这是反对社会沟通吗？不是。你可以沟通，但你不要让那些外在的东西进入你的内心，影响你的内心，这是重点。庄子说，一个人怎么可能没有感情呢？人的感情总有各种起伏变化，但不要让感情影响你内心的平静。《论语》里说："君子以文会友，以友辅仁。"谈的都是心灵智慧的结晶，大家共勉互期，进而启发自己，这才是有益的交流。一旦离开这个范围，回到日常生活琐碎的事件中，则人与人的互动恐怕会扯出很多是非和八卦之事。

老子理想的社会是"小国寡民"，没有流离迁徙，没有武力战争；虽有文明产品，却能视而不见，无所用之；人们各安其位，活得单纯快乐，不怎么相互来往。这种理想在今天已经不可能达到了。时代一路往前走，历史不可能倒退。文明日新月异，人生的复杂与苦恼也趋于无解。但还是要记得老子的理想，懂得收敛各种欲望，知道什么是公领域，什么是私领域；跟别人相处，大家客客气气地来往，不用太羡慕别人，也不要以为自己就胜过别人；每个人都安于自己的生活，体会到活在当下的乐趣，让自己的生命处于甘美安乐的状态中。

4.反战思想

许多学派谈到反战思想。以儒家为例，孔子对于管仲特别推崇，原因之一是管仲在春秋初期帮助齐桓公用外交手段避免了战争，从而使老百姓免于大难。因为战争一来，天下大乱，死伤惨重的是无辜百姓。孟子说得更直接，“善战者服上刑”，善于打仗的人要受到最重的惩罚，为什么？杀戮太重。

老子也是反战的，但他的想法和儒家的仁政理想不一样。老子这样看待战争：

夫兵者，不祥之器，物或恶之，故有道者不处。君子居则贵左，用兵则贵右。兵者不祥之器，非君子之器。不得已而用之，恬淡为上。胜而不美，而美之者，是乐杀人。夫乐杀人者，则不可得志于天下矣。吉事尚左，凶事尚右。偏将军居左，上将军居右。言以丧礼处之。杀人之众，以悲哀泣之，战胜以丧礼处之。

（《老子·三十一章》）

武力是不吉利的东西，人们都厌恶它，所以悟道的人不接纳它。君子平时重视左方，使用武力时就重视右方。武力是不吉利的东西，不是君子的工具，如果不得已要使用它，最好淡然处之。胜利了不要得意，如果得意，就是喜欢杀人。喜欢杀人的人，就不可能在天下得到成功。吉庆的事以左方为上，凶丧的事以右方为上。副将军站在左边，上将军站在右边。这是说，作战要以丧礼来处置。杀人众多，要以悲哀的心情来看待，战胜要以丧礼来处置。

“兵”就是武力，是不祥之器。老子说：“师之所处，荆棘生焉。大军之后，必有凶年。”军队所过之处，长满了荆棘；大战之后，必定出现荒年。因为古代是农业社会，一旦打仗，农耕不能运作，不能收成，会对百姓的生命造成很大的威胁。古代有很多例子，打仗之后，人死了没法埋葬，接着各种传染病、瘟疫纷纷出现，到头来还是百姓遭殃。

君子平常“贵左”，使用武力的时候“贵右”。这里的左右之分大概源于古人“左阳右阴”的观念。左主阳，阳代表生命可以成长，主生；右主阴，阴代表生命结束，主杀。譬如一年四季，春夏代表生，万物生长；秋冬代表杀，万物凋零。古时候有句话叫“秋后算账”，死刑犯在秋天处决，因为万物到了秋天开始慢慢收缩，树叶飘落，生命凋零，都要配合季节。后面说到“吉事尚左，凶事尚右”“偏将军居左，上将军居右”也是一样的道理。战争是凶事，主持战争的上将军居右，因为右主杀。

接下来老子说了三个字“不得已”。人生总有不得已的事，有时候打仗也是出于不得已。别人侵略你，你必须防卫。胜利了一定要淡然处之，绝不能兴高采烈，认为自己胜利了，要知道打仗是不得已的事情，不到万不得已，绝对不做。胜利之后呢，也不要得意。像法国有个著名的建筑物凯旋门，是打仗胜利之后盖的，好让天下人都知道自己打仗赢了。但在第二次世界大战中，法国一开始输得很惨，当然它是被侵略的，我们中国也是被侵略的，后来打赢了，大家欢欣鼓舞。但我们要问的是，为什么要让战争发生呢？为什么不能一开始就遏止它呢？

在老子看来，如果打仗赢了你很得意，表明你喜欢杀人，喜欢杀人的人不可能得到天下人的支持。所以军人出身者不要碰政治，带兵打仗那一套在文官系统里面是行不通的。老子两次提到“以丧礼处之”，表明战争即丧事，即使打胜仗照样是用丧事来处理，因为死了太多人，打仗没有真正的赢家。这种说法完全是反战的。但是，这种反战思想绝不是投降主义，而是老子非常具体的处世态度。这里提到的“不得已”通常是指防御性的战争，非打不可，目的是要维护国家的安全和人民的幸福。但即使是这样的战争打赢了也是一场丧礼，许多人的生命因此消失了，这是最悲惨的事。

庄子也对战争提出很多批评，其中有一个故事让人印象深刻。有一个国君想称霸天下，庄子建议他弄一个各国联合签署的和约，哪位国君拿到和约就可以号令天下，好像金庸小说里的屠龙刀一样，号令天下莫敢不从，但有一个条件，你左手拿到这个契约，右手要被砍掉；右手拿到这个契约，左手要被砍掉。换句话说，你两只手，哪一只手去拿，另一只手就要被砍掉。结果没有人要拿了。为什么？我得到天下，必须先失去我的一只手，想一想，算了，我的手还是更重要一些，每天洗脸、洗澡、拿东西、写文章，多么亲近。我有了天下，可是我的手却少了一只，划不来。庄子很调皮，他用这种方式让国君反省，战争有必要吗？得到再多的土地臣民，称霸天下，又有什么意义呢？人的生命是最可贵的，你连自己活着都做不到，难道还要去打仗，去消灭很多人的生命吗？根本没有必要。但是道家也会说三个字“不得已”，但是不得已的底线在哪里？这是考验我们的问题。

5.民不畏死

“民不畏死，奈何以死惧之？”老子这句话，千百年来都在提醒统治者，不要把百姓逼得太过分了。老百姓被逼向穷途，活不下去了，连死亡都不害怕了，认为活着既然这么劳苦、疲惫，跟死了也差不多，还不如起来造反，所谓“官逼民反”。不仅中国古代，西方古代也是一样。人民被逼上绝路，就会起来革命，而把老百姓逼到这一步的统治者，自己也逃不过悲惨的下场。

民不畏死，奈何以死惧之？若使民常畏死，而为奇者，吾将得而杀之，孰敢？常有司杀者杀。夫代司杀者杀，是谓代大匠斫，夫代大匠斫者，希有不伤其手矣。

（《老子·七十四章》）

人民不害怕死亡的时候，怎么可以用死亡来恐吓他们呢？如果要让人民真的害怕死亡，对那些捣乱的人，我可以抓来杀掉，那么谁还敢再捣乱？总有行刑官去执行杀人，代替行刑官去杀人的人，就像代替大木匠去砍木头一样。代替大木匠去砍木头的，很少有不砍伤自己手的。

每个人都怕死，这是生物本能。有些人威胁别人，最严重的恐吓就是：“小心啊，再啰嗦我把你杀了。”恐吓的最后手段，是要杀人取命，但是如果这个人不怕死，又能怎样恐吓他呢？“民不畏死”是乱世百姓的心声。苛政是最大的死亡威胁。“苛政猛于虎”的故事说：孔子带着弟子经过一片竹林，听到有女人在哭，于是问她为什么哭，她说她公公、丈夫、儿子全被老虎咬死了。孔子问她为什么不搬到城里住，她回答，不行，因为城里的苛政比老虎还厉害。住在树林里只有老虎的威胁，大不了一死了之；住在城里，被贪官污吏虐待欺负更是难熬。

所以，“民不畏死”的背景是民不聊生，甚至生不如死，这时候老百姓没什么好怕的。如果统治者不去反思这样的背景，不赶紧行仁政，反而动不动恐吓老百姓“不听话就杀”，最后老百姓恐怕就要豁出性命，起来造反了。以杀止乱，无异于缘木求鱼。老子说过：

民之饥，以其上食税之多，是以饥。民之难治，以其上之有为，是以难治。民之轻死，以其上求生之厚，是以轻死。

（《老子 · 七十五章》）

人民陷于饥饿，是由于统治者吃掉太多赋税，所以才陷于饥饿。人民难以治理，是由于统治者喜欢有所作为，因此难以治理。人民轻易赴死，是由于统治者生活奉养丰厚，因此轻易赴死。

民之饥、难治、轻死，一层比一层严重，而每一层的现象都是居于上位的统治者造成的。首先，统治者抽税太重，人民穷困饥饿。现在西方发达国家动辄抽税三四成，但是它们的社会福利好，百姓想通了也就愿意配合。最怕的是横征暴敛过后又不管百姓死活，而这正是老子时代的真实处境。其次，统治者有所作为，人民不堪其扰，从消极抵抗到积极反抗，结果则是难治。什么是有所作为？筑长城、挖运河、盖宫殿。耗费大量人力、物力、财力，使老百姓不堪重负，当然很难治理。最后，统治者生活奢侈，锦衣玉食，把民脂民膏都刮尽了，百姓所剩无几，还活着干什么？

自古以来，许多文人用诗词描写“伤农家”，为老百姓难过。他们一辈子辛辛苦苦，还是不得温饱，就是因为上头层层收税，统治者作威作福。明末清初哲学家黄宗羲所写的《明夷待访录》明确指出，整个中国历史上的一大害虫是帝王制度，可惜当时少有人发觉此一思想的重要性。“明夷”是

《易经》第三十六卦“地火明夷”，地在上而火在下，代表天色黑暗，光明被压制住，天下大乱；“待访”是等待人们了解。

黄宗羲的观察很正确，中国历史最大的问题在于皇帝。一开始，天子是没有人愿意做的，像尧、舜、禹，都是禅让。大禹八年在外，三过家门而不入，“股无胈，胫无毛”，大腿没肉，小腿无毛。为什么？为百姓服务，治水治得太辛苦了。后来，越往后发展，帝王越养尊处优，不可能像尧、舜、禹那样为百姓着想了，所想的都是怎么“利吾国”，怎么掌握权力。孟子去见梁惠王，梁惠王说，老先生不远千里而来，“亦将有以利吾国乎？”你对我们梁国有什么好处呢？孟子说：“王何必曰利？亦有仁义而已矣。”大王你何必跟我言利呢，我们只要靠仁义就够了。如果每一个人都只想着“利”，“上下交征利”，天下一定大乱。反之，大家讲仁义，尤其君主要讲仁义，行为端正，以身作则，天下就能和谐。可惜儒家的仁政，几千年来一直只是束之高阁的理想而已，阳儒阴法，外儒内法，法家一出现，就抓住了人性的弱点，倡导尊君卑臣。让大家都快乐不太可能，让一个人快乐却很容易，天下老百姓出钱出力让帝王一人享受，让他一人掌握权力。这样老百姓只能做牛做马，供养皇帝和朝廷大小百官，遭受层层盘剥，犹如一头牛被扒了几层皮一样。

读书人自小虽熟读圣贤经典，应试中第而入朝为官，最后却发现遵循圣人之道来教化百姓没有前途，必须与世俗同流合污才有前途，只得接受这个游戏规则，逐渐腐化。有些老老实实为百姓服务的清官，如海瑞，反倒落了个罢官的下场。于是几千年下来，百姓大多在受苦受难，最后只好借佛教来寻求心灵安慰。中国汉代之后的社会，就是靠着佛教的力量，让百姓学会接受与认命。印度的情况也是如此，他们的种姓制度使得人一生下来就分为四等，一辈子也不能翻身，只好在宗教中找到超越生死、烦恼的力量。

老子的理想是圣人统治者，统治者因为领悟了“道”，依据“道”来治理百姓，不会出问题。不过，这一想法犹如柏拉图所谓的“哲学家君王”，统治者既是哲学家又是君王，在现实世界中恐怕二者都难以实现，所以才会出现“民不畏死”“民之轻死”的现象。最后老子说，人的生死是由自然法则决定的，犹如自然的行刑官；每一个人都有天赋的寿命，该活几岁，就活几岁，这叫“常有司杀者杀”。“司杀者”就是自然的力量。而统治者如果想借口替天来杀老百姓——所谓“代司杀者杀”，就等于代替大木匠来砍木头一样，反而会伤到自己的手。因为他们违背自然法则，只能自寻死路。所以，作为统治者，不要以为自己手握大权，可以决定人民的生死，就随便杀人。民不畏死，奈何以死惧之?

第四章　立身之道

1.化解执着

老子思想跟儒家最大的差别在于儒家是以人为中心的，是一种标准的人文主义，是要为人找到一条出路，找到一条正确的发展途径。道家不以人为中心，认为以人为中心未免太狭隘、太主观。譬如我问你，苹果为什么是红色的？因为它想引起我的食欲。猪为什么肥呢？它想为我提供营养。这是标准的以人为中心的回答。事实上，苹果绝对不会是为了吸引你吃它，所以长成红色；猪也不是希望被你吃，所以长得很肥。宇宙万物都有其内在的价值，能存在，是得到了“道”的支持。人类中心主义的思维方式，老子是完全反对的。他主张顺其自然，尽量避免人为的造作，因为人为造作越多，麻烦越多。对于人本身而言，老子反对自我中心主义，主张“知常曰明”“自知者明”，提醒我们觉悟智慧的重要性。

不自见，故明；不自是，故彰；不自伐，故有功；不自矜，故能长。夫唯不争，故天下莫能与之争。

（《老子·二十二章》）

不局限于自己所见，所以看得明白；不以自己为对，所以真相彰显；不夸耀自己，所以才有功劳；不仗恃自己，所以才能领导。正因为不与人争，所以天下没有人能与他相争。

老子连续以四个“不”字反对自我中心，化解自我执着。第一句“不自见，故明”，如果任何事情你都以自己所见到的为标准，那你就看不明白。西方哲学为什么从《柏拉图对话录》才开始高潮迭起？因为是“对话录”，我跟你意见不一样，我们来对话；对话之后，你把你从不同角度看到的东西告诉我，使我看到了事物的这一面，也看到事物的那一面，这样才全面。我们都有这样的生活经验，不同行业、不同年龄、不同阶层的人看到的东西不一样，两边对照之后，才能够发现真相。所以在古希腊时代，“真相”这个词是发现的意思，人平常是被自己的主观见解所遮蔽，只有不认为自己所见到的总是对的，才可能发现真相。

第二句话“不自是，故彰”，意思类似。“不自是”，不要总认为自己是对的。老认为自己对，就不能彰显出来真实的情况。“明”和“彰”都代表能够看得清楚，让真相彰显出来。我们常常说，你不要那么主观，你要跳开自己的立场，才能够客观；但事实上，你再怎么客观，还是会有一定的立场，一定的观点。老子只是提醒我们，不要太极端了，不要太局限于自己的所思所见。

老子很喜欢用“明”这个字。“自知者明”，我把“明”常常翻译成“启明”，心灵之眼张开，才能启明。用庄子的话说，从“道”来看万物，万物没有贵贱之分，这叫作启明。看任何东西，不要说这个贵，那个贱，这个如何，那个如何——从万物本身来看，都值得你欣赏。了不了解比喜不喜欢更重要，你连真相都没弄清楚，你说喜欢这个不喜欢那个，只是一种主观的一厢情愿而已。

接下来，老子说一个人要“不自伐”，别到处去夸耀自己。这让人想起孔子的学生颜渊，孔子问他，你有什么志向？颜渊说：“愿无伐善，无施劳。”我希望做到，不夸耀自己的优点，不把劳苦的事推给别人。“无伐善”就是不夸耀自己的优点。这说明儒家和道家在修养上有很多相通的地方。你不夸耀自己的优点，你才有功劳；要知道，没有一个人可以做成所有的事情，即使你做成一件事，也不是你一个人的功劳，你需要各种条件的配合，需要别人来帮你。譬如现代社会的民主选举，你胜了，可是背后有很多人在帮你，怎么可能靠你一个人完成呢？

第四句，不仗恃自己，才能领导别人。如果你说这个团体都靠我一人，只要我在，就没问题，那么当你真的去做事时，别人不会服从你的领导，而会认为你骄傲自大，你既然有本事，一个人做好了。当今这个时代，每一个人都有自己的主见，如果你不能以服务来代替领导，不能以谦虚来领导别人，别人只要稍微动动手脚，或者不愿意配合，后果就不堪设想。

这四句话虽然简单，却不容易做到。孔子也说过类似的话：“子绝四：毋意，毋必，毋固，毋我。”君子有四件事是必须破除的，就是不任意猜测，不坚持己见，不顽固拘泥，不自我膨胀。要设法把自我执着化解，懂得尊重和理解别人。道家更为开阔，不仅对别人要尊重，对宇宙万物都要加以尊重。

“夫唯不争，故天下莫能与之争。”这句话很有意思，“不争”表示我没有必要在每一点上都胜过别人。每个人都是各有优点，各有专长，不用去争。我如果有某一方面的专长，轮到我上台，轮到我做一件事，我自自然然就去做了。如果我每一样都去争，争到最后恐怕两败俱伤，别人看见你有优点，也不见得愿意承认。譬如我有时候开玩笑说，我下围棋没有输过，为什么？因为我从来不下围棋。你听到觉得很好笑，有点阿Q的想法嘛，但是在老子的思想里，这是无可厚非的。你一个人有多少本事呢？你参加奥运会，得到金牌，但不要忘记，奥运有几百个项目，你只是在这一方面胜过别人罢了。而且即便你能够胜过别人，也要以“不争”作为处世原则，等到你非争不可的时候，别人自然会尊重你。

2.自己做主

“知人者智，自知者明”，是中国人很熟悉的一句话。这句话出自《老子》。

知人者智，自知者明。胜人者有力，自胜者强。知足者富，强行者有志。不失其所者久，死而不亡者寿。

（《老子·三十三章》）

了解别人的是聪明，了解自己的是启明；胜过别人的是有力，胜过自己的是坚强；知道满足的是富有，坚持力行的是有志；不离开根据地的才会持久，死了而不消失的才算长寿。

“知人”是指懂得人情世故，与人来往时了解别人。一个人了解别人说明他很聪明，但更重要的是了解自己，做内省的功夫，才能从整体上去观察“人我”，打破遮蔽。否则光了解别人，不了解自己，反而本末倒置。“明”在这里指启明，它不是一般的聪明才智，而是化解自我执着之后，走向悟“道”境界的启明。人一旦启明，眼界、心胸就完全不同了。如何了解自己？你必须静下来，“致虚极，守静笃”，虚静之后才能了解自己，这是老子修养的明确方法。

“胜人者有力，自胜者强”，胜过别人说明你力量很大，但只有胜过自己才是坚强，因为真正的强者是可以自己做主的人。人如果不能胜过自己做自己的主人，胜过别人也只是表面上如此而已。王阳明说：“去山中之贼易，去心中之贼难。”把山上的盗贼赶走很容易，为什么？给我军队，好好训练，就可以把山贼赶走。但要把心中的贼去掉就不容易了，因为心中的贼牵涉人的欲望、想法、成见，很难去掉。怎样胜过自己？把“想做什么就做什么”倒过来，我想做什么偏偏不做，自我控制力很强，才能胜过自己。否则，只顺着自己的欲望走，很容易变成自己欲望的奴隶。

“知足者富”，这句话西方有类似的说法：“致富的最佳途径是减少欲望。”富有与贫穷是相对的。譬如你现在问我有钱吗，我说要看跟谁比，跟天下首富比，我这点钱算什么，简直穷得不得了。但是我自己并不觉得有所匮乏，反而很满足，因为别人再有钱跟我又有什么关系？就像庄子说的“鹪鹩巢于深林，不过一枝；偃鼠饮河，不过满腹”，一只鸟在森林里做巢，只需要一根树枝就够了；偃鼠到河边喝水，所需的不过是装满一个肚子。人只要懂得满足，那就是富有了。

至于“强行者有志”，这是我年轻时的座右铭。人活在世界上，一定要有志向，志向是指尚未做到的事情，要全力以赴。“强”有两个意思，其一是勤，很努力地去做；其二是勉强，勉强自己去做。譬如放假了，想要休息了，我再勉强自己多念两天书；今天晚上累了，想睡了，我还是勉强自己多念十分钟书。只有这样不断地勉强自己去做，坚持力行，你读书才会比别人多一点心得。其实，没有一个人的成功或收获，不是经过自我勉强而得来的。像美国的乔丹打篮球，年轻时每天练习投篮，规定自己一定要投五百个才能停下来休息。如果没有自我勉强，人就会显示惰性，站着不如坐着，坐着不如躺着。真正的志向，除了强行别无捷径。

“不失其所者久”的“所”指本性与禀赋而言，亦即只有守住“德”才可能持久。譬如经常换工作或经常迁移，或者出去开会东奔西跑，长此以往，会觉得很辛苦。所以，不要轻易离开自己的位置，做任何事情都要量力而行，不要造成不安定的感觉。“死而不亡者寿”有两个意思，一是人死了，但他的精神和风范留下来，供后人景仰效法，这样的人才是真的长寿，否则就算活到一百多岁，死了还是什么都没有了。二是回归“道”体，亦即永不消失。人若未能悟“道”，则“身死如灯灭”。真正恒存的只有“道”，领悟道之后，就会发现，每一个人都可以死而不亡，因为有道作为归宿。我们常会在意身体有什么变化，但是如果经由有形的生命回归最后的根源“道”，即可化解不必要的执着，因为我们的精神会随着“道”而不断成长。譬如自知、自强，然后知足、强行、不失其所，这一路下来最后就“死而不亡”了，生命回到了原来的基础。

3.消除烦恼

道家对人的欲望与烦恼观察得非常细腻、深刻。老子主张对于人生的许多事情要“保持距离”，这才能够保全自己。保持距离是为了减少外界的干扰，尤其是耳目的干扰。

五色令人目盲；五音令人耳聋；五味令人口爽；驰骋田猎，令人心发狂；难得之货，令人行妨。是以圣人为腹不为目，故去彼取此。

（《老子·十二章》）

五种颜色让人眼花缭乱；五种音调让人听觉失灵；五种滋味让人口不辨味；纵情于狩猎作乐，让人内心狂乱；稀有的货品，让人行为不轨。因此，圣人只求饱腹而不求目眩，所以摒弃物欲的诱惑，重视内在的满足。

古代所讲的“五色”依序是：青、红、黄、白、黑。这也是五行的顺序：青属木，红属火，黄属土，白属金，黑属水。看多了这些颜色，人会眼花缭乱。譬如现代人早就习惯了七彩综艺，看电影、看电视、上网……花花绿绿很好看，到最后眼睛受不了，幼儿园的小朋友都开始戴眼镜。说明什么？你放纵你感官的欲望，会带来后遗症，眼睛是为了看清楚，结果你反而看不清楚。

“五音”指宫、商、角、徵、羽五种音调。“五音令人耳聋”，当然不是指耳朵真的聋了，而是说如果经常置于噪音的影响之下，到最后会无法听清楚，产生听觉失灵的现象。就像现在立体声影院制造出来的电影音效，有时真叫人头疼。有时候反而愈单纯的声音，愈能让人感到深刻的含义。

“五味”也是按照五行的顺序来的：酸、苦、甘、辛、咸。酸属木，树上结的果子是酸的；苦属火，东西烧焦了是苦的；甘甜属土，土里长出来的庄稼是甜的；辛辣属金，冶炼金属时闻起来会有一股辛辣的味道；咸属水，海水是咸的。有时候吃东西味道太多，反而不辨滋味，譬如吃满汉全席，几十样菜，到最后也许每样菜的味道都不记得了。

五色、五音、五味代表人的感官欲望，如果对这些欲望不加以约束，恣意放纵，最后超过了限度，就会变成“求乐反苦”。至于狩猎作乐，虽说可以让人的生命尽量奔放，但沉溺于此，不知收敛，时间一长，会心智狂乱。譬如很多学生都有这样的体会，放假的时候玩得过头了，刚开学时收不了心，心思很乱，不能安定下来。至于稀有的货品让人行为不轨，很容易理解。你不会听说有人去抢什么拖鞋、皮箱、卫生纸，要抢就抢钻石、黄金、珠宝，为什么？稀有货品，容易让人产生非分之想，做出违法乱纪的事情，最后受到社会制裁。

圣人在面对这些感官欲望时，怎么办呢？“为腹不为目”。“目”指五色、五音、五味这些感官欲望。圣人让你吃饱喝足，生活得不错，但是不要有太多诱惑。为什么呢？因为人免不了受到诱惑的困扰，诱惑一多，往往把持不住；如果总是随着外物奔驰，到最后人心会发狂。圣人明白这个道理，“去彼取此”，摒弃物质的诱惑，让我们回到内心，取得内在的满足。

说实在的，这类想法，现代人不见得能立刻接受。社会的发展让人眼花缭乱，产生各种欲望。有人认为，如果没有欲望，没有消费，商业社会怎么办？商品不流通也不行。况且，叫我们回到颜色少、声音单纯的古代已经不可能了。科技的发展、时代的进步是不能够回头的，怎么办？只有设法收敛和约束自己的欲望，学会自我控制，不在这个充满欲望和诱惑的社会中迷失自己。譬如现在有些人每天看电视、上网，到最后会觉得心烦意乱，因为你看到别人有而自己没有的东西，会羡慕，自己又得不到，就产生烦恼。这时候只有稍微约束一下自己，少看一点，少听一点，或是看到别人拥有的各种值得羡慕的条件也不动心，想到我自己有的别人其实也未必有，心理就会平衡。好像小孩子有时候会羡慕别人的玩具，忘了自己家里也有很多玩具。我们小时候住在乡下，羡慕住在都市里的人，但都市里的小孩反而羡慕乡下孩子，因为可以跟大自然亲密接触。所以，每一个人其实都有很多值得珍惜的东西，重要的是你要安于自己的生命条件，珍惜它们，了解自己的限制，划定自己的努力范围，不随波逐流，这样就少了许多无谓的困扰。

4.以德报怨

人这一生用十六字就可以描述了：生、老、病、死；喜、怒、哀、乐；恩、怨、情、仇；悲、欢、离、合。怨，是其中之一。人跟人在一起相处，有时难免会有抱怨。你对我不好，我抱怨你，或者我对你不好，你抱怨我。双方互相抱怨，总觉得自己受委屈，这是人生常有的情况。

有人问孔子，以德报怨你认为如何？孔子说，这样不行，应该"以直报怨"；以德报怨的话，何以报德呢？别人对你好，你对他好，叫作以德报德；别人对你不好，你还对他好，那对于对你好的人不就不公平了吗？所以他主张以直报怨。"直"在儒家来讲包含两个意思，一是真诚，二是正直。不扭曲心中的情感，按照正义的原则对待他人，让他人受到公平的待遇，是"以直报怨"。但老子不这么认为，他说：

和大怨，必有余怨，安可以为善？是以圣人执左契，而不责于人。有德司契，无德司彻。天道无亲，常与善人。

（《老子·七十九章》）

重大的仇怨经过调解，一定还有遗留的怨恨，这样怎能算是妥善的办法呢？因此，圣人好像保存着借据的存根，而不向人索取偿还。有德行的人像掌管借据那样宽裕，无德行的人像掌管税收那样计较。自然的规律没有任何偏爱，总是与善人同行。

"和大怨，必有余怨"，这句话很深刻。与别人发生了重大的仇怨，就算和解了，也会留有一些小的怨恨，至少心中会觉得不平、受委屈或者没有面子。从前的社会，甚至有代代相传的怨恨，子孙未必搞得清楚是怎么回事，虽经过调解，怨恨仍难以化解。如果这时候还说报怨以德，"安可以为善"，就不合适了。所以，化解怨恨最理想的办法是从根本上不要与人结怨。

圣人跟别人来往，给人金钱却不向人要债，自然无怨可生。"司契"

总是借钱给人，所以宽裕和乐，受人欢迎；“司彻”负责收取租税，难免斤斤计较，受人厌恶。两者都是比喻，代表截然不同的人生态度。我们要让自己不受怨，跟别人来往的时候，就要给别人留有余地。老子认为人活在世界上，有什么仇怨和解都来不及，何况还要以直报怨，更不要说以怨报怨了。“冤家宜解不宜结”就是这个道理。

《老子·六十三章》直接说到“报怨以德”四个字。

为无为，事无事，味无味。大小多少，报怨以德。

所作为的，是无所作为；所从事的，是无所事事；所品味的，是淡而无味。大小多少不必计较，以德行来回应怨恨。

“为无为，事无事，味无味”是标准的老子思想。王弼的注解说：“以无为为居（居者住也，就是以无为作为基本原则，处于无为的状态中），以不言为教（不说什么话，以此去教导别人），以恬淡为味（饮食恬淡对身体比较好），治之极也（这是政治领袖治理百姓的最高境界）。”而“大小多少”，获得多获得少，居于大位还是安于小位，都不要去计较。如果别人对你有怨恨，你要“报怨以德”，用德行来回应怨恨。

老子为什么会有这种想法？因为道家的思想是一个整体观。人活在世上，要从整个一生来看，不要计较一时的得失成败。跟人来往，这人也许现在亏欠了你，将来说不定别人又来回报你。别人如果得罪你，你把它当成一种磨炼和考验，想到他恐怕也有痛苦和烦恼。事实上，我们活在世界上，很多人给了我们恩惠。小时候，有父母老师照顾；进入社会，有长官同事照顾。我们照顾别人的时候，就不要老想着回报；你在这里得不到回报，说不定在那里的收获更多。我在美国念书的时候，用英文写论文不太有把握，请了一位在台大读过硕士的美国人帮我修改。改完之后我要付他费用，他拒绝了。他说当年他在台大念书的时候，也有同学义务帮他修改论文，所以他要回报，结果我运气好，回报到我身上来了。我当时就想，将来如果有机会帮助外国学生，就尽力而为，等于也把他对我的恩德回报在其他人身上。

如果每个人能以这样的心态来处世，好像一颗石头丢到水里，它的涟漪慢慢向外扩张，到最后整个社会会充满一种信赖和谐的气氛。所以以德报怨是一个高超的社会理想，并不是单纯的德行修养而已，里面包含着深沉的智慧。它从万物一体的整体观看待个人生命、人类世界和社会历史。从这个角度看，我们每一个人都可能有恩于人，也可能有怨于人，唯有抱着以德报怨的态度处世，这至少在老子看来是非常适当的。

5.和光同尘

“和光同尘”语出《老子》，一听就觉得是要采取一种比较委婉、低调的方式跟人相处。

知者不言，言者不知。塞其兑，闭其门，挫其锐，解其纷，和其光，同其尘，是谓玄同。故不可得而亲，不可得而疏；不可得而利，不可得而害；不可得而贵，不可得而贱。故为天下贵。

（《老子·五十六章》）

了解的不去谈论，谈论的并不了解。塞住出口，关上门径，收敛锐气，排除纷杂，调和光芒，混同尘垢，这就是神奇的同化境界。对于这样的人，人们无从与他亲近，也无从与他疏远；人们不能让他得利，也不能让他受害；无法使他高贵，也无法使他卑贱。因此他受到天下人重视。

“知者不言，言者不知”，我们小时候念书念到这里，开玩笑说教道家的老师最好不要说话，因为一说话就代表他不知道，他如果知道就不说话了；所以教道家很容易，进入教室什么话都不用说，跟学生笑一笑，下课了。这当然是玩笑，事实上道家是把说话当成一种方便法门，说的时候尽量用比喻，因为很难直接说清楚到底什么是“道”。

“塞其兑，闭其门”，塞住和关上的是感官的欲望，意思是你眼睛不要看太多，耳朵也不要听太多；因为看太多听太多，心会乱掉，欲望就增加了。《庄子·应帝王》里有一个关于浑沌之死的寓言，说浑沌对别人特别和善，别人看他可怜，没有七窍，想报答他，帮他开窍。结果“日凿一窍，七日而浑沌死”，为什么？欲望多了。

然后，收敛锐气，排除纷杂，和光同尘。我们都知道要调和光芒，不要太明亮，一个有才华的人太耀眼了，别人看了会刺眼，会对付你。当领导也是这样，要知道有人上台，就会有人下台；上台是机缘凑巧，条件成熟，一旦任务完成，要懂得下台，让别人上来。至于“同尘”，混同尘垢，一般人都爱干净，不喜欢尘垢，但在社会上做事，不能太清高；要知道别人有一些小毛病，你同样也有，只要无伤大雅，就不要太计较。

《孟子》里有个故事，说齐国有一个叫陈仲子的人，非常有节操，他认为哥哥收了别人的好处，不跟哥哥来往，自己搬到外头去住。有一天他回家探望母亲，正好有人给哥哥送了一只鹅。过了几天，母亲把鹅杀了，做饭给他吃。正吃着，哥哥从外面回来了，说：你不是说收别人的鹅不好吗，干吗吃呢？他听了立刻跑到门外，把鹅肉吐出来。孟子批评他“若仲子者，蚓而后充其操者也”，只有变成蚯蚓才能坚持他这种操守。不管儒家道家，都认为人在这世界上生存，必须尊重世俗的一般规范，和光同尘。这不是虚伪，而是一种谦卑，一种愿意体谅别人难处的处世态度。

接着，老子说了六个词：亲、疏、利、害、贵、贱。这六个词刚好两两相对：有亲就有疏，有利就有害，有贵就有贱。什么意思呢？人要学会不受外界的操控和影响。孟子说：“赵孟之所贵，赵孟能贱之。”如果别人很容易影响你，让你觉得自己很不错，那别人也很容易让你觉得自己不行，因为你价值观的来源在外不在内。而如果亲疏、利害、贵贱都操之于自己，你自己心中有谱，知道自己为什么活在这个世界上，知道自己现在的处境如何，跟别人关系如何，对自己有基本的了解和信心，就不会随便受别人操纵。

这里所说的“别人”一般指大众或媒体，说你几句好话，你就开心；反过来批评你几句，你就难过。这怎么能行呢？庄子说“举世誉之而不加劝”，天下人都称赞我，也不会使我更加振奋；相反，天下人都批评我，也不会使我更加沮丧。能够做到不让天下人的想法来影响你，这样的人就有一定水平了；但是还不够，最高境界是从“重外轻内”到“重内轻外”，最后到“有内无外”。“内”是一种智慧的启发，是经过某些生命修炼而了解了“道”。从“道”的角度看待宇宙人生，会发现人生其实根本没有所谓的得失、成败、来去这些问题，更没有什么亲疏、利害、贵贱之分。

这种觉悟的境界，老子称作“玄同”，玄妙的同化境界。你觉悟了“道”，不再生起分别心和比较心，也不再觉得自己缺乏什么，你本身圆满具足，与“道”同在。庄子说“上与造物者游”，“道”是万物的来源，同它一起游玩，生命怎么会落空呢？“善吾生者，乃所以善吾死也”，能够让我好好有这么一个生命的，也可以好好让我的生命结束。这样一来，就把人生的悲情转化为喜悦之情，这正是道家高明的地方。

6.老子三宝

说到“三宝”，我记得小时候吃过一种广东餐点，叫“三宝饭”。后来读书，知道明朝有个“三宝太监”郑和七下西洋的故事。上大学念了哲学，才知道“三宝”二字出自《老子》：

我有三宝，持而保之。一曰慈，二曰俭，三曰不敢为天下先。慈故能勇；俭故能广；不敢为天下先，故能成器长。

（《老子·六十七章》）

我有三种法宝，一直掌握和保存着。第一是慈爱，第二是俭约，第三是不敢居于天下人之先。因为慈爱，所以能够勇敢；因为俭约，所以能够推扩；因为不敢居于天下人之先，所以能够成为众人的领袖。

第一宝“慈”，“慈”是母性的特质，代表人的心态要慈爱。老子认为道生万物，道是万物的母亲，母亲的特色就是慈爱。西方有一句谚语，上帝不能照顾每一个人，就给每个人一个母亲。莎士比亚说：“女子虽弱，为母则强。”女人做了母亲之后，因为对孩子的这份慈爱，会变得非常勇敢坚强，碰到任何困难都要设法解决。有一个故事，美国一位母亲带女儿到超市买东西，出来的时候，女儿跑在前面，忽然一辆卡车疾驶而来，把她轧在车轮之下。千钧一发之际，母亲立刻奔上前去把卡车车头抬起来。如果是平常的情况，一个女人怎么可能抬起卡车车头呢？但是这位母亲真的做到了。看到女儿被人从车轮底下拉出来的那一刻，母亲也倒下了，在医院里躺了好几个月。这说明在一刹那间，慈爱所带来的勇气实在是难以想象的大。孔子说：“仁者必有勇。”有仁德的人一定会有勇气去做他该做的事。老子也说：“慈故能勇。”一个慈爱的人，一定能够勇敢地去帮助别人。

是以圣人常善救人，故无弃人；常善救物，故无弃物。是谓袭明。故善人者，不善人之师；不善人者，善人之资。不贵其师，不爱其资，虽智大迷，是谓要妙。

（《老子·二十七章》）

因此，圣人总是善于帮助人，所以没有被遗弃的人；总是善于使用物，所以没有被丢弃的物。这叫作保持启明状态。因此，善人是不善人的老师，不善人是善人的借鉴。不尊重老师，不珍惜借鉴，即使再聪明也免不了陷于困惑。这是精微奥妙的道理。

圣人为什么善于帮助人，善于使用物，而使人不被遗弃，使物不被丢弃呢？因为圣人有慈爱，圣人领悟了“道”。从“道”的角度看，每一个人每一样物都源于“道”，“道”让这些人和物出现，一定有其存在的理由和价值。从这个意义上讲，没有所谓的“弃人”与“弃物”。“弃”与“不弃”是由人的眼光来判断的，喜欢这个或者讨厌那个，但人的眼光常常是片面和短浅的。所以要“袭明”，保持启明的状态，以一种慈悲的胸怀、宽容的心态，对每一个人每一样物都能尊重和珍惜。

"故善人者，不善人之师；不善人者，善人之资"，我们现在常说的"师资"二字就出于此。"善人"是先了解道理的人，走在前面；"不善人"像学生一样，跟在后面。学生向老师学习，老师向学生借鉴，等于双方要互相学习，互相尊重。因为每个人都可能因为某一方面的长处在此为师，又因为另一方面的不足在彼为资。所以对两者都要接纳，这样一来，就不会陷于迷惑了。强调相辅相成、相对相重的观念，是老子思想的特色。

总之，我们对"道"的学习，首先要在心态上学习"道"的慈爱，学会用慈母的心对待天下所有的人，不分善、恶、美、丑都要照顾和关怀，由此形成一种普遍的、平等的同情。这是老子的第一宝"慈"的深意。

老子的第二宝是"俭"，针对物质。很多人把道家跟环保联系起来，就因为这个字。"俭"是要人收敛和约束欲望。譬如一个人如果节俭，固定的钱可以多用一阵子，固定的食物可以多吃几餐。大家都节俭了，自然环境的恶化就不会这么快了。其实，这个世界的问题并不在于财富不够用，而在于财富不平均，所谓"朱门酒肉臭，路有冻死骨"，贫富差距太大，天下很难太平。老子对于"俭"的观点和他本身的哲学思想相呼应。"慈"从"道"而来，因为"道"是万物的母亲，所以"慈"是一种普遍的关怀和同情；"俭"则是我们对待世界的态度。人在消耗这个世界的能量和资源时要尽量节俭和珍惜，因为每样东西都来自"道"，怎么可以浪费？而且也只有"俭"，才能使每个人都普遍地使用到世界的资源，所以老子说"俭故能广"。

如果一个人的欲望层出不穷，是不可能接近道家的。道家的基本原则是少私寡欲，一个人多私多欲，不可能快乐。因为欲望没有满足会痛苦，一旦满足又生出更多的欲望，然后更痛苦，这是很简单的逻辑。况且，即使所有欲望都能满足，人就快乐吗？会不会付出的代价也太大了呢？老子说：

名与身孰亲？身与货孰多？得与亡孰病？甚爱必大费；多藏必厚亡。故知足不辱，知止不殆，可以长久。

（《老子·四十四章》）

名声与身体，哪一个更亲近？身体与钱财，哪一个更贵重？获得与丧失，哪一个更有害？过分爱惜必定造成极大的耗费；储存丰富必定招致惨重的损失。所以，知道满足，就不会受到羞辱；知道停止，就不会碰上危险，这样可以保持长久。

为了追求“名”“货”而劳累或伤害身体，可谓得不偿失。名声和财富是身外之物，身体对于人而言却是不可或缺、无法替代的。为了追求名利，把健康搞坏了，到最后生病进了医院，这时候谁能来帮你？只好自己忍受病痛的折磨了。有的人到了生命的最后阶段，恨不得拿自己的一切财富来换回多活几天，但又有什么用呢？如果早知道身体比名利贵重，为什么平时不多留意一下呢？至于“得与亡孰病”，“得”兼指名、货而言。出名得利，常常带来后遗症；无名无利，反而可以清净生活。这不只是“钟鼎山林，各有天性”的问题，还考虑到人生长远的苦与乐。

“甚爱必大费”，人一旦执着于所爱，会不顾一切地付出，对人如此，对物亦然。汉武帝有“金屋藏娇”的故事，你过分喜欢一个人，要什么给什么，会耗费很大。父母对子女也是一样，过分溺爱，让他予取予求，对孩子的成长不见得好。“多藏必厚亡”，天灾人祸将使储存财物更多的人陷入更大的危机。譬如一个仓库着火，如果里面只放了些简单家具，损失就不大，但如果里面堆满了古董字画、金银珠宝，那损失就不得了了。我有一个朋友，喜欢收藏玻璃杯，他家里有个大柜子摆满了从世界各地收集来的漂亮玻璃杯，结果碰上地震，整个柜子倒下来，几十年的收藏毁于一旦。我跟他说：“甚爱必大费，多藏必厚亡。”他听了很惊奇，想不到老子居然两千多年前就知道会有这种情况发生。老子最后说，一个人如果能区分内外，进而重内轻外，做到“知足”与“知止”，自然可以安全自在。要知道，做人做事，能够把握分寸，做到适可而止是最难的。而适可而止的秘诀在于一个“俭”字，懂得收敛自己的欲望，活在这个世界上才不会觉得匮乏。

老子的第三宝叫“不敢为天下先”，因为不敢居于天下人之先，所以能够成为众人的领袖。也就是说，在一个社会或一个团体里，你要做到谦退礼让，不与人争，能够居于人之后，才能成为真正的领袖。有人说，那会不会是故意摆姿态啊，我先让别人，最后目的仍是居于人之先？不是的。

善为士者，不武；善战者，不怒；善胜敌者，不与；善用人者，为之下。是谓不争之德，是谓用人之力，是谓配天，古之极也。

（《老子·六十八章》）

善于担任将帅的人，不崇尚武力；善于作战的人，不轻易发怒；善于克敌制胜的人，不直接交战；善于用人的人，对人态度谦下。这叫作不与人争的操守，这叫作运用别人的力量，这叫作符合天道的规则，这是自古已有的最高理想。

前三句话和战争有关。老子说，善于担任将帅的人，不崇尚武力。崇尚武力是靠有多少军队、多少武器来打仗，不见得有制胜的把握。优秀的将帅带兵时要带“心”，用慈爱的心来对待部下，作战的时候别人才愿意为你效命。然后，善于作战的人也不轻易发怒。两军交战，你还没有准备好，别人知道你的弱点，故意激怒你，你去应战，结果陷于劣势。历史上很多战役都是因为自己稳不住阵脚，不到关键时刻就轻易出兵，最后造成惨败。最后，善于克敌制胜的人，根本不直接交战。《孙子兵法》说的最高境界是“不战而屈人之兵”，不用武力，而是用谋略、外交去赢得胜利。因为两军作战就算一方打赢了，死伤也很惨重，杀敌一千，自己损失五百，到最后还是两败俱伤。

老子用了三个“不”：不武、不怒、不与。讲什么呢？收敛。不要仗着人多势众、兵强马壮，就急着跟人作战，而是要用一些间接、柔和的方法克敌制胜。接着，老子提到“用人”问题，一个领导人要使唤别人，自己先要言语谦虚，态度卑下；否则，你态度傲慢，高高在上，别人就算不得不听命于你，心里恐怕也不会服气，等到具体做事的时候，不见得照你的意思来做，反而误事。接着老子连说三个“是谓”，这叫作不与人争的操守、运用别人的力量、符合天道的规则。“无为而治”是这么来的。你如果能善用每一个人的才华，让他们自由发挥，没有什么压力，在适当的岗位做适合的事，再权责划分清楚，分层负责，那么你自己几乎不用做什么事，说不定只要说几句话，甚至什么都不用说，你任用的人就自然而然把事情做好了。这是自古已有的最高理想。

西方中世纪以后，基督教有“七大死罪”（the seven deadly sins）之说。第一宗死罪就是“骄傲”（pride）。为什么骄傲这么可怕，居然成为七大死罪之首呢？因为人一旦起了骄傲的念头，就会忘了自己是谁，最后会以为自己是神。神代表什么？神在此不是指上帝，而是一种完美的境界。你以为自己抵达完美了，到了圆满之境了，但是不要忘记生、老、病、死，谁能避开呢？你一骄傲，一觉得自己完美，当下就是堕落。

人活在世界上，一定要了解，没有谁是不可或缺的，不是非有你不可，也不是非有我不可；任何事情，你不做，自有别人来做，绝不是少了哪个人，地球就不转了。所谓“斯人不出，如苍生何”，只是一种说法罢了。在现实世界中，这个人出来，对天下就好吗？不一定。这个人离开，天下就乱了吗？也不一定。所以西方宗教把骄傲列为最大的死罪，是一种非常深刻的观念。老子也说“不敢为天下先”，愈是有能力的人，愈要懂得谦卑。这样的观念，对我们来说非常具有启发性。我们不会因此而放弃自己的斗志，反而更能尊重每一个人的生命特质。

第五章　阅世之道

1.相对价值

说到价值，有人类才有价值，为什么？因为价值来自选择和评价。人类有思考能力，有选择的能力，可以使某样东西因为人的选择而呈现出价值。举个例子，我教书教了几十年，常常碰到年轻学生问我，老师，什么是美？美，就是一种价值。我看到年轻的学生，会说年轻是美；碰到社会上一些中年朋友，我说健康是美；有些老人家也问我什么是美，我回答，自然就是美。所以在没有选美比赛之时，年轻、健康、自然都是美，任何一个人活着都具有某种美感值得欣赏。但是选美比赛一来，麻烦了，美似乎有了标准，好像必须要合乎这样的身高、体形、比例，才叫美。那么，举目四望，看到的人好像都不合乎标准，自己当然也离要求很远了，那就不美吗？当然不是。老子认为，美是一种相对的价值，人间任何价值判断都是相对的：一方面，没有美就没有丑；另一方面，美之上还有更美，丑之下还有更丑。

天下皆知美之为美，斯恶已；皆知善之为善，斯不善已。故有无相生，难易相成，长短相形，高下相倾，音声相和，前后相随。是以圣人处无为之事，行不言之教。

（《老子·二章》）

天下的人都知道怎么样算是美，这样就有了丑；都知道怎么样算是善，这样就有了不善。所以，有与无互相产生，难与易互相形成，长与短互相衬托，高与低互相依存，音与声互相配合，前与后互相跟随。因此之故，圣人以无为的态度来处世，以不言的方法来教导。

“天下皆知美之为美，斯恶已”，古代“恶”这个字，很多时候当“丑”来讲。“美之为美”是美的标准，不合标准的就不美；但是如果没有这个标准，就没有美不美的问题了。像选美比赛，大家知道了那样叫“美”，相对地“丑”也就出现了。善也是一样，你给善定下了标准，那么不善也就出现了。譬如有人每年给孤儿院捐一百万元，大家说他是善人，他在行善。这样一来，我们不捐钱的或者没有钱捐的就变成不善了。为什么？因为你把善规定在某些事情上，那么做不到的人自然就变成不善了。

换句话说，有美和善，就有丑和不善。如果把美和善定格了，规格化了，让所有的人都以此为准，善和美就变成了一种外在价值，而人的价值是要以内在做基础的。但是这样说，也不是要完全忽视外在。譬如我认为我是个好人，我就是好人吗？没有外在的行为，怎么判断呢？行为有两种，一种是做给别人看的，大家都在看，我故意做好事；一种是由内而发，自己愿意做的，有没有人看我根本不在乎，照样做好事。后一种，才是真正的善的价值。美也一样，美其实是四个字：值得欣赏。我们欣赏一个人，说明那个人有美的方面值得你去欣赏。一个人只要有好朋友欣赏，有爱人欣赏，自然就是美的了，何必要拿外表去跟别人比较呢？外表比来比去，谁经得起年龄的挑战呢？再怎么美的俊男美女，到了一定年龄，都不要谈美了。为什么？岁月不饶人啊。也有人把美说成是“心中有爱”，这些话我并不反对，只不过不要太刻意地去给美和善下定义。因为美和善的价值不应该被外在化，变成某种名词或某种条件。

接下来老子说了六个对比：有无相生，难易相成，长短相形，高下相倾，音声相和，前后相随。六者都在说价值的相对性。譬如我看到一朵花，本来没有花的时候是“无”，现在有了花是“从无到有”，过了几天，花凋谢了，有就变成无了。换句话，“有无相生”是说生命变化的状态是相对的。我们今天所见的万物，本来都是没有的，现在“无变有”，将来“有变无”，万物都在变化过程中。再譬如小学一年级的学生，认为数学题目很难，读到三年级就觉得以前的题目易如反掌，所以难易也是相对的。又譬如我说这个人很高，但是碰到姚明，他就变成矮子了，碰到另外一个很矮的人，他又变高了。这叫什么？相对价值。

在相对价值面前，圣人怎么办？他要以无为的态度来处世。道家的“无为”并非什么事都不做，而是无心而为，不刻意做任何事，因为刻意去做，就有达成和达不成的情况，就有压力。譬如现代人的压力往往不是来自工作本身，而是对工作有过度的要求，需要达到什么业绩什么成果，反而失去了享受工作的乐趣。圣人怎么教育百姓？以“不言”的方法来教导。当老师的人知道，身教重于言教。如果自己做不到，拼命要求学生做，学生一看，老师还没做到呢，我们为什么要做？教育的效果就达不到了。圣人明白了这个道理，于是无所作为，缄默不语，让一切自然发展。

总之，所有的价值观和判断，如美丑、高下、长短、难易、有无，都是相对的。我们在这个世界上所见的一切，不但在感官上是相对的，在认识判断上也是相对的。老子强调相对价值的目的是让我们知道一切本来是一个整体，不要盲目进行价值判断，坚持什么是好，什么是不好，其实好与不好都在一个整体里；换一个角度，好就变成不好，不好就变成好。总之，一切都来自“道”，最后又归于“道”，任何东西都会由这一面变成那一面，因为它是相反相成的。

2.祸福相生

“祸福相生”的例子日常生活里经常有。古代最生动的例子莫过于“塞翁失马，焉知非福”。

靠近边塞的地方住着一位老人，有一天他养的一匹马不见了，跑出去没有再回来。邻居听说，跑来安慰他。老人说，你怎么知道马不见了不是一件好事？隔了几天，真的是好事了，因为这匹马回来了，还带来一群野马，老人发了财。邻居跑来道贺，老人家说，我们家赚了一群野马，你怎么知道这不是坏事呢？邻居听了吓一跳，心想有这种想法的真是跟别人不一样。结果过了一段时间，老人家的儿子骑野马摔断了一条腿。邻居又跑来安慰。老人会怎么说？大家也猜到了。他说，你怎么知道我儿子摔断腿不是一件好事？过了没多久，发生战争，所有健康的青年都要去打仗，很多人受伤，有的还战死了。老人的儿子因为瘸了腿，不用打仗，父子俩反倒可以过着平安的日子。在这个故事中，谁是那些邻居？我们普通人就是。只看到表面，看别人发财就可喜可贺，羡慕得不得了；看别人倒霉，就觉着不幸，想去安慰他。但是这类想法有时候会落空。谁是那位老人？老子。只有老子有这样的智慧，能够看到事物的整体性，看到祸与福是相生相倚的。

其政闷闷，其民淳淳；其政察察，其民缺缺。祸兮，福之所倚；福兮，祸之所伏。孰知其极？其无正也。

（《老子·五十八章》）

为政者粗疏，人民就淳厚；为政者苛细，人民就狡诈。灾祸啊，幸福紧靠在它旁边；幸福啊，灾祸潜藏在它底下。谁知道究竟是怎么回事？祸福是没有一定的。

前两句讲到为政者。为政者宽厚，粗枝大叶，老百姓就比较淳朴；相反，为政者如果斤斤计较，自以为聪明，老百姓就会躲躲藏藏，好像现在常说的“上有政策，下有对策”。政治人物看起来朴拙反而是好事。为政最怕刻薄，一刻薄就会伤害人心，不如尽量管得宽松一点，不要要求严苛。但是老子所讲的也并不是一种愚民政策，而是强调人与人之间的对待关系，你对一个人好，他善良的一面自然会激发出来，反之也一样。

老子接着说了“祸福相生”的道理。一个人遇到灾祸，如果经受住了考验，那么痛苦过后可能更珍惜现在所拥有的一切，一珍惜，幸福感就来了；一个人表面上什么都有，恐怕灾祸就隐藏在底下。譬如美国曾经做过一项民意调查，发现有钱人家的小孩特别容易在中年之后感觉到人生乏味。因为他从小家里要什么有什么，一切都是父母给的，样样都可以轻易到手，中年之后反而觉得人生没什么意思。穷人家的孩子从小打工，每一样东西都要靠自己的努力赚来，反而会觉得这些东西跟我内在的生命有一种关联，更值得去珍惜。所以，人生的福与祸是很难说清楚的。人年轻时受苦说不定是一种磨炼，将来会有更好的发展；从小各方面都很顺利，也许将来碰到考验就不知道该怎么办了。

《韩非子·解老》解释福与祸的关系时说：“人有祸则心畏恐，心畏恐则行端直，行端直则思虑熟，思虑熟则事理明。”人因为遇到灾祸而心怀畏惧，畏惧自己做错事、想错事，畏惧自己的行为违背规范，畏惧自己忽略了别人所在意的事情，畏惧鬼神和上天，行为自然端庄和正直，行为端直则思虑自然比较成熟，也就是可以明白事理。反之，“人有福则富贵至，富贵至则衣食美，衣食美则骄心生，骄心生则行邪僻而动弃理”。有福气则有富贵，富贵的人在“衣食美”之后，个个都骄由心生。但是上流与下流的分野，怎么能够完全以金钱来衡量呢？事实上，很多人靠不法的手段赚钱，有钱之后摇身一变成为上流人，而这种人正是最下流的！所谓的上流，难道是指衣服有多少，或者衣服是哪个名牌吗？这完全是把自己物化了，根本谈不上精神层次。

老子说，“富贵而骄，自遗其咎”，富贵加上骄傲，自己就会招致祸患。其中因果由观察经验而得，世间少有例外。因此，人活在世界上，要经常保持警觉状态，“蔽而新成”，常常让自己处在不圆满的状态中，就会自我要求，继续成长发展。而且不管遇到坏事还是好事，都要看长远一点。顺利的时候，要提醒自己居安思危；倒霉的时候，也千万不要灰心丧气。要知道，没有一个人一辈子都顺利，也没有一个人一辈子都倒霉。西方有句谚语："上帝不会给一个人他不能够承受的苦难。"什么意思？如果你今天受苦受难，你要想到，上天给我的这个苦难不会是我无法承受的，我不光有能力承受，还应该从苦难中设法让自己成长，开发潜能，向前发展，人生的路要掌握在自己手上。

3.慎始慎终

慎始，开始要谨慎。所谓"好的开始，是成功的一半"，基础打得好，以后的发展就容易。譬如我数学一直没念好，是因为开始时基础没打好，后面念到几何、三角，愈念愈辛苦。

慎终，结束也要谨慎。诗云："行百里者半于九十。"要走一百里路，走到九十里只能算一半，不能算百分之九十。为什么？因为最后十里才是真正的考验，就好像盖房子，盖到最后没有把屋顶加上，一样住不了。《易经》有一个"井卦"，谈到用瓶子从水井提水，拉上来的时候，碰到井口，瓶子碎了，水流光了，功败垂成。

其安易持，其未兆易谋；其脆易泮，其微易散。为之于未有，治之于未乱。……民之从事，常于几成而败之。慎终如始，则无败事。

（《老子·六十四章》）

情况安定时容易把握，情况尚无迹象时容易图谋；事物脆弱时容易化解，事物微细时容易消散。要在事情尚未发生时就处理好，要在祸乱尚未出现时就控制住。……人们做事，常在快要成功时反而失败。在事情结束时，能像开始时那么谨慎，就不会失败了。

前面几句话是在告诉你，人做任何事情一开始就要做好。《易经·坤卦》，初六，“履霜，坚冰至”。脚下踩到霜，就要知道坚冰快来了。因为霜的阴气开始凝结，循着规律发展下去，就会出现坚冰。这说明看待事物要有远见，要能够了解它细微的变化，见到叶落就知道秋天快到了。所谓“人无远虑，必有近忧”，没有长远的考虑，会有迫在眉睫的忧虑，苦难来到时就会措手不及。譬如在年底就预先规划好下一年。有长远的考虑，才能知道什么时候会很忙碌，什么事情应该避开，又要如何调节。如果这些都可以掌握，那么即使辛苦忙碌，也知道自己为什么愿意接受，因为事先经过思考和设计，已有心理准备。

“民之从事，常于几成而败之”，这句话实在太深刻了。为什么事情快要成功时反而会失败呢？因为得意忘形。“哀兵必胜”是何道理？谨慎小心，到最后一步都不敢大意的人，才可以维持优势。所以老子说，能够慎始慎终，才不会招致失败。

我在德国待过一段时间，发现德国人做事很老实，不会取巧。譬如街上的人行道，地砖一块块铺得平平整整，每个地方都铺得很好。不像台湾的很多人行道，开始那段铺得很好，后面就崎岖不平了，下完雨，踩下去溅一脚水。这说明做事的人缺乏一种训练，过于漠视自己工作的神圣性，留下很多后遗症。我佩服一些基层的工人，他们能把手边每样事都做得扎实、彻底。比如修水管，非要把它修得完美不可，好像修自己家水管一样。对于这样的人，他要再多的工钱，你也乐意给。西方讲企业管理，强调细节决定品质，每个细节做好之后，整体工作才能达到一种完美，这和老子的“慎始慎终”是一样的。

孔子也强调戒顺的重要性。有一次子路问他，如果老师统率三军，要带哪个学生去啊？子路心里一定以为老师会带他，因为他最勇敢。结果孔子说，你这样的人比较莽撞，我不愿意带你去。他用“暴虎冯河，死而无悔”来描写子路。子路空手就要打老虎，徒步就要过河，死了都不后悔，确实勇敢至极。但是作战的目的是要成功，要胜利，不是说我是敢死队，死了就完了。孔子说他要带“临事而惧，好谋而成”的人，遇到事情非常戒惕谨慎，好好筹划直到办成为止；要么不做事，要做就要完成，而且要有事先的准备筹划。

事实上，大多数人只能做到慎始，很难做到慎终。譬如有些政治人物晚节不保，从政几十年还算清廉，但到了要退休时，就开始贪污。结果可想而知，非但不能安享晚年，反而要在监狱里度过残生，有时甚至连性命都不保。对我们一般人来说，“慎始慎终”是一个做事坚持到底的过程。譬如开学的时候，小学生也好大学生也好，开学第一周第二周都很用功，但是到了期中考试之后，很多学生就松懈了。我当老师有经验，学生逃课大多是从学期中间开始的，这时候就分出高下了，看谁能坚持到最后，“强行者有志”，能坚持到底才能成功；就跟跑马拉松赛一样，不能跑到终点，前面跑再快也没用。所以，做任何事情，结束的时候要和开始时一样谨慎，这样事情才能够圆满完成。我们应该这样要求自己。

4.功成身退

“功成身退”是“天之道”的运行法则，没有人可以逃开这个法则。但是自古以来，能做到这一点的人却寥寥无几。

持而盈之，不如其已；揣而锐之，不可长保。金玉满堂，莫之能守；富贵而骄，自遗其咎。功遂身退，天之道也。

（《老子 · 九章》）

累积到了满溢，不如及时停止；锤炼到了锐利，不能长久保持。金玉堆在家中，没有人能守住；富贵加上骄傲，自己招致祸患。成功了就退下，这才合乎天道。

“持而盈之，不如其已”，“持”指累积，不累积就不会盈满；“已”

是指停下来，自我约束。譬如钱累积到了满溢，要怎么用反倒令人担心。钱，生不带来，死不带去，是一个社会经济的循环，轮到你家时就留一点，日子过得舒服一点。但是过得舒服就好吗？可能各种问题都来了，像很多人都患了富贵病或缺乏安全感。了解这个道理之后，就知道有钱要回馈社会。

“揣而锐之，不可长保”，这是和光同尘的道理。年轻人有时候锐气很盛，要学会收敛。譬如马英九以前在大学教书的时候，因为学生太多了，加上有些人是来骚扰或追求他的，以致每个星期都要换教室，每次上课前都紧张兮兮的。他长得英俊潇洒，外表太亮眼了，在任何地方都引起别人的注意，就像一把剑，麻袋包不住，一定会戳破。

“金玉满堂，莫之能守”，这就像《红楼梦》里说的“金满箱，银满箱，展眼乞丐人皆谤”，为什么？莫之能守。家里金玉满堂，财宝堆了那么多，这一代守得很好，说不定到第二代第三代就败掉了，或者因为意外的火灾烧光了。所谓“富不过三代”，就是这个道理。但很多人只满足于争取一时的财富，毫不考虑长远的千秋万代，这就是问题。

“富贵而骄，自遗其咎”，富贵的人最容易骄傲，也最应该避免骄傲。子贡有一次请教孔子：“贫而无谄，富而无骄，何如？”孔子认为这还不够好，最好是“贫而乐道，富而好礼”。很多人说，人穷了就没有“道”，其实如果真的了解“道”，穷不穷真的不重要。我很幸运，有机会读哲学，哲学叫作爱好智慧，这里面也有“道”，我觉得人生的许多奢求没必要放在心上，有空闲时读读书，从书中体会人生，可以知道很多事情，懂得很多道理，本身就有很多乐趣。

至于“功遂身退”就太难了，自古以来能够做到的只有少数人。像范蠡，在越国打败吴国之后他带着西施隐居了。李斯官至宰相，富贵加身却不肯退下来，继续做到秦始皇死后，就一命难保。《史记·李斯列传》载：“二世二年七月，具斯五刑，论腰斩咸阳市。斯出狱，与其中子俱执，顾谓其中子曰：‘吾欲与若复牵黄犬，俱出上蔡东门，逐狡兔，岂可得乎！’”此谓死前大悟。刘邦的时代也是一样，有多少功臣上来之后，还愿意功遂身退？每个人都要封王，封到最后都死光了。还有明代开国的徐达、常遇春这些名将，替朱家打下大明江山，后来几乎都是“狡兔死，走狗烹；飞鸟尽，良弓藏”。

我们活在这个世界上，如果不能避免当工具的命运，就一定要懂得功成身退的道理，为什么呢？因为这是“天之道”，是自然界的运行规则，天地万物没有哪个可以逃脱。“天之道”有什么特点？首先，“天之道，不争而善胜”，冬天来临，气候变冷；春天到来，百花齐放；不必争，春夏秋冬四季会依自然法则轮转。因此，功成身退也是一种“不争”的修养。其次，“天之道，其犹张弓与？高者抑之，下者举之；有余者损之，不足者补之。”自然界的法则像拉开弓弦一样，根据射箭目标的高低，将持弓的位置调整到合宜，角度过高的就压低，角度过低的就抬高；再看射的目标是远是近，过满就减少一些，不够满就补足一些。所以，功成身退是为了保持整体的平衡与和谐。再次，“天之道，利而不害”，自然的法则是有利万物而不加以损害，让万物不断地运作、活动，成住坏空。“成住坏空”是佛教用语。“成”即完成、出现，“住”即维持一段时间，“坏”是指开始变坏，“空”是不见了。每样东西都是从成到空，像人的生老病死。人有生老病死，物有成住坏空，季节有春夏秋冬，国家有兴盛衰亡。明白这个规律，我们处世就会谦虚、退让，适可而止，然后功成身退，长保平安，这一切都是要给人给已留有余地。

5.上善若水

儒家、道家对水都非常推崇。孟子说：“人性之善也，犹水之就下也。”人性是向善的，除了努力行善避恶，没有第二条路。老庄不会教人行善避恶，因为一谈行善避恶就必须接受现成的规范，而这些规范往往是人定的。如“窃钩者诛，窃国者为诸侯”，“钩”是古时候男人衣服上面的饰品，很贵重，代表身份地位。偷一个钩就被诛杀，但是偷一个国家却变成诸侯，有很多人效忠。这样的情况古今中外都一样。与道德相比，道家更强调的是智慧，认为水与智慧有关，与“道”有关。

上善若水。水善利万物而不争，处众人之所恶，故几于道。居善地，心善渊，与善仁，言善信，政善治，事善能，动善时。夫唯不争，故无尤。

（《老子・八章》）

最高的善就像水一样。水善于帮助万物而不与万物争，停留在众人所厌恶的地方，所以很接近“道”。居处善于卑下，心思善于深沉，施与善于相爱，言谈善于验证，为政善于治理，处事善于生效，行动善于待时。正因为不与万物争，所以不会引来责怪。

“上”即最高。在老子看来，如果要在世界上找一样东西来描写“道”，最适合的应该是水。孔子也称赞水，如“知者乐水，仁者乐山”。聪明人欣赏水，因为水活泼、流动，能随着地形而变化，放在圆的杯子里就是圆的，放在方的杯子里就是方的。智者就像水，可以适应环境的挑战，随时调整自己的策略。老子用水描述一种智慧，这种智慧表现在外好像是无为，事实上没有什么事做不到。

“水善利万物而不争，处众人之所恶，故几于道。”“几”是接近的意思，水接近“道”，却并不等于“道”。古希腊哲学家泰勒斯是西方第一位哲学家，他提出宇宙的本源是水。理由是：凡有生命之物都需要湿气，没有水的话，植物无法生长；没有植物的话，动物无法存活。但老子认为“道”是宇宙的本源，没有“道”的话，哪里有东西可以存在，水也不会存在。譬如水总是居于卑下之地，而“道”对万物无所不容，既没有高低之分，也没有好恶的问题。所以水接近“道”但不等于“道”。

“居善地，心善渊，与善仁，言善信，政善治，事善能，动善时”，是老子总结的水的“七善”，苏辙对此的注解是，第一，避高趋下，未尝有所逆，善地也。水总是向下流，这个原则是不会改变的。第二，空虚静寞，深不可测，善渊也。一个水潭，表面上风平浪静，里面却深不可测。“心善渊”就是内心平静，不表露自己的意向。第三，利泽万物，施而不求报，善仁也。从下雨开始，水利泽万物而不求回报，爱护诸多生命。第四，圆必旋，方必折，塞必止，决必流，善信也。“信”即见证，水可以印证，它进入圆的地方会旋转，进入方的地方会转弯，塞住水源水流就停下来等。第五，洗涤群秽，平准高下，善治也。水可以清洗一切脏东西，城市的灰尘和污浊的空气，一场大雨过后就一切如新了。水平可分高下，山倒映在水面上就看得很清楚。第六，遇物赋形，而不留于一，善能也。古人没有镜子，就用水来代替，任何东西都会在水面上显出形状，牛来就照见牛头，马来就照见马面，人来就照见人脸。水不会选择，只是适应能力很强，怎么变化都可以。第七，冬凝春冰，涸溢不失节，善时也。水在冬天凝固，春天结冰，什么时节应该缺水就缺水，应该满出来就满出来，能够配合节气，把握时机。

苏辙从七种角度说明了水“善利万物而不争”的境界。用水来对照人生很贴切，任何一动、一静、一言、一行，都能合乎这七种善，就可以达到无往而不利的境界。最后，“有善而不免于人非者，以其争也”，有优点而不能免于别人的非议，是因为与别人相争。“水唯不争，故兼七善而无尤”，这也是“夫唯不争，故无尤”的道理，表面上根本不与人争，但最后整个大势依然往你指的方向发展，也不会惹祸上身。水的这一特性，非常具有哲学意味。

6.天地不仁

我们生活的这个世界，天灾人祸不断，荣枯变易无常。如何看待这些现象？老子并没有给出答案，也没有对灾难进行直接的描述，而是说了一句话：

天地不仁，以万物为刍狗。圣人不仁，以百姓为刍狗。

（《老子・五章》）

天地没有任何偏爱，把万物当成刍狗，让它们自行荣枯。圣人没有任何偏爱，把百姓当成刍狗，让他们自行兴衰。

“仁”指偏爱，“不仁”就是完全没有偏爱，一视同仁。“刍狗”根据庄子的说法，是指用草扎成的狗。古代人祭祀祖先，祭桌上要放一些刍狗，等于陪伴在祖先身边；向祖先跪拜时，刍狗也在供桌上接受祭拜；而一旦活动结束，用草扎成的狗就被丢在地上，任人践踏，甚至被捡回去当柴烧了。

老子是一个清醒的观察者，他看到上有天，下有地，中间的万物就好像老百姓一样，有自己的荣枯兴衰，到了一定季节，就生长繁荣；到了一定时候，就枯萎死亡，最后归于幻灭。在从生到灭的过程中，天地是没有任何偏爱的。一朵花春天开了，夏天谢了；或者秋天开了，冬天谢了。它不能说，不行，我四季都要开放。那别的花怎么办呢？自然界按照自己的规则运转，不带任何感情色彩。你在繁荣的季节，上了台面，非常得意自在；一旦过了时节，就必须鞠躬下台，接受命运的安排。所以，人碰到许多自然灾害，也尽量不要怀有太复杂的情感，不要老想着是不是我做错了什么或者老天对我不好，有时候自然界的问题是没有人可以想得透的。

圣人效法天地，所以对于人的世界，也让他们生生灭灭，自行兴衰。古代帝国有兴盛衰亡四个阶段，上帝不需要特别照顾谁，趋势该如何就如何，不会介入其中有所偏爱。因为一旦有了偏心，就必须拆东墙来补西墙，最后左支右绌，反而麻烦。这就是所谓的“天地不仁”与“圣人不仁”。

人活在“不仁”的天地之间，有没有痛苦？当然有。如何看待这些痛苦，老子也说过一句话：

吾所以有大患者，为吾有身，及吾无身，吾有何患？

（《老子・十三章》）

我所以有大祸患，是因为我拥有这个身体，如果我没有这个身体，我还有什么祸患呢?

这句话不太容易理解,一个人活着怎么可能没有身体?身体怎么会是大祸患的来源呢?因为人有身体,身体带来的各种状况也会随之而来,譬如产生无穷的欲望,要求各种物质享受以及世间的名利权位。然而这些东西的得与失,往往受制于外在条件,因而造成自己无穷的苦恼。所以老子说,人活得这么辛苦,到处受人约束,必须委曲求全,认真努力工作,就是为了养活这个身体,如果没有这个身体,何必做这些事呢?再譬如身体有生病的可能,生病就会觉得痛苦。更进一步说,有身体的话就会有面子,有形象,就开始与人争名夺利。名誉和隐私都是从身体来的,没有身体的话,什么烦恼也没有了。

当然老子也并不是让人放弃这个身体,好像我不活了,我就没有灾难和苦恼了。有些人说,我自杀是因为我看透了。事实上,你自杀是因为你看错了。你以为这样可以化解人生的困境,殊不知不是化解,而是逃避和放弃,完全违反了生命的要求。老子的意思是,人不要太在意自己的身体,不要太在意我要吃什么,喝什么,得到什么样的功名利禄;你太在意,就必须放弃你的自主性,人格尊严就不要谈了。光想着让自己吃饱喝足,荣华富贵,但这难道就是人生真正的意义吗?道家认为,人活着是为了悟"道",而不是满足身体的这些欲望,不要让身体成为累赘。老子的建议是,与其等待大祸降临,不如调整自己对身体的观念:对身体要贵、要爱,目的在于提醒自己不要陷于大患。如果真正爱惜身体,就要避免让它陷入困境,这里面包含了一种很高修养的期望。但老子也曾提到,过度重视保养反而会为身体带来灾难,因为违反了健康的规则。现在很多人得富贵病,都跟这个有关。

道家的特色是从"道"的角度来看待宇宙人生。"道"是整体,以整体来看,人世间的各种遭遇,无论是自然灾害,还是个人患难,都不应该执着。因为人生的痛苦就源于"我执",认为我一定要胜过别人,我一定要达成某种目标,或者我一定不要碰到什么困难。尽量顺其自然地生活,不要太在意身体的享受,不要以自我为中心。老子以为,人应该尽量多关怀他人,民胞物与。这时候,你的心胸会开阔,痛苦和烦恼自然减少。

第四部

庄子的逍遥

转化生命

修炼方法

审美情操

处世态度

与道相通

第一章　转化生命

1.未始有物

庄子是道家的代表，与老子合称“老庄”。他出生在战国末年，大概与儒家的孟子同时，而双方未尝接触。司马迁在《史记·老子韩非列传》中对他有简短的介绍：

庄子者，蒙人也，名周。周尝为蒙漆园吏，与梁惠王、齐宣王同时。其学无所不窥，然其要本归于老子之言。故其著书十余万言，大抵率寓言也。作《渔父》《盗跖》《胠箧》，以诋訿孔子之徒，以明老子之术。畏累虚、亢桑子之属，皆空语无事实。然善属书离辞，指事类情，用剽剥儒、墨，虽当世宿学不能自解免也。其言洸洋自恣以适己，故自王公大人不能器之。

楚威王闻庄周贤，使使厚币迎之，许以为相。庄周笑谓楚使者曰：“千金，重利；卿相，尊位也。子独不见郊祭之牺牛乎？养食之数岁，衣以文绣，以入大庙。当是之时，虽欲为孤豚，岂可得乎？子亟去，无污我。我宁游戏污渎之中自快，无为有国者所羁，终身不仕，以快吾志焉。”

从这段记述可以看出庄子的一些特点：一，他很博学，“其学无所不窥”，当时任何一种学问，任何一本书，他没有不看的，学问了得；二，他著书立说，专门批评孔子，批判儒家，发扬老子的学说；三，他不做官，楚威王重金“许以为相”，他拒绝了，宁愿“终身不仕，以快吾志”。不过，从《史记》来看，司马迁对庄子的了解很有限。为什么呢？因为《庄子》里最令人赞叹的是，他说古人最高的智慧在于明白“未始有物”，万物都不曾存在过。这一句话就让西方哲学家惊为天人。

古之人，其知有所至矣。恶乎至？有以为未始有物者，至矣，尽矣，不可以加矣。

（《庄子·齐物论》）

古代的人，他们所知的抵达顶点了。抵达什么样的顶点呢？有些人认为不曾有万物存在，这是到了顶点，到了尽头，无法增加一分了。

什么叫作“未始有物”？西洋哲学史上有一个最根本的质疑，就是在面对万物时，要询问：“为什么是有而不是无（Why is there something rather than nothing）？”何以如此问？因为西方第一流的哲学家都发现，万物充满变化，它的本质是虚无的，本质如果虚无，现在为什么可以存在，这不是让人惊讶吗？所以才问，为什么是有而不是无？为什么是存在而不是不存在？对照之下，庄子早在两千多年前就明白了这一点，“未始有物”，万物并没有存在过。我们今天说，哎呀，万物这么多，怎么会说没有存在过呢？但是不要忘记，万物一直在变化之中，今天存在的东西，过去可能不存在，未来可能也不存在，所谓沧海桑田，变化很大。我们人类今天的存在也是暂时的、过渡的阶段而已，如果从生前死后来看，每一个人也确实不存在。所以，庄子说，古人的最高智慧就是了解了过去、现在、未来的变化过程，认识到从来不曾有万物存在过。

这样一来，就出现一个问题：难道庄子是虚无主义者吗？既然“未始有物”，那我们活着干什么呢？不是假的吗？虚无主义，是孔、孟、老、庄共同面临的问题。在春秋战国时期，各种传统价值观纷纷瓦解，几百年来诸侯国连年征战，老百姓日子过得很苦。人活在这种乱世里，很容易陷入虚无主义。虚无主义有什么特色？反正大家最后都要死，没什么好计较的。庄子在书里提到当时有许多人自杀，自杀就代表虚无主义，活着跟死了差不多。这时候以孔孟为代表的儒家出来了，儒家提出要从价值观上化解虚无主义。怎么化解呢？仁义。虽然礼乐崩坏了，社会规范失效了，但我们依然需要仁义，需要从真诚出发，从自己的内心产生行善的力量。

但道家质疑，你这个办法没用，因为所谓仁义、礼乐也都难免是偏颇的、相对的、形式化的要求，其结果往往是扭曲了人的本性。庄子说：只要有人提倡仁义，后代一定有人吃人的事。为什么？你前面提倡仁义，后面就有人用仁义来标榜，那就有假仁假义，只要虚伪一出现，最后就会有人欺骗他人，把他人卖掉，把他人杀掉，把他人吃了都有可能。

道家开出的化解虚无主义的药方是什么呢？道。人活在世界上，有生老病死，自然界有交替荣枯，这一切最后都会消失。因为凡变化者皆缺乏稳定的基础，只要有开始就会有结束。只有一个东西是不变的，是无始无终、无形无象、无处不在的，那就是“道”。“道”是万物的根基，是一个整体。我们活在世界上，虽然只有短暂的生命，虽然处处受到限制，但只要领悟和掌握了“道”，一切就都没有问题。所以庄子提醒我们，要破解虚无主义，只有一条道路可以走，就是设法体验什么叫“道”，设法体验到究竟真实的东西。怎么做呢？庄子有一套修养方法。这套方法的前提是深入而准确地了解“人的生命”是怎么回事。简而言之，庄子要由人的生命现象着手，看穿人的生命本体，然后提出一系列修行指针，最后抵达悟道的境界。

那么，人的生命现象有何内容？人有身体和心智。身体有感官，由此引发情绪和欲望，造成各种困境。庄子的观察是：“一受其成形，不亡以待尽，与物相刃相靡，其行进如驰，而莫之能止，不亦悲乎！”（《庄子·齐物论》）意思是：人承受形体而出生，就执着于形体的存在，直到生命尽头。它与外物相互较量摩擦，追逐奔驰而停不下来，这不是很可悲吗！这样的人，“其寐也魂交，其觉也形开，与接为构，日以心斗”。睡觉时心思纷扰，醒来后形体不安，与外界事物纠缠不清，每天钩心斗角。很明显，这样的困境可以推源于心智的偏差作用。人的心智拥有认知、判断、选择等功能，但是它很容易陷入“区分”的层次。庄子的建议是，“堕肢体，黜聪明，离形去知，同于大通”。摆脱肢体，除去聪明，离开形骸，消解知识，同化于万物相通的境界。简单来说，就是做到形如槁木、心如死灰，身体如同枯了的木头，心智如同燃烧后冷掉的灰。什么意思呢？没有欲望和执着了，完全不受外物的干扰和影响了，求得心灵的平静和自由。要达到这种境界，必须经过修行，一步步地放弃、排斥、超越人间的各种欲望，对生命的限制一一加以突破，到最后把生命转化到“天地与我并生，而万物与我为一”的境界。这时候，人就能逍遥游于天地之间，与“道”合一，永恒常在。

2.大鹏展翅

我们现在阅读的《庄子》版本，原文将近七万字，共三十三篇，由晋代郭象所删定。这三十三篇又分为内七篇，外十五篇，杂十一篇。一般认为，内篇才是庄子思想的精华所在，如《逍遥游》《齐物论》《养生主》《人间世》《大宗师》等。《庄子》第一篇《逍遥游》一开始就讲了一个“鲲化为鹏”的故事。

北冥有鱼，其名为鲲。鲲之大，不知其几千里也。化而为鸟，其名为鹏。鹏之背，不知其几千里也；怒而飞，其翼若垂天之云。是鸟也，海运则将徙于南冥。南冥者，天池也。

（《庄子·逍遥游》）

北海有一条鱼，名字叫鲲。鲲的体形庞大，不知有几千里。它变化为鸟，名字叫鹏。鹏的背部宽阔，不知有几千里；它奋起高飞时，双翅张开有如天边的云朵。这只巨鸟，在海风大作时，就会迁徙到南海去。南海是一个天然的大池。

庄子说这条鱼的名字叫“鲲”，化鸟之后名字叫“鹏”。为什么先要取名字？《老子》开篇就说：“道，可道，非常道；名，可名，非常名。无名，万物之始；有名，万物之母。”“名”是名称或概念，是言语及思想的基本单位。人类认知任何东西，要先给它起名，起名之后理性才能运作。如果这个东西没有名字，等于它不存在，不是真的不存在，而是没有办法加以描述。所以，庄子先给这种“化鱼为鸟”的动物起了名字。然后，说这条鱼很大，“不知其几千里也”。这当然是开玩笑，哪有这么长的鱼呢？哪有这么大的海容得下呢？更奇怪的是，这条鱼一变变成大鹏鸟，大鹏鸟的背部也是几千里大，双翅张开有如天边的云朵。这样的描述让人完全无法想象。但庄子就是要你无法想象，让你突破思维的局限，进入一种虚幻的世界。正所谓“以谬悠之说，荒唐之言，无端崖之辞，时恣纵而不傥”（《庄子·天下》），你如果真去问：真的有这么回事吗？就难免要失望了。接着，他引述古代记载怪异事件的书《齐谐》里的话：

> 《谐》之言曰：“鹏之徙于南冥也，水击三千里，抟扶摇而上者九万里。去以六月息者也。”野马也，尘埃也，生物之以息相吹也。天之苍苍，其正色邪？其远而无所至极邪？其视下也，亦若是则已矣。
>
> （《庄子·逍遥游》）

这本书上说：“当大鹏鸟要往南海迁徙时，水面激起三千里波涛，它拍翅盘旋而上，飞到九万里的高空。它是乘着六月刮起的大风而离开的。”野马似的空中游气，四处飞扬的尘埃，都是活动的生物被大风吹拂所造成的。天色苍苍，那是天空真正的颜色吗？还是因为遥远得看不到尽头的结果？从天空往下看，也不过是像这样的情况吧！

这样的描述更加超乎想象。大鹏鸟往上一飞，可以飞到九万里那么高，而且完全不需要费力气，就可以逍遥游了。我们乘飞机，国际航线最高三万尺。九万里高，根本已经到外太空去了。所以我念书的时候，我的老师方东美先生很喜欢说，庄子是太空人啊。为什么？不是太空人，怎么可能到那么高那么远的地方去看地球呢？他说：我们从地面上仰望天空，其色苍苍茫茫，觉得真是很美、很幽静深邃，然而从天空向下看，地上的一切也是同样美妙啊。

美国宇航员从月亮回眸人类所居住的地球时，说了一句话：“地球真美！”他在外太空所能见到的星球中，只有地球是彩色的，有蓝色、绿色、白色、黄色……其他星球，太阳系的九大行星也好，其他不知道名字的星球也好，颜色都非常单调、难看。但是我们站在地面上，为什么不会觉得地球美丽，反而觉得人太多了，各种污染太严重了？因为我们身陷其中，缺乏距离。距离才能产生美感，人生也是一样。庄子倒不是要我们离开这个社会，而是要能从心理上跳开一步，换个角度，调整心态，化解自己的执着，突破时空的限制，看到生命的美。你心中有这样的美感，遇到任何事情就不至于抱怨了，很容易从不同的角度加以欣赏感悟。

庄子很强调生命的转化，“鲲化为鹏”就是转化。人生下来都像鱼一样，需要水，不能离开水；但是鱼可以变成鸟，代表人的生命很神秘、很特别，它可以转化。从鱼变成鸟，鸟只需要空气，空气对鸟的限制绝对少于水对鱼的限制；鸟若飞到高空，飞到九万里以上，就可以完全不动，因为浮力已经够了。庄子用这个比喻说明每一个人都有向上转化、提升的可能，即从身到心、到灵，一层层上升，到最后你需要的东西越少，你就越自由。

我们年轻的时候，总觉得需要各种条件才能快乐，年纪愈大，愈提升、转化，需要的条件愈少，到最后完全不需要任何条件，活着就感到很快乐了。《逍遥游》整篇都在告诉我们，人的身、心、灵怎样提升和转化，从而进入一种理想的状态，叫作“无待”，也就是没有等待。因为有所求必有所待，如果无所求就能“无待”，真的“无待”，到处皆可逍遥。譬如认为一定要去九寨沟和黄山才能欣赏美景，那你这一生恐怕只有短短几天才能看到美景。相反，如果用一种审美的眼光看待万物，到了任何地方都会觉得无一不美。我们常常觉得很多东西不美，是因为先预设了个标准。就像选美一样，如果没有达到所谓的身高、体重、三围标准，就不够美。这当然是偏见，因为真正的美在内而不在外。

这个寓言还有一段后续：

蜩与学鸠笑之曰：“我决起而飞，抢榆枋而止，时则不至而控于地而已矣，奚以之九万里而南为？”

（《庄子·逍遥游》）

蝉与小鸟讥笑大鹏鸟说：“我们一纵身就飞起来，碰到榆树、枋树就停下来，有时飞不高，落在地上也就是了。何必要升到九万里的高空，再往南飞去呢？”

晋朝郭象注解这段话说：大鹏与麻雀“大小虽差，各适其性，苟当其分，逍遥一也”。意思是：大鹏鸟有大鹏鸟的逍遥，小麻雀也有小麻雀的逍遥。这显然不是庄子的想法，因为如果大鹏鸟与它们同样逍遥，庄子何必讲“鲲化为鹏”的故事呢？庄子认为，人的生命本来有各种条件的限制，但要慢慢转化突破，最后成为大鹏鸟，可以毫不费力地自由飞翔。这里“大”字是个关键，意思是敞开心胸，容纳万物。而不是说我是小麻雀，我就安于小麻雀的状况，忘了身、心、灵还有向上提升、转化的可能。这等于错过了人生最重要的机会。因为人活着的目的，是要尽可能使生命提升、转化，从尘世间的各种牢网、束缚中挣脱出来，最后领悟了“道”而达到自由之境。明白这个道理的人并不多，能够加以实践的人就更少了。

3.太仓稊米

我记得我中学毕业的时候，老师题字题到一句话：“渺沧海之一粟。”渺小得像大海里的一个小米粒。不仅我们人类的生命如此，恐怕我们所见的世界也像小米粒这么小。所以人才要开阔心胸，了解到整个的存在有多么的伟大。庄子举了一个例子：

秋水时至，百川灌河，泾流之大，两涘渚崖之间，不辨牛马。于是焉河伯欣然自喜，以天下之美为尽在己。

（《庄子·秋水》）

秋天的雨水随着季节来临，千百条溪流一起注入黄河，河面顿时宽阔起来，于两岸及沙洲之间远远望去，连对面是牛是马都无法分辨。于是黄河之神河伯得意扬扬，以为天下所有的美好全在自己身上了。

古代的人站在河边看过去，一看就知道对岸是牛是马，因为牛和马的体型差别很大；并且古人的视力都是2.0，不像我们现在戴了眼镜还是0.2。但是在秋天的时候，河的两岸相互看过去，就分不清是牛是马了。为什么？因为河水暴涨，河面变宽了，距离太远了。这时候黄河的河神就很得意，认为天下最伟大、最杰出的就是我河伯了。但是当他顺着水流向东而行，到了北海，朝东边看过去，却看不见水的尽头，这时候才改变原先得意的脸色，望着海洋对北海之神感叹说：俗话说，“听了许多道理，就以为没人比得上自己”，这就是说我啊。为什么？因为他到海边一看才发现，一条河根本不算什么，太渺小了。于是，他找到海神，说：海神还是你伟大，我这条河简直不够看。海神呢，跟他讲了下面这句话：

计四海之在天地之间也，不似礨空之在大泽乎？计中国之在海内，不似稊米之在大仓乎？

四海存在于天地之间，不是像蚂蚁洞存在于大湖泊中吗？中国存在于四海之内，不是像小米粒存在于大谷仓里吗？

这段话真是令人惊讶。中国这么大，人口这么多，但在庄子笔下，中国在四海之内只是仓库中的一粒米而已。各位想想看，把中国看成一粒米，那需要从多远的距离去看呢？当然是从外太空。从外太空看地球，整个地球也不过是一个小的乒乓球。一个人如果能用这么开阔的眼光看待宇宙人生，他对许多事情的看法自然就不同了。宋朝学者张载说，“大其心，则能体天下之物”，人只要放大心胸，就可以亲切体察天下万物，发现万物与我原本十分亲近，甚至休戚相关，形成一个整体。

这种开阔无比的见解，影响了很多西方学者。美国作家梭罗（H.D.Thoreau）曾深受启发。这位哈佛大学哲学系毕业的高才生，为了体验一个人能不能什么都不依靠而照样活下去，就跑到瓦尔登湖畔独自住了两年零两个月，写了一本书叫作《瓦尔登湖》（*Walden*）。有一次他因为要买一些必需品，到附近的农庄去了一趟，碰到一个农夫问他：“你一个人住在湖边不觉得寂寞吗？”他说：“我们居住的地球，在宇宙中不过是个黑点……你可以想象在一个小黑点上面，就算是两个相隔最远的人，距离又能有多远呢？为什么我会觉得寂寞呢？”把地球看成宇宙中的一个黑点，在现代人已属常识，但是两千多年前的庄子居然也像航天员一样有这种认识，足以令人赞叹。《瓦尔登湖》书里好几次提到庄子，认为他的很多见解令人羡慕。

庄子还说过一个故事，把两个国家比作蜗牛头上的两个角，为了争夺蜗牛角那么小的一点地方，打仗死了好多人；但是他们没有想到，就算整个国家给你，也不过是蜗牛角上的一个小点啊，所以国家之间何必战争不已呢？焦点转到人身上，人最放不下的两个东西：一是空间，我家地方越大越好，我能占有的地盘越大越好；二是时间，人往往希望自己活得越久越好。但庄子认为，你活得再长，也比不上一只乌龟啊，甚至一棵树随便一活都是几百年，人怎么比呢？他经常嘲笑彭祖，活了八百岁，又怎么样呢，还不是结束了？所以时间和空间，包括这个世界上的名利得失，都不要太过计较，最后连生死都不能太计较。我们要计较的，是在有限的时间和空间内让我们的智慧得到觉悟的机会。如果你能把自己的眼光提升到这样一个高度，然后再看任何发生在自己身上的事情，任何痛苦和烦恼大概都很容易化解了，就不会只局限在自己的小小世界里了。

我念《庄子・秋水》，常常得到许多启发。庄子对于自然界现象的观察真是非常生动。他所写的寓言故事，很多是从自然界就地取材，但里面藏着深刻的人生智慧，我们听了之后觉得值得去认真想一想。但若想真的了解庄子寓言的深意，还需假以时日在生活中体会验证，在实践中慢慢去做，做到某个阶段，才能够豁然开朗。

4.螳螂捕蝉

很多人听过“螳螂捕蝉，黄雀在后”这个成语，螳螂为了捕蝉而忘记自己成为黄雀的猎物，这提醒人们千万不要为了利益而忘记危险。这个故事出自《庄子》，但原文中有两个字不一样，按庄子用的应该是“螳螂捕蝉，异鹊在后”，不是“黄雀”是“异鹊”。

庄周游于雕陵之樊，睹一异鹊自南方来者，翼广七尺，目大运寸，感周之颡，而集于栗林。庄周曰：“此何鸟哉？翼殷不逝，目大不睹？”蹇裳躩步，执弹而留之。睹一蝉，方得美荫而忘其身；螳螂执翳而搏之，见得而忘其形；异鹊从而利之，见利而忘其真。庄周怵然曰：“噫！物固相累，二类相召也！”捐弹而反走，虞人逐而谇之。

《庄子·山木》

庄子到雕陵的栗园游玩，看到一只怪鹊从南方飞过来，翅膀张开有七尺，眼睛直径有一寸，它擦过庄子的额头，停在栗林中。庄子说：“这是只什么鸟啊？翅膀大却飞不远，眼睛大却看不清。”于是提起衣裳，快步走过去，手握弹弓守候在一旁。这时看到一只蝉，刚刚找到舒服的树荫，忘了自己还有身体；一只螳螂隐蔽在树叶中，准备捕捉蝉，见到利益就忘了自己还有形躯；而这只怪鹊盯住螳螂正要下手，见到利益就忘记了自己是只大鸟。庄子心生警惕说：“啊！宇宙万物就是这样互相牵累，因利害而一个招惹一个啊！”他扔下弹弓，转身离去，这时栗林的守园人在后面追赶责问。

庄子一生中大概这一次最狼狈了，被人误认为小偷，以为他要偷采栗子。实际上，他是从蝉、螳螂与异鹊所构成的生物食物链中发现了一种利害关系，每一种生物所需要的食物是一环扣一环的，整个生物界因此能够保持生态平衡，但是如果人也介入其中的话，也会成为其中的一环。所以当庄子准备用弹弓偷袭异鹊时，突然醒悟到其中的玄机：自己会不会也成为别人的某种猎物呢？亦即，他会不会也忘记自身的危险，以致遭受责怪与冤屈呢？于是，他丢下弹弓，立即离开。但还是晚了一步，被栗林的守园人在后面追赶责问。

这个故事当然是寓言。《庄子》一书十之八九都是寓言，用各种故事描写人的处境，让人觉悟。不过庄子这次把自己也写到故事里，说明这很可能是真实发生的事情。庄子的生活非常穷困，每天编草鞋为生，第二天拿到街上去卖，然后换些米回家，勉强维持生活。邻居笑话他饿得面黄肌瘦，穿得破破烂烂，所以他大概有时候会到郊外走一走，打些鸟、兔子之类的猎物，好让一家老少补充营养。在打猎的过程中，他悟出一个道理，如果你想得到一样东西，别人也想得到，就可能产生争夺；如果你得到了，你后面恐怕还有更厉害的人物准备对付你，从你身上再取得利益；所以，一样东西招惹另一样，后面都有更大的威胁。这个时候，应该停下来思考一下，你为了得到这个利益，付出的代价是不是太高了，以致得不偿失。

有关利益的问题，儒家强调“见利思义”，看到利益要想到该不该得，符不符合道义。道家对于道义兴趣不大，认为道义既然是人规定的，人所规定的都是相对的，你去坚持的话，有时候反而陷于执着。但就算不谈道义，看到利益而忘记自身安危，付出的代价也是非常惨重的。《庄子·列御寇》里记载，有人想请庄子做官，庄子答复说：“你见过用来祭祀的牛吗？披的是文采刺绣，吃的是青草大豆，等它被牵到太庙待宰的时候，即使想做一头孤单的小牛，办得到吗？”答案当然是：悔之晚矣。牛不能决定自己的命运，人至少可以选择要不要争取某些利益。在这个故事里，庄子连续用蝉、螳螂、异鹊三种见到利益而忘记自身安危的情况，说明世间的利益与危险总是携手并至的，见到利益就要想到危险，想到即使如愿以偿，所付出的代价也可能太高了。

西方的基督教也强调类似的观念，耶稣说：“你如果得到了全世界而丧失了自己的灵魂，对你又有什么意义呢？”人的一生，都在用自己的身体、时间、生命去获得某些东西，问题是，你为了得到这些东西，所付出的代价是不是太高了？像我们看到很多政治人物，为了得到政治上的成就，牺牲了个人的家庭、事业、其他方面的兴趣，甚至个人的健康，但是当他真的得到之后，就会满足吗？不一定。人活在这个世界上，常常要问，我这个身体，这个生命，能不能先得到保存？如果不能保存，如果损伤过大，就算得到各种外在的利益，请问你还能享受吗？或者你能享受多久呢？你想得到利益，要考虑付出的代价，代价太高，就要重新思考，这一切是否值得。

在这个故事里，庄子写自己跑回家去之后，三天都不开心，“庄周反入，三日不庭”。他的学生问，老师为什么不开心呢？庄子说，我留意外物的形躯而忘了自身的处境，看多了浊水反而对清水觉得迷惑；我在栗林游玩而忘了自己是谁，让守园人以为我是可耻的小偷，所以才不开心啊。庄子并不反对人要有所追求，但他希望你开始做一件事时，要想到将来可能的后果，否则做了一半才发现自己也在食物链里，有危险，恐怕就来不及了。

5.鼓盆而歌

庄子认为，生命的转化，不光要突破时间、空间的限制，人世间各种价值观的限制，最后一步还要突破生死的限制。他说：“予恶乎知恶死之非弱丧而不知归者邪？”（《庄子·齐物论》）我怎么知道怕死不是像幼年流落在外而不知返乡那样呢？他居然把活着说成是“弱丧”，是幼年离家出走，死了才叫作回家。在他面对妻子死亡的时候，这种态度给世人留下的印象最深。

庄子一辈子穷困，妻子和子女跟着他受苦。终于，大限已届，妻子死了。好朋友惠子前来吊丧，发现庄子正蹲在地上，一面敲盆一面唱歌。惠子大为吃惊，他说："你与妻子一起生活，她把孩子抚养长大，现在年老身死，你不哭也就罢了，竟然还要敲着盆子唱歌，不是太过分了吗？"惠子其实是代表所有人提出这样的疑问。庄子如何答复呢？他说：

不然。是其始死也，我独何能无概然！察其始而本无生，非徒无生也而本无形，非徒无形也而本无气。杂乎芒芴之间，变而有气，气变而有形，形变而有生，今又变而之死，是相与为春秋冬夏四时行也。人且偃然寝于巨室，而我噭噭然随而哭之，自以为不通乎命，故止也。

（《庄子·至乐》）

不是这样的。当她刚死的时候，我又怎么会不难过呢？可是我省思之后，察觉她起初本来是没有生命的；不但没有生命，而且没有形体；不但没有形体，而且没有气。然后在恍恍惚惚的情况下，变出了气，气再变化而出现形体，形体再变化而出现生命，现在又变化而回到了死亡。就好像春夏秋冬四季运行一样，这个人已经安静地睡在天地的大房屋里，而我还跟在一旁哭哭啼啼。我以为这样是不明白生命的道理，所以停止哭泣啊！

从这段话可以看出庄子觉悟的过程。他有妻子、有孩子，妻子年纪大了，过世了，他当然会难过，这是很自然的情感。可是难过的时候，庄子会想，我的难过有没有道理呢？他想到几十年前，妻子还没有出生之时，她在哪里呢？出生以前在哪里，死了之后就可能回到哪里。这种想法是非常合理的。西方中世纪时，有一个国王选择要不要让整个罗马帝国信仰基督教，召开御前会议让大臣讨论，其中一个大臣讲了个比喻。他说人生就像冬天的时候，一只鸟从窗外黑暗的世界飞进我们充满灯光的大厅，停留一下之后，又从另一扇窗子飞出去了，回到它原来的黑暗之中。什么意思呢？如果人生只是现在这一段光明的、看得到的阶段，那你信仰什么宗教都是可以选择的，因为过去是黑暗，将来是黑暗，你只看到现在光明的一段，又怎么去判断什么信仰是对的呢？

庄子把人的生命比作"气"的变化，他说：人的出生，是气的聚合；

气聚则生，气散则死。如果死生是同类的，我又有什么好担心呢！所以万物是一体的。宇宙万物都是气的变化，山河大地，鸟兽虫鱼，无论是一棵树还是一个人，气聚，才能够生；气散，等于时间到了，回归你所来的地方，尘归尘，土归土。所以，人出生以前，并没有这个生命，这身体只是一股气，气恍恍惚惚变成了你的形体，你的生命，然后度过这一生；现在死了，等于又回到这股气里，回到家乡了，在天地间安息了——既然回家，又何必难过呢？回家是件愉快的事情。所以，人应该化解对死亡的恐惧，然后在有限的生命中培养觉悟的能力，亦即明白：气的最后根源是“道”。这是庄子对生死的看法。

庄子讲了很多有趣的故事，帮助别人了解什么是死亡。他以美女丽姬做例子。丽姬的爸爸是边疆的官员，晋国国君要迎娶她的时候，她哭得眼泪沾湿了衣襟；等她进了王宫，与晋王一起睡大床、吃大餐，很舒服的时候，这才后悔当初不应该哭泣。什么意思呢？很多人碰到死亡的时候，哭得很难过，以为死亡很惨，可也许死了之后才发现，死亡并不像你想象的那么惨，那当初又何必要哭泣呢？你怎么知道死去的人不后悔当初自己努力求生呢？这当然是个很调皮的比喻。人对于未知的事情，都会觉得惶恐。但是想一想这个世界的种种烦恼，如果真到了不得已要离开的时候，确实应该坦然一些。

《庄子·知北游》里说：“人活在天地之间，就像白马飞驰掠过墙间的小孔，只是一刹那罢了。蓬蓬勃勃，一切都出生了；昏昏蒙蒙，一切都死去了。既由变化而出生，又由变化而死去，生物为此哀伤，人类为此悲痛。解下自然的弓袋，丢弃自然的剑囊，转移变迁，魂魄要离开时，身体也跟着走了，这就是回归大本啊！”[①]既然是回归大本，所以庄子说，我太太现在死了，她是回家去了，是睡在天地之间了，我应该替她高兴才对，我要鼓盆而歌，来替她祝贺。这真是一种非常豁达的人生态度。庄子知道死也是一种解

① 原文为：人生天地之间，若白驹之过郤，忽然而已。注然勃然，莫不出焉；油然漻然，莫不入焉。已化而生，又化而死，生物哀之，人类悲之。解其天弢，堕其天袟，纷乎宛乎，魂魄将往，乃身从之，乃大归乎！（《庄子·知北游》）

脱，“视死如归”这个成语就跟庄子的说法有关。

到后来庄子自己快死的时候，学生说：“老师，我们要好好替您安葬，您这一生也太苦了。”庄子说：“千万不要，把我丢到旷野就好。”学生说：“不行啊，丢到旷野被老鹰和乌鸦吃掉怎么办？”庄子说：“那你把我从老鹰和乌鸦口中抢过来，埋在地里给蚂蚁吃，你们为什么对蚂蚁那么好呢，真是偏心啊！”[①]你看，他对自己的死亡看得这样潇洒，古今中外恐怕都很罕见。

道家认为，身体只是臭皮囊，老了，腐朽了，枯萎了，自然而然尘归尘，土归土。人生的重点不在于你活多久，也不在于你成就了什么事业，而在于你活着的时候有没有觉悟到人生的智慧，回归于“道”。觉悟了“道”，连生死都可以淡然处之，因为那是合乎自然之道的。面对太太的死亡，庄子鼓盆而歌，表明他觉悟了；等他自己快死的时候，他所表现出来的洒脱是对我们最好的启发。

① 原文为：庄子将死，弟子欲厚葬之。庄子曰：“吾以天地为棺椁，以日月为连璧，星辰为珠玑，万物为赍送。吾葬具岂不备邪？何以加此！”弟子曰：“吾恐乌鸢之食夫子也。”庄子曰:“在上为乌鸢食，下为蝼蚁食，夺彼与此，何其偏也！”（《庄子 · 列御寇》）

第二章　修炼方法

1.浑沌之死

当我们把各种空间、时间、世俗价值观和生死问题等外在有形的限制排除之后，第二步就要设法回归内在。因为一个人一生中所接触到的苦乐，都是由他的自我所造成的，也是自我在感受这些苦乐的。为了回归内在，庄子提出了三个步骤上：第一，要弄清楚什么叫“知”。道家认为，人的欲望除了来自本能，还来自认知。有知就有欲，世人的知用在区分各种价值上，但这种区分往往带来烦恼。第二，从“知”回到“心”。知代表我与外在世界对立，我要去了解它。如何去知？要靠心的作用。第三，提升到天人合一，进而开展出心灵的自由，然后再进一步发展成艺术的、审美的人生。

庄子用了一个“浑沌之死”的寓言来说明“知”的问题。

南海之帝为倏，北海之帝为忽，中央之帝为浑沌。倏与忽时相与遇于浑沌之地，浑沌待之甚善。倏与忽谋报浑沌之德，曰：“人皆有七窍以视听食息，此独无有，尝试凿之。”日凿一窍，七日而浑沌死。

（《庄子·应帝王》）

南海的帝王是倏，北海的帝王是忽，中央的帝王是浑沌。倏与忽时常在浑沌的土地上相会，浑沌待他们非常和善。倏与忽想要报答浑沌的美意，就商量说：“人都有七窍，用来看、听、饮食、呼吸，唯独他什么都没有，我们试着为他凿开。”于是，一天凿开一窍，七天之后浑沌死了。

这说明什么？说明浑沌原来是没有区分的，是一种混同为一的状态，是和谐圆满、没有分裂的。你替他开了七窍，使他可以得到知识，一旦得到知识，他马上就丧失了“道”。老子说：“为学日益，为道日损。”“道”是究竟真实，它不在书本中，也不在人的感官世界里。探求“道”必须去除各种相对知识和世俗欲望。为了追求知识，很可能丧失“道”。

庄子强调一个人的研究态度，首先是“六合之外，圣人存而不论”。举例来说，宇宙之外有没有上帝呢？这是存而不论的。因为你不能证明，也不能否定，所以不要去谈。其次，“六合之内，圣人论而不议”，你可以说，但不要去详细谈论。譬如天文学是什么？地理学是什么？这是六合之内的问题，你可以发表个人见解，但无须与人商议。第三是“春秋经世，先王之志，圣人议而不辩”。中国古代有很多圣王，他们怎么治理老百姓，你可以去商议，但是不要辩论，你一辩论，麻烦就来了。这些都值得我们参考。当你一步步把知的范围限制在一个有效的状况下，就能自我约束，不要太多不必要的知识。否则，你知道得越多，离“道”越远。“道”原来是整体，既然是整体，你就不应该把它区分开。而你在知的时候，一定会造成区分的效果，有区分就有烦恼。

此外，浑沌没有耳目口鼻这七窍，因而与外物无法沟通，也不受外物变化的影响。庄子以此来比喻人类的原始状况。有人说，这不可能吧，有谁不是生下来就有耳目口鼻，并且唯恐这些感官效用不彰的？但在庄子看来，这并非空想。他说：

古之人，在混芒之中，与一世而得澹漠焉。当是时也，阴阳和静，鬼神不扰，四时得节，万物不伤，群生不夭，人虽有知，无所用之，此之谓至一。当是时也，莫之为而常自然。

（《庄子·缮性》）

古代的人，处在混沌蒙昧之中，世间的人全都淡漠无为。那个时候，阴阳和谐宁静，鬼神不来侵扰，四时合乎节序，万物不受伤害，众生没有夭折，人们虽有智力却无处可用，这叫作最高的合一状态。那个时候，无所作为而一切都是自己如此。

换句话说，古人并非没有耳目口鼻，而是在整体中淡漠无为，虽有智力却无处可用，大家单纯地过日子，不分彼此，有如合一的状态。那么，接下去呢？“等到天赋本性开始堕落，就有燧人氏、伏羲氏出来治理天下，就只能顺应自然而无法维持合一状态了。”[①]“天赋本性继续堕落，就有神农氏、黄帝出来治理天下，就只能安定天下而无法顺应自然了。”[②]至此，人的世界从合一状态演变为顺应自然，再演变为安定天下。再往下走，自然是不安定了。跨出这一步，即是江河日下，无法回头。

“天赋本性再继续堕落，就有唐尧、虞舜出来治理天下，大兴教化之风，使人心由淳朴变为浇薄，以作为偏离大道，以行动损害天赋，然后舍弃本性而顺从人心。心与心交相往来，即使有所知也不足以安定天下；于是再添上文饰，加上博学。文饰泯灭了质朴，博学陷溺了心智；然后百姓才感觉迷惑与混乱，无法再回归性命的真实状态而恢复本来的样子了。”[③]也就是说，儒家所推崇的尧舜时代，在庄子看来，那已经是人性第三度堕落的困境了。人若想脱离困境，必须经由适当的修行与觉悟，渐渐回复初始的混沌之心。在无区分的、和谐圆满的心灵状态下，人才可能领悟“道”，人类生命的伟大潜能才可能发挥出来。

---

① 原文为：逮德下衰，及燧人、伏羲始为天下，是故顺而不一。

② 原文为：德又下衰，及神农、黄帝始为天下，是故安而不顺。

③ 原文为：德又下衰，及唐、虞始为天下，兴治化之流，浇淳散朴，离道以为，险德以行，然后去性而从于心。心与心识，知而不足以定天下，然后附之以文，益之以博。文灭质，博溺心，然后民始惑乱，无以反其性情而复其初。

2.心如死灰

庄子谈到人的修炼，第一步要弄清楚“知”，第二步是要找到“知的根源”。知的根源在于心，因此“修心”至关重要。庄子经常提醒我们要“心如死灰”，为什么心要变得像死灰一样呢？因为心的运作确实难测之至。

老聃曰：“女慎无撄人心。人心排下而进上，上下囚杀，淖约柔乎刚强，廉刿雕琢，其热焦火，其寒凝冰。其疾俛仰之间而再抚四海之外。其居也渊而静，其动也悬而天。偾骄而不可系者，其唯人心乎！”

（《庄子·在宥》）

老聃说：“你要谨慎，不可扰乱人心。人心排斥卑下而争求上进，在上进与卑下之间憔悴不堪；柔弱想要胜过刚强，棱角在雕琢中受伤；躁进时热如焦火，退却时冷若寒冰。变化速度之快，顷刻间可以往来四海之外。没事时，安静如深渊；一发动，远扬于高天。激荡骄纵而难以约束的，就是人心吧！”

庄子借老子（老聃）之口描述起心动念的复杂状况。孟子也曾谈到人心，但仅借孔子之口说出一句“出入无时，莫知其乡”，出去回来没有一定的时间，没有人知道它走向何处。相比之下，庄子对人心的描述更加贴切生动，而且观察深刻，入木三分。在《庄子·列御寇》里，庄子又借助孔子之口，列出了五种人表里不一的情况。他说，人心比山川更险恶，比自然更难了解。自然还有春夏秋冬、日夜依序更替的规律，人却是外表厚实情感深藏。所以，有人外表恭谨而内心骄傲，有人貌似长者而心术不正，有人举止拘谨而内心轻佻，有人表面坚强而内心软弱，有人表面温和而内心急躁；“故其就义若渴者，其去义若热”，追求道义有如口渴找水的人，抛弃道义也像逃避灼热的人。所以，理想主义者一念之转，就可能沦为虚无主义者。

人心既然如此复杂多变，所以修炼之道，首在认识自己，省察自心，然后再对症下药，回归真实的自我。因此就出现一个特别的观念："心斋"。顾名思义，"心斋"是指心的斋戒，你的心要像吃素一样，不要想荤的事情。如何才是心斋？庄子讲了一个故事。他说，有一个叫作梓庆的工匠，很会雕刻木头，他刻的东西逼真到什么程度呢？"见者惊犹鬼神"，见到的人都惊讶不已，以为是鬼神所为。国君看了也吓一跳，问他："你怎么能刻得这么像呢，有什么秘诀吗？"工匠回答说：我开始刻的时候，一定要先斋戒，三天之后，不会想"庆赏爵禄"，就是说不去想会得到什么赏赐，或者别人会不会给我一个官做。守斋五天之后就不敢想"非誉巧拙"，不去想别人会不会称赞我，说我技巧高呢。七天之后，就忘了自己有四肢五官了。如此一来，只专注于技巧，让外来的顾虑消失，再深入山林，观察树木的本性，动手加工，雕出让人以为是鬼神所为的作品。

什么意思呢？把心中功名利禄的念头通通排除了，把想要得到别人赞赏的愿望也排除了，最后连自己的身体都要设法超越，然后才去雕刻。这个时候，你的雕刻已经没有主观的欲望成见，刻什么像什么，等于是宇宙的力量在你身上表现出来。你没有一个自我，反而不受隔阂与限制了。这个心斋的比喻说明：我们的心平时都是向外追逐，追逐许多具体的东西而不知道回头，以致忽略了这个心本身只有一个作用，就是要让它静下来，从虚到静，从静到明。我们的心如果充满各种欲望的话，它就是乱糟糟的，把所有欲望都排除掉之后，它自然就虚了，虚了之后就静下来，静下来有什么好处呢？水如果静下来，可以当镜子来用，照出一个人长什么样子。我们的心也是一样，从虚到静再到明，心若澄明的话，宇宙万物皆在我心中，我一看就看到了真相。

我们一般很容易扭曲我们所看到的事物，以我们自己的意思、自己的愿望来扭曲，因此我们都只看到自己想要看到的部分，专家学者也不例外。譬如有一群人一起散步，抬头看见天上的月亮。第一个人说"月亮的光是从太阳折射而来的"，因为这个人是天文学家。第二个人说"嫦娥奔月是多么美"，这个人当然是文学家或诗人。第三个人说"月亮是上帝的另一种启示，让我们在夜晚也可以看到光明，不至于迷路"，这个人显然是宗教家。每一个人看到月亮都可以有不同的看法，但这样就不能看到月亮的真相。当然，我们也很难说清楚月亮的真相是什么。你一说是什么，就代表你已经设有立场；在这种情形之下，你又何必区分它是不是月亮呢？所以庄子设法让我们在心斋这个层次上，让自己的心由虚到静到明。

心能虚静，从外表看来，不就是“心如死灰”吗？当别人都在要弄心机、争奇斗艳、巧取豪夺、夸耀富贵时，你却能对心下一番涤清与整理的功夫，使它进入虚和静的状态。再经由适当的修炼，从虚静之中产生光明，也就是属于灵性层次的境界。这样一来，心不再成为人烦恼的根源、痛苦的渊薮、活着片刻也不得安宁的源头，反而在心如死灰之中展现出人类生命中最可贵的部分：灵性的力量。庄子认为人心的奇妙莫过于此。

3.忘适之适

道家的修养一方面提到“心斋”，与其相对的就是“坐忘”。“心斋”是心要守斋，要把各种复杂的意念、成见、欲望通通去掉，把心变成空虚的状态，这样“道”才能够在心里面展现光明。“坐忘”是我坐在这里休息，突然之间忘了我是谁。但是你说我忘了我是谁，那么又是谁在忘呢？这又是一个问题。所以，你还要把“忘”忘记，好像一个人修行说我今天一定要“忘记自己”，结果坐在那儿拼命想“我要忘记自己”，到最后什么都忘记了，就是“忘记自己”四个字不能忘记，这样一来还是没有达到目标。

庄子倒不是要让我们真的忘记，一个人什么都忘就变成健忘症了。他要我们做到的是“忘适之适”，忘记舒适的舒适。庄子讲了一个寓言故事，他说古代有一位能工巧匠名叫工倕（倕为名，相传尧时被召，主理百工，故称工倕），他随手画一个圆圈，就完全合乎规矩。这是一个熟能生巧的例子。我记得我念中学的时候，有一位地理老师画世界各国的地图，完全不用看书，随手在黑板上一画，就把每个国家的地图通通画出来了。同学请教他，老师你怎么这么厉害，可以把各国地图都记在脑袋里，随手一画就画出来？老师笑一笑，说我就是靠这个吃饭的，能不会吗？他讲得很实在，这是你的本行，如果你不会，谁会呢？任何事情经过长期的练习，规矩内化为本能，做起事来就能水到渠成，甚至巧夺天工。

庄子说，工倕之所以有这样的技艺，是因为他“指与物化而不以心稽，故其灵台一而不桎”，手指顺着外物变化而不必思考计算，所以他的心神专一而没有窒碍。这里的“灵台”就是指心而言，在此说它“一而不桎”，表示它也可能“不一而桎”，所以修养是必要的。接着庄子对“忘”这个字做了说明：

忘足，履之适也；忘要，带之适也；知忘是非，心之适也；不内变，不外从，事会之适也。始乎适而未尝不适者，忘适之适也。

（《庄子·达生》）

忘了脚的存在，是鞋子造成的舒适；忘了腰的存在，是衣带造成的舒适；理智上忘了是非，是心造成的舒适；没有内在的变化，也没有外在的盲从，是一切事情恰到好处所造成的舒适。从舒适开始，然后没有任何情况会不舒适，那就是忘了舒适所造成的舒适。

前两句比较容易了解，譬如你在路上走，或站在教室里，这时候你完全忘记了自己的脚的存在，说明什么？说明你穿的鞋子很合适。当你觉得你有脚时，就表示你的鞋子有问题，你的鞋子可能太小了。同样的道理，你平常没事时，也不会感觉到自己的腰的存在，这表示你的腰带也很合身——当然有些人很难忘记，因为太胖了，不容易找到合适的腰带，或者中午吃完饭，觉得你有个肚子，这表示你的腰带太紧了。庄子先讲每个人都知道的比喻，然后说一个人理智上忘记是非，也是心的一种舒适，说明心处于和谐的状态。否则你老是计较谁是好人谁是坏人，心里难免总是七上八下的。譬如我们喜欢某个政治人物，他要是出了什么状况，我们就替他担心；我们讨厌某个政治人物，他即便做了对的事情，我们也不感到高兴。这实在没有必要。因为每个人都要为自己负责，他做得好是他的努力，他做得不好就应该下台，我们作为老百姓要设法管自己的生活，不要老想着他的对错。当然也不是完全不要计较，而是你不要把是非对错当成一个不可改变的事实。你觉得不对，你就改。人的生命一定要发挥主动性，任何事情我了解了之后，我可以自己来安排，对于后果我完全负责。法国哲学家萨特（Sartre）说，每一个人都是自由的，因为他是被判定为自由的，所以他必须为自己的行为负责。也就是说，你不能找借口，不能说因为别人叫我做，以前的人这样做，或者环境使我不得不做，不行，你必须为自己的行为负责。但是萨特和庄子比较，自由的境界还是不一样。萨特的自由是把“神”去掉了，把别人忽略掉了，自己成为意识的主体，来进行自由的选择；而庄子的自由是有一个“道”作为整体，人的生命在“道”里，完全忘了自己是谁，最后能够“忘适之适”，才是最高境界。

庄子这些想法归根结底是来自“道”的观念。“道”不是自然界，也不是人类世界，却是自然界和人类世界的根源以及归宿。“道”好像江水湖水一样，人活在世界上，像鱼活在江湖里面一样，在水里游来游去，根本忘记自己是一条鱼。当它记起自己是一条鱼时，说明它已经离开水了。你看沙滩河岸上的鱼，一直挣扎，因为它发现自己是一条鱼，需要水。而在水里游的鱼，不会觉得自己是条鱼，它觉得自己就像处在“道”里面，完全忘记自己是谁。

一个人活在世界上，也要像鱼活在水里一样，让自己没有任何挂碍，让自己能够随遇而安，感觉到生命有一种自在的喜悦，这样才能真的做到“忘适之适”。你不要老想着让自己怎么舒适，等你把舒适忘掉的时候，才是真正的舒适。就像很多人常常问，怎么样才能得到快乐呢？庄子的回答是把快乐比喻成蝴蝶，你越是用网子去捉它，它飞得越快，飞得越高，你越捉不住；但你要是不管它，专心做自己的事，把追求快乐这件事忘记，蝴蝶就会自己飞过来，停到你肩膀上。所以，当你没有想到要去追求舒适追求快乐，这个时候你反而进入一种舒适、快乐的状态。

4.天人合一

在化解了外在有形的限制，回归到内心之后，接下来第三步就是往上超越了。庄子有个观念叫“天人合一”。庄子说：“人与天，一也。”人与天是合一的。天代表自然界，人是指人类，两者如何合一呢？如果专就形体来说，则人死后，尘归尘，土归土，人与自然想不合一也不行，但是如此一来，动物与植物不也与天合一了吗？不过，人在活着时，形体显然无法与自然合一。因此，这种合一必定是指人的精神状态，包括：觉悟了自然与我其实是个整体，也体验了我与自然相通为一个整体的快乐。这种觉悟与体验，都是人的心智或精神能力，经由某种修炼所达成的结果。庄子曾假借颜回之口，请教孔子：“何谓人与天一邪？”孔子回答：

有人，天也；有天，亦天也。人之不能有天，性也。圣人晏然体逝而终矣。

（《庄子· 山木》）

有人为的一切，那是出于自然；有自然的一切，那也是出于自然。人为的一切不能保全自然，那是本性的问题。只有圣人能够安然顺应变化到极致。

不论人为的还是自然的，皆是出于自然，就好像万物皆源于天地一样。但是，为什么人为的一切不能保全自然呢？庄子认为那是人的本性的问题。简单说来，人有认知能力，这种能力稍有偏差就会出现区分与执着，认为自己与别人是对立竞争的，并且非要胜过别人不可，然后扭曲了本性，也无法保全自然了。

《庄子・秋水》也曾借河伯之口问：“什么是自然？什么是人为？”北海若说：“牛马生来就有四只脚，这叫作自然；给马头套个笼头，给牛鼻穿个孔，这叫作人为。所以说，不要以人为去摧毁自然，不要用智巧去破坏命定，不要为贪得而追逐名声。谨守这些道理而不违失，这叫作回归真实。”

随着文明的进展，天人合一似乎难以企及了。

要做到天人合一，庄子也强调一个“忘”字。他说：“人的动静、生死、穷达，都不是自己安排得来的。一个人所能做的，是忘掉外物，忘掉自然，这样叫作忘己。忘掉自己的人，可以说是与自然合一了。”在达到“忘己”之前，应该还有一些修炼的方法。《庄子·齐物论》认为，万物互相形成“彼与此”，所以人类最好不要妄分是非，“使彼与此不再出现互相对立的情况，就称为道的枢纽。掌握了枢纽，才算掌握住圆环的核心，可以因应无穷的变化”。以清明的心去观照一切，将可以觉悟：“天地一指也，万物一马也。”天地其实就是一根手指，万物其实就是一匹马。前者是要破除人们对大小的执着，后者是要破除人们对多少的执着。因为无论大小与多少，都在整体的“道”里面。从道看来，人与自然原本是整体中的一部分，所以何必区分为二呢？由此可知，所谓天人合一，并非单纯的人与自然合一，而是人与自然在“道”中合而为一。以道为基础，并且由道的观点来看，人与自然才有可能合一。

不过，庄子的“天人合一”，并不是无知无觉而由必然的规律所促成的。若用一句话来形容庄子的形而上学，可以叫作“气化一元论”。“一元”代表这个宇宙的元素只有一个，那就是“气”。“化”这个字代表宇宙万物连我们人在内，都是气的变化所造成的；有些人的阳气重，有些人的阴气重，每一个人的遭遇、性格都不一样，气也不太一样。但是“气化一元论”有个问题产生，如果宇宙万物都是气所合成与气所分散，那么何必要讲人的道德或知识呢？因为道德或知识对人的“气”没有影响，人死后成了骷髅，好人与坏人都没有差别，化成了泥土完全一样。如果你从这个角度来看人生，你就不能谈价值问题，美丑、是非、善恶都没有意义；这叫作无知无觉、由必然规律所决定的天人合一，这只是庄子思想的第一步。

有些学者研究到庄子思想的第一步，下结论说：庄子的思想是一种植物人的思想。为什么呢？因为人有意志、有理智，他必然喜欢认知，随之就会带来各种灾难。与其如此，不如就不要认知算了，不如跟动物一样，我们什么时候看到一条狗在门边烦恼：“我为什么头发那么少呢？”它不会有这种烦恼，只有人才会有这种烦恼。如果是一棵树的话，烦恼就更少了。我们有时必须南北奔波，已经半夜一两点了，还在高速公路上坐着汽车回家。树木不需要回家，因为它根本没有离开。这叫作植物人的思想，羡慕植物可以靠光合作用生存，没有任何欲望，也没有什么痛苦和灾难。这种思想显然是不对的，你如果这样来看的话，什么都不用谈了。

其次，它不是一种价值中立的消极与无奈。譬如，你看到一个人乐善好施，很愿意帮助别人，做了很多好事。但是你心里想：他做很多好事，跟另外一个人做很多坏事，有什么差别呢？这样一来，就变成消极、无奈的思想，这也不对。道家的天人合一绝不能往这边发展。

真正的道家思想应该是通过天人合一而开展出心灵的自由，然后再进一步发展成艺术的、审美的世界。这是天人合一的意义所在。换句话说，道家的天人合一，它的目的是要使人跟宇宙的距离化解，化解之后，心灵就可以自由翱翔。

5.不死不生

庄子说精神如果逍遥的话，会带来很多快乐，这种快乐的层次很高，绝对不是我们在比较低的层次所能想象的。就像一只小麻雀，飞的高度一向没有超过一百米，又怎能想象一万米以上的高空是什么样子呢？想象不到！所以人也不要先把自己限制住，而是要肯定人的精神有可能达到一种想象不到的高度。换句话说，天下任何人都可以因为发挥自己主体精神的能力，而让自己提升到大鹏鸟所飞的高度。但是你需要一些努力，怎么去努力呢？庄子提出了七个步骤。

第一步是“外天下”。“外”是超越，“外天下”是要设法超越天下的名利权位。第二步是“外物”。“物”是物质、有形可见的一切。要超越有形可见的世界。第三步是“外生”。超越生命，不受生命、欲望所限制。能够做到前三步“外天下”“外物”“外生”的话，就到了第四步，叫作“朝彻”，说早晨的阳光照亮大地。

第五步是“见独”。“独”代表独一无二，“见独”即是看到了宇宙的整体性，原来宇宙是一个整体，我跟万物没有区别。“天地与我并生，而万物与我为一”，是庄子很重要的一个论断，说起来很够气魄，令人精神为之一振。“见独”能够看到“一”。我们平常看到的是“多”，好多房子啊！好多车子啊！你看不到“一”，“一”是什么意思呢？是你根本不再区分了。心里根本没有车子的观念，你怎么会说很多车子呢？有谁会觉得好多空气呢？因为你心里根本没有对空气的区分，就没有多少的问题了。所以“见独”是看到宇宙是合一的整体。

第六步叫作“无古今”。“古今”代表时间上的古代和现在。这时候你已经超越了时间的限制，抵达永恒的境界了。最后一步是“不死不生”。不死不生不是坏事，《庄子》里面的不死不生是你已经超越了生死，你是一个神人。神人是很美妙的，庄子说：“藐姑射之山，有神人居焉。肌肤若冰雪，淖约若处子；不食五谷，吸风饮露。”（《庄子·逍遥游》）好像一个仙女一样，令人听了觉得不可思议，其实他讲的是精神状态。到最后不死不生，逍遥于整个天地之间。对他来说，生就是死，死就是生，永远存在。有人说，人怎么可能永远存在呢？身体总是会消失的。但是不要忘记，人的精神如果与宇宙生命力量相通的话，就不一样了。所以庄子在描写自己的时候，说：“独与天地精神往来，而不敖倪于万物，不谴是非，以与世俗处。……上与造物者游，而下与外生死、无终始者为友。”（《庄子·天下》）往上跟造物者“道”在一起，与道在一起，你还担什么心呢？

道家思想发展到庄子的时候，是从人的知，回到人的心，把人的精神状态掌握住，让它不受外界的干扰，然后向上提升；提升到达一定高度，就可以跟宇宙化而为一。像只大鹏鸟一样，可以飞到任何你想要去的地方，达到精神逍遥的境界。否则，一个人在世界上，一天到晚想的是明天该怎么办，该吃什么，该做什么，谁欠我钱没还……生命就被完全困住了，一点乐趣都没有！

庄子的思想对中国人来说往往是一剂解药。因为中国人接受儒家思想以后，的确是有入世、关怀人群的倾向，要把自己的力量贡献出来，服务别人，这非常好。但是你要注意一点，这种服务永远做不完，你再怎么有能力，也做不完，做到最后，你会想：我是不是知其不可而为之，跟孔子一样，最后累死呢？还是，我既然做不完，就设法往属于我个人生活的这一方面去发展？所以，现代人需要通过道家思想的接引，发展出来一种休闲观念，转化成精神上的逍遥自在。这逍遥自在的境界很难形容，所谓“一沙一世界，一花一天堂”，这不是随便写的，而是经过精神训练过程，让自己达到这种境界之后，可以真实感受到的。感受到生命里有一种活泼的生机，这种生机绝对不是外在的名利权位或个人的理想抱负所能显示的。所以道家思想绝对不是单纯的一种修养而已，它是要你回到根源、回到整体，回到“道”本身。一个人只有回到根源、回到整体的时候，他的生命才能得到真正的安顿。

庄子特别强调，泉水枯了，鱼在泥巴地里以气相呴濡，这样还不如相忘于江湖。江湖就是“道”的比喻。鱼在水里面完全忘记自己是鱼，完全忘记自己跟外物有什么差别，在里面优游自在。我们人能不能像一条鱼一样在大海里逍遥自在呢？应该可以。

第三章　审美情操

1.粘蝉老人

说到审美，先要知道什么是美。儒家认为“充实之谓美”，完完全全做到善就是美。换句话说，美是与人的道德修养联系在一起的。道家说：“天下皆知美之为美，斯恶已。”美只是一种相对价值，以“道”的眼光来看，并没有美与不美的问题，万物皆美。换句话说，美即是真实。一个人若想感受到美，必须以超脱的心灵来看待有形世界，不求现实中任何功名利禄的满足，而只是纯粹感受到生命的创造力源源不绝地表现出来，这就是庄子的审美。因此，庄子的寓言常以平凡的小人物做主角，他们平凡的技艺看起来不起眼，却能够精益求精，终生力行，到最后达到出神入化，让人惊叹不已的程度。“粘蝉老人”的故事就是一例。

庄子说，孔子有一次到楚国去，途中经过一片树林，看见一个弯腰驼背的老人正拿着竹竿在那儿粘蝉，而且粘得又准又快，好像在地上捡东西一样。孔子看了很吃惊，问老人说：“您的技巧高明，有什么诀窍吗？”

曰："我有道也。五六月累丸二而不坠，则失者锱铢；累三而不坠，则失者十一；累五而不坠，犹掇之也。"

（《庄子·达生》）

老人说："我有诀窍。经过五六个月的练习，我在竹竿顶上放两颗弹丸而不会掉落，这样去粘蝉就很少失手了；接着，放三颗弹丸而不会掉落，这样失手的机会只有十分之一；等到放五颗弹丸而不会掉落，粘蝉就好像在地上捡东西一样了。"

这位老人的修炼方法，是在竹竿顶端系上弹丸。我记得我上小学时住在乡下，一到放暑假，最愉快的事是和几个邻居孩子约了去粘蝉，有时候整个下午才粘到一两只。老人在又尖又细的竹竿顶端放上弹珠，弹珠自然摇晃不定，要粘蝉也更为困难，但唯其困难，才能培养过人的本事，到最后像在地上捡东西一样，一弯腰就可以拿到，太轻松了。用竹竿粘蝉能有如此功力，必须经过长期的训练，然而真正的关键是老人下面说的这段话：

吾处身也，若厥株拘；吾执臂也，若槁木之枝。虽天地之大，万物之多，而唯蜩翼之知。吾不反不侧，不以万物易蜩之翼，何为而不得！

（《庄子·达生》）

我站稳身子，像是直立的枯树干；我举起手臂，像是枯树上的枯枝。天地虽大，万物虽多，我所察觉的只有蝉翼。我不会想东想西，连万物都不能用来交换蝉翼，这样怎么会粘不到呢！

老人可以让自己完全不动，身体好像枯树干一样，老人心中所想的只有蝉的翅膀，专注到连万物都不能用来交换蝉的翅膀。这说明这个老人家经过长期的训练，已经把外在的技术变成了内在的本能，好像他本来就可以做到似的。所以，孔子听了粘蝉老人这番话，转头对他的学生说："用志不分，乃凝于神，其痀偻丈人之谓乎！"用心专一而不分散，就能表现出来有如神明的作为。说的就是这位弯腰驼背的老人家啊！

孔子以教书为业，跟学生周游列国时，随机而教。像粘蝉老人这样的表现，在儒家来说本来算不上是登堂入室的大学问。子夏说：“虽小道，必有可观者焉；致远恐泥，是以君子不为也。”（《论语 · 子张》）虽然是小小的技术，也有值得欣赏的地方；不过长期陷于此，恐怕反而会逐渐忘记了人生应该走的正路，所以君子不应该去碰这类小道。在儒家看来，人生的正路是从事德行修养，让自己的仁德日趋完美，走上至善的境界。但在道家看来，你何必去忽略生活的小技术呢，人无论从事什么行业，或学习任何技艺，如果能达到粘蝉老人这种表现，就不妨静下心来加以欣赏，看看一个人如何把规则内化为本能，以至表现得如鱼得水，别人看起来非常困难的事情，他做起来却轻松自在，这也算是一种审美的情操。因为所谓的美，就是值得欣赏。看到别人的技艺神乎其技，在欣赏的过程中暂时忘却了烦恼，觉得人生还是蛮有趣味的，这就是一种美。

《庄子 · 知北游》里还有一个类似的故事，大司马家中有一个制作腰带带钩[①]的人，已经八十多岁了，他所做的带钩没有丝毫差错。大司马问他：“你是有技巧呢，还是有道术？”老工匠回答，我二十岁就喜欢做带钩，“于物无视也，非钩无察也”，对别的东西根本不看，不是带钩就不仔细观察；我用心于此，不用心于别的东西，才能专注于此。

这里的“于物无视也，非钩无察也”与粘蝉老人的“不以万物易蜩之翼”如出一辙。像牛顿在专心研究时，把手表当成鸡蛋放在水中去煮一样，对于科学研究之外的事物实在是不用心至极。有所不用心，才能有所用心。万物会助成“无所不用心之人”，因为“无所不用心”即是“无所用心”，也就是不存在任何特定的目的，对一切都能做到顺其自然。正如一个人“无为”，结果则是一切都自然走上轨道的“无不为”。这样的态度，万物怎能不助成他呢？

我年轻时喜欢把“举重若轻”四个字当成座右铭。一个人经过长期的努力，了解了某项技艺的诀窍，能够把别人认为困难的事情做得轻松自如，甚至是行云流水，是一种很大的享受。像粘蝉老人和制钩老人这样，经由一生

① 带钩为古代男子腰带上的饰品，算是相当贵重的工艺品，所以才有“窃钩者诛”的说法。

的修炼而技艺卓绝，让人感到一种活泼泼的生命力量，实在是一种生命美感的展现。

2.庖丁解牛

“庖丁解牛”是庄子著名的寓言。庖丁是厨房里负责杀牛的厨师。现代人因为受到佛教影响，总觉得杀牛杀猪这类杀生的事情很可怕，但在古代人们看得比较自然，是生活的一部分，总要有人做这些事情。庄子所讲的这个故事就以庖丁为主角：

庖丁为文惠君解牛，手之所触，肩之所倚，足之所履，膝之所踦，砉然向然，奏刀騞然，莫不中音。合于《桑林》之舞，乃中《经首》之会。文惠君曰：“嘻，善哉！技盖至此乎？”

（《庄子 · 养生主》）

有一个厨师，替文惠君肢解牛只。他手所接触的，肩所依靠的，脚所踩踏的，膝所抵住的，无不哗哗作响；刀插进去，则霍霍有声，无不切中音律。既配合《桑林》舞曲，又吻合《经首》乐章。文惠君说：“啊！好极了！技术怎能达到这样的地步呢？”

《桑林》是商汤在桑林求雨时所制作的乐舞，《经首》则是尧（也有说是黄帝）制作的《咸池》中的一章。庖丁在动刀杀牛的过程中，用到手、肩、脚、膝，动作优美犹如跳舞，发出的声响切中音律；血淋淋的宰牛过程，简直成了一场舞乐表演。文惠君一看，说想不到解牛这么好看，这么好听，你有什么秘诀吗？

庖丁放下刀，回答说：“其实我所爱好的是‘道’，已经超过技术层面了。我最初肢解牛，所见到的都是一只整牛；三年之后，就不曾见到完整的牛了。以现在的情况而言，我是以心神去接触牛，而不是用眼睛去看牛，感官作用停止而心神充分运作。依照牛自然的生理结构，劈开筋肉的间隙，导向骨节的空隙，顺着牛本来的构造下刀。连经脉相连、骨肉相接的地方都没有碰到，何况是大骨头呢！好厨师每年换一把刀，因为是用刀割肉；普通的厨师每月换一把刀，因为是用刀砍骨头。如今我这把刀已经用了十九年，肢解过数千头牛，而刀刃还像刚从磨刀石上磨过一样。牛的骨节之间有空隙，而我的刀刃薄得没有什么厚度；以没有厚度的刀刃切入有空隙的骨节，自然宽绰而有活动的余地了。所以用了十九年，刀刃还像新磨的一样。虽然如此，每当遇到筋骨交错的部分，我知道不好处理，都会特别小心谨慎，目光集中，举止缓慢，然后稍一动刀，牛的肢体就分裂开来，像泥土一样散落在地上。”

庖丁描述他解牛的过程，说出了“游刃有余”这个充满自信的成语。之所以能够达到这种境界，最重要的是八个字：依乎天理，因其固然。按照牛自然的条理和本来的构造去动刀，解牛就变成了一种娱乐，非常轻松，会让人觉得把牛解完了，牛还不知道自己被解了，死在他手里，好像也没什么痛苦。所以，任何东西都有一定的条理与结构，你了解了，就找到了线索和诀窍，可以很容易地把它从大化小，从小化无。这样一来，做事的人很轻松自在，不费什么力气，所做的事或处理的问题，也都因为你能够把握关键而迎刃而解。庖丁说他把牛解完之后：提刀站立，环顾四周，意态从容而志得意满，然后把刀擦干净收藏起来。

“踌躇满志”这个成语就出于此，我们想象一般是要当什么领导，不然考上状元，才能叫“踌躇满志”，但庄子在这里讲的只是一位负责杀牛的工人。在《庄子·田子方》里，庄子描写楚国的宰相孙叔敖三上三下，别人让他上台，他上台；别人让他下台，他不但不生气，反而非常愉快。换句话说，上台下台，做任何事情，他都顺其自然，泰然自若，“方将踌躇，方将四顾”（我正踌躇得意，我正环顾四周）。因此，宰相可以踌躇满志，厨子也可以踌躇满志。在庄子的心目中，并没有地位高低、职业贵贱之分。你不要在乎从事的是什么工作，重要的是你如何去做。你把事情做得得心应手，游刃有余，在固定的规范中精益求精，从技术提升到艺术，到达出神入化的境界，以至别人看起来，觉得很美妙，很值得欣赏，你就不妨享受踌躇满志的快乐。

庄子讲完这个故事之后，接着把话题交给这位庖丁的老板，就是文惠君。文惠君说："太好了，我从你解牛的心得里觉悟了怎样养生。"怎样养生呢？还是那八个字：依乎天理，因其固然。按照自然的条理来生活，顺着本来的状况去发展，能够做到这两点，不但个人的生命可以得到养护，周围的事情也会慢慢走上轨道。

3.桓公读书

孔子是典型的老师，他说："温故而知新，可以为师矣。"在此，"故"指古人留下的书册，也指自己早已熟悉的材料；"新"是领悟新的道理。为什么温故可以知新呢？因为书本上的知识与日常生活的经验相互印证之后，将会引发不同的心得。经典再怎么完美，也要依托于经验，否则读书之后起不了什么作用，最多让自己变成两脚书橱罢了。庄子在"桓公读书"的故事里讲了自己对读书的看法。

桓公读书于堂上，轮扁斫轮于堂下，释椎凿而上，问桓公曰："敢问，公之所读者，何言邪？"公曰："圣人之言也。"曰："圣人在乎？"公曰："已死矣。"曰："然则君之所读者，古人之糟粕已夫！"桓公曰："寡人读书，轮人安得议乎！有说则可，无说则死！"轮扁曰："臣也以臣之事观之。斫轮，徐则甘而不固，疾则苦而不入。不徐不疾，得之于手而应于心，口不能言，有数存焉于其间。臣不能以喻臣之子，臣之子亦不能受之于臣，是以行年七十而老斫轮。古之人与其不可传也死矣，然则君之所读者，古人之糟粕已夫！”

（《庄子·天道》）

桓公在堂上读书，轮扁在堂下做车轮。轮扁放下槌子和凿子，上堂去问桓公说：“请教大人，大人所读的是什么人的言论？”桓公说：“圣人的言论。”轮扁说：“圣人还活着吗？”桓公说：“已经死了。”轮扁说：“那么大人所读的，不过是古人的糟粕罢了！”桓公说：“寡人读书，做轮子的人怎么可以随便议论！说得出理由就算了，说不出理由就处你死罪。”轮扁说：“我是从我做的事来看。做轮子，下手慢了就会松动而不牢固，下手快了就会紧涩而嵌不进。要不慢不快，得之于手而应之于心。有口也说不出，但是这中间是有奥妙技术的。我不能传授给我儿子，我儿子也不能从我这里继承，所以我七十岁了还在做轮子。古人和他们不可传授的心得都已经消失了，那么君上所读的，不过是古人的糟粕罢了。”

“糟粕”是洗米时剩下的米糠，没用的东西。堂堂一国之君在那儿读书，一个做轮子的工人乱发议论，这还得了。所以桓公一听很生气，说你要是不说出个道理，就判你死罪。做轮子的工人年纪也不小了，他不慌不忙，说出自己做轮子的一些体验。他说，做轮子需要一种长期的训练，手该怎么用力，什么时候快，什么时候慢，我的手了解。了解到什么程度呢？我心里知道，但没办法讲，所以这种技术我不能教给儿子，我做轮子做到七十岁才可以“得之于手而应于心”，但仍然不能卸下重担，为什么？因为儿子还需要慢慢磨炼，还不能独当一面。

这说明什么？说明一个人做一个行当，做了几十年，确实有些手艺和心得了，但却说不出来更写不出来，因为你说出来写出来的东西和实际情况会有落差，等于你光看书本上的东西还不够，必须亲自实践了，演练了，才能体会其中的奥妙。就像武侠小说里写的，光看怎么练武功的秘诀不行，一定要画个图，气怎么导入丹田，一招一式怎么做，必须弄清楚，才能去学；学了之后，还得有人指导、把握，如果没人管，恐怕到最后就走火入魔了。

对于桓公读书，轮扁提醒他，你不要光读死书，古人写的书是他思想的成果，而思想本身是灵活的，你要懂得怎么应用才行。我们从小到大读书，看到的都是文字，这个文字到底能够启发你多少，是个问题。印度哲学谈到人的智慧有三个层次：第一是“闻”，听老师怎么说；第二是“思”，自己去思考；第三是“修”，亲身去实践。闻、思、修这三种智慧是不一样的。如果只听老师讲，讲完就算了，口耳之间不过四寸，耳朵听到嘴巴说出来，引述老师的话，那不叫真正的智慧。思考老师的话之后，用自己的话再说一遍，才有自己的心得。譬如我教书的时候，会让学生写读书报告，就是看他到底了解了多少，有没有自己的心得。但是真正的觉悟要靠“修”，也就是修行实践，把老师所说的想清楚了，设法去做，做到了之后才有真正的体会，而这种体会有时候是说不出来的，如人饮水，冷暖自知。

“桓公读书”的故事把千古以来怎么读书的道理都说出来了。一个社会为什么能够进步？因为一代代人读书之后，能够思考、实践，得到更多的心得，继续传下去。否则文化没办法传承，人类文明不可能进步。所以，书是要读，但要把书本上的智慧消化吸收，还必须自己亲手去操作，与实践相结合，才能够有真正深刻的心得。有了心得之后，就不会再执着于表面上的文字章句了。

4.谁是美女

“美女”是一种主观的判断。在人类社会中，确实有少数人被公认为美女，《庄子》提到的共有四位：西施、毛嫱、丽姬、无庄。毛嫱是越王宠姬，丽姬是晋献公夫人，都是古代的美女。但庄子质疑说，人们所认为的美女，真的就美吗？不一定。

毛嫱、丽姬，人之所美也，鱼见之深入，鸟见之高飞，麋鹿见之决骤。

四者孰知天下之正色哉？

（《庄子·齐物论》）

毛嫱、丽姬是众人欣赏的美女，但是鱼看到她们就潜入水底，鸟见了她们就飞向高空，麋鹿见了她们就迅速逃跑。这四者，谁知道天下真正悦目的美色是什么？

我们现在形容一个人很美丽，说她有“沉鱼落雁”之姿，但庄子本来的意思并不是说她美，而是说我们人类所认同的美女其他动物并不接受。毛嫱、丽姬很美，但是这些美女到河边去的时候，鱼吓跑了，鸟飞走了，麋鹿像见到鬼一样，跑得很快。为什么？因为你要问一条鱼，谁最美？答案当然是另一条鱼。问一只鸟，谁最美？答案是另一只鸟。麋鹿也一样。庄子看待万物，首先要还原万物自身的价值，不以人的想法作为价值判断的唯一标准，也就是要破除人类中心主义。因为以人类的价值观来评判万物，对万物是不公平的。你一联系到人类的感受、人类的需要，这个美就被限制住了。

民湿寝，则腰疾偏死，鳅然乎哉？木处，则惴慄恂惧，猿猴然乎哉？三者孰知正处？民食刍豢，麋鹿食荐，蝍且甘带，鸱鸦嗜鼠，四者孰知正味？

（《庄子·齐物论》）

人睡在潮湿的地方，就会罹患腰痛，甚至半身不遂，泥鳅也会这样吗？人住到树上，就会担心害怕，猿猴也会这样吗？这三者，谁知道真正舒服的住处是哪里？人吃肉类，麋鹿吃青草，蜈蚣喜欢吃小蛇，猫头鹰与乌鸦喜欢吃老鼠；这四者，谁知道真正可口的味道是什么？

泥鳅、猴子认为舒服的地方，人受不了；人所吃的食物，有的动物不能消化；人所认为的美女，别的动物未必认同。所以，人类中心主义到底对不对？这是庄子启发我们思考的问题。不过，把“人类中心主义”的观念去掉，还剩下什么？这也是一个问题。因为人毕竟是人，人如果不从人的角度来想，替鸟设想，替鱼设想，替泥鳅想，替猿猴想，但你永远也不可能变成鸟、鱼、泥鳅、猿猴，那你为它们所做的设想对不对呢？就像很多人养宠物，冬天的时候给狗穿衣服，这狗后来就去看心理医生了。为什么？因为它上街一看，怎么别的狗都不穿衣服，我穿衣服，我这只狗有什么问题吗？西方有很多动物心理医生，许多猫和狗跟人相处久了之后，变得不正常了。所以人有时候太过主观，替这个想，替那个想，但可能会造成各种不愿见到的后果。

况且，人类自身的价值标准也是多元化的。非洲的长颈族部落，让女孩子从小在颈子上戴铜环，脖子拉得愈长愈美；我们这边的美女过去，他们会认为太难看了，因为脖子短。庄子说，有一次齐桓公碰到一个人，这个人长得奇形怪状，脖子粗得不得了。齐桓公看他看久了之后，反而觉得一般人的脖子怎么那么细呢。换句话说，人类自身的许多价值观，会因习俗、习惯的缘故而有所差别；那么对待万物，又何必坚持把人类的价值观作为唯一的判断标准呢？庄子举了这些例子之后，接下来说：

> 自我观之，仁义之端，是非之涂，樊然殽乱，吾恶能知其辩！
>
> （《庄子·齐物论》）

在我看来，仁义的头绪、是非的途径，都是纷杂错乱的，我怎么能知道其中的分辨呢？

什么意思？庄子在批评儒家，儒家喜欢讲仁义，但这样讲久了，如果有人做不到怎么办？装啊。假仁假义，或不仁不义还要装出仁义的样子，那不就天下大乱了吗？所以，你怎么能够分辨，到底什么样的价值观对人类是真正好的呢？庄子这样说，倒不是故意反对孔子，而是觉得儒家过分强调仁义，会使很多缺乏根基的人为了要表现出仁义的外在行为而作秀和演戏；或者我认为这套“仁义”标准很好，以此来衡量别人，反而忽略甚至抹杀了人的天生本性所自然带来的一种价值。

庄子的观察非常深刻、准确。人活在世界上很容易犯的毛病是主观，以人类的价值观为标准衡量万物，或者以自己的价值观为标准衡量别人。但是如果换个角度，以“道”的眼光来看，就会发现万物之中处处都有“道”的光彩，万物自身都各具美妙之处。西方有一句谚语：“自然界不跳跃。”意思是：自然界没有所谓的真空存在，所有的现象皆是连续发展的，由此形成一个互动的整体。既然如此，又有什么东西是可有可无或一无是处呢？

5.自以为美

“自以为美”出自《庄子·山木》，故事很短。

阳子之宋，宿于逆旅。逆旅人有妾二人，其一人美，其一人恶。恶者贵而美者贱。阳子问其故，逆旅小子对曰：“其美者自美，吾不知其美也；其恶者自恶，吾不知其恶也。”阳子曰：“弟子记之！行贤而去自贤之行，安往而不爱哉！”

（《庄子·山木》）

阳子到宋国去，住在一家旅店。旅店主人有两位小妾，其中一人美丽，一人丑陋；丑陋的受主人宠爱，美丽的却受到冷落。阳子询问其中的缘故，旅店主人说：“美丽的自以为美丽，我却不觉得她美；丑陋的自以为丑陋，我却不觉得她丑。”阳子说：“弟子们记住，行善而不要自以为有善行，到哪里会不受喜爱呢？”

这段话的意思并不复杂。一个人有两个妾，一个相貌美丽，一个相貌丑陋。结果这人对美女很冷落，对丑女却非常宠爱。一般人奇怪，怎么会有这种人呢，好像弄反了嘛。答案很简单，他说，美丽的以为自己美，我却不觉得她美；丑陋的以为自己丑，我却不觉得她丑。为什么呢？因为一个人美丽而自以为美丽，自然就有一种骄气，觉得我外表长得比别人好，很高傲；相反，一个人外表丑陋，她知道自己丑陋，性格反倒会比较温柔，比较谦虚。而人跟人相处久了，外表真的已经不重要了，因为每天很熟悉了，长得好看又能怎么样？譬如很多人奇怪，英国查尔斯王子怎么会喜欢卡米拉超过喜欢戴安娜呢？戴安娜长得美，全世界都知道，经常上杂志封面嘛；卡米拉上杂志，恐怕要化一点妆——但是查尔斯王子选择了卡米拉，恰好是因为“其美者自美，吾不知其美也”。

人与人相处最主要是看意气是不是相投，气息能不能相通。如果你谦虚、温柔，气息自然容易相通，谁不喜欢跟谦虚、温柔的人相处呢？反之，你觉得自己有各种优越的条件，因而产生一种骄傲的态度，别人也不会愿意接近你。孔子说：“如有周公之才之美，使骄且吝，其余不足观也已。”孔子最崇拜周公，但他说即使你有周公那样卓越的才华，如果你骄傲又吝啬，其他部分也就不值得欣赏了。为什么？因为骄傲代表自我中心，喜欢跟别人比较；吝啬代表不喜欢帮助别人，再有才华也只不过是四个字：自私自利。这样一来，别人又怎么能够欣赏你呢？

庄子对这种情况很了解。他说一个人长得很美，如果没有人告诉她，她也不会觉得自己美；如果有人跟她说，哎呀，你长得真美，她就忽然开始喜欢照镜子了，喜欢跟别人比较，最后她的美就只剩下外表。我们今天这个社会非常重视广告、媒体等各种宣传。有些俊男美女其实蛮委屈的，因为他们长得漂亮，大家看他们都看外表，他们也被迫重视自己的外表，以致没有时间照顾内心。或者有些人的内涵挺不错的，但根本没有机会表现，就因为他的外表太过于亮丽了。但外表是不可依靠的，一个人到了一定年纪还要靠长得英俊或美丽来博得名声，是不可能的。你到一定岁数就必须承认，岁月不饶人，人更重要更恒久的是内在修炼。你要能认识自己，知道自己这一生到底要追求什么；你跟别人来往时，要尽量减少别人对你产生的影响。如果经常有人对你说，哎呀，你长得很美或你很怎么样，对你反而是一种诱惑，可能让你失去了解自己的机会，忘记要耕耘自己内在的部分。一个人不论外表美还是丑，最后还是要立足内心。

阳子最后跟学生说：“行贤而去自贤之行，安往而不爱哉！”你可以做好事，但不要老是念念不忘自己做了好事，这样你到任何地方去，谁不欢迎你呢？像是老子所说的“自伐者无功”，自己夸耀自己，功劳就谈不上了；你不夸耀自己，别人反而会记得你有功劳。一个人越是谦虚、内敛，别人越喜欢说你有什么样的成就，这是一种人性的自然状况。因为你的谦虚对他来说没有什么威胁，没有什么压力，他可能很乐于承认你的成就。相反，你自吹自擂、自夸自大，别人看到你就有压力，觉得有威胁，反而不愿意承认你有什么杰出之处了。西方有句格言："善于隐藏者乃善于生活者。"一个人善于隐藏，他才善于生活；你如果不隐藏，稍微有点什么本事就表现出来，你马上就会被人家连根铲除。政治上的发展也好，人与人之间的相处也好，越有才华、头角峥嵘的人，越早被人家摆平。相反，那些平平凡凡、你不知道他会做什么的人，反而一个个过得很自在。

第四章　处世态度

1.孝的六种境界

儒家谈孝顺，可谓名正言顺。《庄子·人间世》特别借孔子之口说："天下有两大戒律：一是命，一是义。子女爱父母，这是自然之命，是人心所不可解除的；臣子侍奉国君，这是人群之义，任何国家都不能没有国君，这在天地之间是无可逃避的。这叫作大戒律。"简单几句话，说出了儒家的信念。庄子是道家的代表，很多人以为，道家平常不大谈孝顺吧，因为孝顺显然是一种社会规范，而道家是潇洒的，会逍遥自在地化解各种社会规范带来的压力。但事实上，庄子不但谈孝道，而且比儒家更进了一步。

以敬孝易，以爱孝难；以爱孝易，而忘亲难；忘亲易，使亲忘我难；使亲忘我易，兼忘天下难；兼忘天下易，使天下兼忘我难。

（《庄子·天运》）

用恭敬来行孝容易，用爱心来行孝较难；用爱心来行孝容易，行孝时忘记双亲较难；行孝时忘记双亲容易，行孝时使双亲忘记我较难；行孝时使双亲忘记我容易，我同时忘记天下人较难；我同时忘记天下人容易，使天下人同时忘记我较难。

庄子把孝顺分成六个层次，一层比一层高，一层比一层难。第一，用恭敬来孝顺，合乎礼仪的要求，包括早上晚上向父母请安；出门向父母报告去什么地方，省得父母操心；出于恭敬之心向父母嘘寒问暖；即使看到父母将会犯错，也要温和委婉地劝阻，“事父母几谏，见志不从，又敬不违，劳而不怨”。

第二，用爱心来孝顺。这已经不容易了，像孔子说的子女对父母孝顺，脸色保持和悦是最难的。朱熹的注解是，“盖孝子之有深爱者，必有和气；有和气者，必有愉色；有愉色者，必有婉容；故事亲之际，惟色为难耳”。只有心里有深刻的爱，才会好颜好色来面对父母。

第三，行孝要能够忘记双亲。什么意思呢？做父母的都知道，通常孩子进了高中，就不太愿意跟父母沟通了，不希望父母知道自己的秘密。很多孩子在家里上网、看影片，看到父母来了，赶快停下来，为什么？不希望父母知道自己在跟谁联络，在看什么节目，玩什么游戏，这就代表你跟父母划清界限了。庄子认为这样不好，一个真心孝顺的人应该把父母当成朋友，经常跟他们沟通、聊天；跟父母在一起的时候，非常自在，怡然自得，父母也会觉得跟小孩没什么代沟，生活得非常愉快。

第四层孝顺是要让父母亲忘记我是子女。譬如有时候父母在谈话，子女一出现，父母就不说了，因为谈的是社会国家大事，或者长辈之间的关系，不希望让小孩子听到，小孩子听多了，有时反而制造各种困扰。庄子认为这样也不好，应该让子女成为父母亲最有默契的朋友，彼此可以无话不谈，而父母接受我的孝顺，也觉得自然而然。

第五层孝顺，我要同时忘记天下人的存在。我行孝时，别人的看法、世俗的评价对我已经不再有任何影响了。譬如“父子骑驴”的故事：父子两人赶驴进城，别人说这驴没人骑太可惜了，于是儿子骑了。路边的人说，儿子不孝顺，应该让父亲骑；但父亲骑了，旁边的人又说，父亲不慈爱，怎么不让儿子骑？等到两个人一起骑驴，别人看到又说，这俩人是在虐待动物啊。到最后不知道该怎么办才好。所以真正的孝顺是你不要在乎别人怎么说怎么看，父母和子女开心快乐最重要。

第六层是孝顺的最高境界，即使天下人根本忘记“我在孝顺”这回事。忘记不是抹杀或忽略，是我做了但不放在心上，做我该做的事，该做的事对我不构成压力，可以做得很自然。做事有两种态度，一种是做得很辛苦，因为非做不可；第二种是做得很自然，好像本来就应该这样做，没什么压力，一切都很愉快自在。最高的孝顺也是这样，让人不知不觉地认为原本就应该如此。

综上所述，可知儒家的孝顺顶多可以谈到第二层与第三层之间，庄子却可以一路向上谈到六个层次。从以恭敬爱心孝顺到忘记父母，再到让父母忘了我是子女，最后到让天下人忘记我在孝顺。也就是从开始有心孝顺，到后来无心也孝顺，再孝顺到根本不觉得有心无心，一切都很自然。在道家看来，人生的最高境界是让一切都顺其自然，别人做得很辛苦，你做得很自然，毫无勉强，孝顺也是一样。人每天都要呼吸，每天都要吃饭，孝顺父母也跟呼吸吃饭一样，好像本来如此，没有任何勉强。

其实，人间的很多规范，都是先按照外在的要求去做，做久了就变成自动自发，从被动变主动，自然而然去做。在儒家来说，需要从真诚出发，进行德行的修养，而道家比较强调智慧的觉悟。庄子虽然没有直接说出具体怎么孝顺，只是提出了一些很高的境界，但这种境界最后还是要回到“道”，因为父母子女都来自“道”，最后也要回归于“道”。如果承认孝顺是出于天性，那么凡是出于天性的终究要在“道”里面形成一个整体，不忘也不行啊。这是道家所理解的孝道最高的境界。

2.算命不如修养

庄子对于怪、力、乱、神一向没有什么忌讳，却有自己独特的批判眼光。他那个时代流行以龟为灵验的算命工具，庄子就编了一则“神龟托梦”

的寓言，说明“人算不如天算”的道理。

他说宋国的国君宋元君有一天晚上睡觉，半夜里梦见有人披头散发，站在卧室门边向他求救：“我来自一个名为宰路的深渊，被清江之神派往河伯那里去，你们的渔夫余且捉住了我。”元君醒来之后，叫人占卜此梦，卜者说：“这是一只神龟啊。”元君问：“那咱们这里有叫余且的渔夫吗？”旁边的人说：“确有此人。”元君说：“命令余且来见我。”第二天，余且上朝。元君问他：“你是不是捕到了什么东西？”余且说：“我网住了一只白龟，直径有五尺长。”元君说：“那把你的龟献上来。”龟献上之后，元君又想杀它，又想养它，心中犹豫不决，又叫人来占卜。卜者说：“杀这只白龟用来占卜，吉利。”于是挖去龟肉，用龟甲占卜，七十二次都没有失误。这个故事传出之后，孔子说话了——庄子写文章多用“寓言”，其次用“重言”，借重古人的话，孔子经常出现，当然并不是真的孔子，而是庄子的杜撰。

仲尼曰：“神龟能见梦于元君，而不能避余且之网；知能七十二钻而无遗策，不能避刳肠之患。如是，则知有所困，神有所不及也。虽有至知，万人谋之。”

（《庄子·外物》）

孔子说：“神龟可以托梦给宋元君，却不能避开余且的渔网；它的智巧能够占卜七十二次都没有失误，却不能避开挖肉的祸患。这样看来，智巧有穷尽之时，神妙有不及之处。即使有最高的智巧，也避不开万人的谋害。”

“虽有至知，万人谋之”，说明什么？人算不如天算。一个人再怎么聪明，有最高的智巧，但是一万个人来图谋你，你还是逃不开。所谓“三个臭皮匠，顶个诸葛亮”，三个臭皮匠联合起来对付你，就算诸葛亮恐怕也有失算的时候，因为“智者千虑，必有一失”，何况是万人共同联手，你这只神龟再神妙也没有办法。

接着，孔子讲了一个比喻：“鱼不畏网而畏鹈鹕。”鹈鹕是一种善于捕鱼的鸟，它出现的时候，河面上会有倒影，鱼一看，知道鸟来抓它了，拼命往下潜逃。能被鹈鹕捕捉的鱼顶多几十条，被渔网捞起来的鱼却成千上万。说明什么？鱼的智巧能分辨鹈鹕带来的危险，却不知道真正使它无所逃避的是更可怕的渔网。在道家思想里，“网”这个字很有意思。老子说“天网恢恢，疏而不失”，天网看起来好像有很多宽松的孔，但它不会有任何闪失，任何人犯错都会被逮到，只是时机问题而已。

庄子讲这个故事是要强调，人活在世界上，你再怎么聪明智巧，都不要倚仗着自己的聪明来图谋很多事情；如果别人联合起来对付你，你双拳难敌四手，更不要说人多势众了。这就像很多人给别人算命算得很准，但他算不到自己的命。这只神龟可以托梦给宋元君，但它避不开渔网；它的壳可以占卜准确，但它避不开自己被杀的命运。为什么呢？算命有一定的准确度，但变数也很多，如果人生所有的事用算命都可以算准，还用奋斗吗？算你命好能上大学，你不用功可以学成吗？

所以，人活在世界上，想要保全自己的生命，把握自己比较平安的未来，不要依靠一些神妙的方法，依靠的还是老老实实地为人处世，安分守己。包括算命这种事情，也不可多算，命愈算愈薄，算了半天，到最后不准，你还要找各种理由来说服自己没有那种福分，何必呢？算命不如修身。《易经》以六十四卦与三百八十四爻来代表人间各种复杂的处境，并且为每一个卦和爻写下占验，说明其吉凶悔吝。这一套占卦系统有其灵验之处，但其原理却是强调修德的重要性。理由是：有欲望，才会有得失；有得失，才会有吉凶。如果减少欲望，就可以消解得失之心，然后也就不会受制于吉凶之说了。“止谤莫如自修”就是这个道理。修养到达一定程度时，自然可以逢凶化吉，正如“谦卦”代表谦虚，而六爻“非吉则利”。反之，若无任何修养，则难免招来别人的图谋与敌视，那时命运就不堪设想了。

3.材与不材之间

人生是由一系列选择构成的，选择时所参考原则的优先级就形成了一套价值观。我们在社会中生活，自然接受大家都认可的价值观，但是这样的价值观是否正确呢？庄子提出了质疑，他用很多比喻来说明世间价值观存在的问题。

庄子行于山中，见大木，枝叶盛茂，伐木者止其旁而不取也。问其故，曰："无所可用。"庄子曰："此木以不材得终其天年。"夫子出于山，舍于故人之家。故人喜，命竖子杀雁而烹之。竖子请曰："其一能鸣，其一不能鸣，请奚杀？"主人曰："杀不能鸣者。"明日，弟子问于庄子曰："昨日山中之木，以不材得终其天年；今主人之雁，以不材死。先生将何处？"庄子笑曰："周将处乎材与不材之间……"

（《庄子·山木》）

庄子在山中行走时，看见一棵大树，枝叶十分茂盛，伐木的工人在树旁休息，却不加砍伐。庄子问他什么缘故，伐木的人说："这棵树没有任何用处。"庄子对弟子说："这棵大树因为不成材，得以过完自然的寿命。"庄子一行人从山里出来后，借住在朋友家中。朋友很高兴，命令家童去杀鹅来款待客人。家童请示说："一只鹅会叫，另一只鹅不会叫，请问该杀哪一只？"主人说："杀不会叫的那只。"第二天，弟子请教庄子说："昨天山中的树木，因为不成材得以过完自然的寿命；现在主人的鹅，却因为不成材而被杀。老师打算如何自处呢？"庄子笑着说："我将处于材与不材之间……"

这段故事中，山木与鹅的对比非常生动。山中那棵大树，虽然长得枝繁叶茂，却因为不成材，无用，反倒避免了被人砍伐的命运。所谓无用恐怕是说这棵树长得弯弯曲曲，或者木材本身不适合做家具，在伐木者看来没什么用处。两只鹅，会叫的显然有用，不会叫的无用。我们小时候住乡下都知道，鹅是可以看家护院的，家里来了生人，鹅会叫，有时候还会扑上去咬人，凶得很。所以，在选择哪一只鹅做菜的时候，会叫的鹅被留了下来，不会叫的“无用”的鹅被杀了。学生就问庄子，有的是没有用（不材）可以活得久，有的是没有用被杀，到底应该选择有用还是无用呢？老师您应该如何自处呢？

这真是一个好问题。通常第一种“不材”的情况容易理解。所谓“直木先伐，甘井先竭”，越直的树木越先被砍掉。为什么？可以做栋梁之材。水很甜美的井先被喝光，喝光之后，人们再去找那些比较平常的水井。人间社会也是一样，一个人如果有用，是个人才，恐怕就“能者多劳”，大家都要来麻烦你了，到时候你就很辛苦了。现在有个词叫“过劳死”，过度劳累，最后结束生命，非常可惜。所以，真正的人才会为人所用，而被用之后当然是提早报销。但是鹅因为“不材”也被杀。学生就问，材与不材，到底该怎么办呢？庄子回答，我要处在材与不材之间，所谓“似之而非”，每一次都要视具体情况而定。也就是说，外面有什么样的变化，我尽量跟它一起变化，不要让自己成为别人针对的目标，成为别人达到目的的阻碍。

这话说起来容易，做到却难。你首先要判断材与不材在哪种状况下会有危险；判断清楚，才能每一次都避开危险。譬如这次要做“人才”才能避开危险，像那只会叫的鹅，那我就表现我人才的一面；下次要做“不才”才能够保全，那我就学那棵大树，做一棵不材之木。换句话说，材与不材的前提是你要充分了解世界上所有事情的利害状况、人情冷暖、世间险恶，各种情况都了解了之后，才能在各种处境下随机应变，全身而退。“随遇而安”就是这个道理。人不能太执着，千万不要说我一定要怎么样，一定不怎么样。西方有句谚语：“绝对不要说绝对不。”譬如你说“我下一次绝对不理你了”，代表下一次你一定非理他不可。为什么？因为当你说“我绝不理你”时，代表你和对方有非常深刻的关系；对于一般人，根本就不用说这种话，自然就不理了。所以对任何事情，都尽量不要说出我非怎么样不可的话，万一做不到，再回过头来说早知道如此我当初不那么说了，何必呢？

庄子对人生是一个非常清醒的观察者，他的很多策略建立在对人情世故的了解之上。他对人性看得很透彻，有时候人们会认为庄子好像太消极了，因为他对人生冷嘲热讽，讲了很多愤世嫉俗的话。要不然就有点滑头，在“材与不材之间”，好像是虚与委蛇。没错，“虚与委蛇”这个词就源自《庄子》：“乡吾示之以未始出吾宗。吾与之虚而委蛇，不知其谁何，因以为弟靡，因以为波流，故逃也。”（《庄子·应帝王》）翻译成：刚才我显示给他的是完全不离本源的状态。我以空虚之心随顺他，使他不知我究竟是谁，一下子以为我顺风而倒，一下子以为我随波逐流，所以立刻逃走了。虚与委蛇的原意是好的，不是虚伪，而是顺着情势去发展。所谓“形势比人强”，你做任何一件事都要看时机，看条件是否成熟，条件不成熟，你再怎么努力，也不见得有成果，还可能付出很大代价。条件成熟时，你就顺其自然去做，就算结果不好，也不要太在意，因为从“道”的角度来看，万物是一个整体，人的一生也是一个整体，在整体里根本没有得失成败的问题，失意和得意加起来的总和是一样的。

4.从容的风度

道家的思想，有时难免让人觉得有点抽象。譬如老子说：“道，可道，非常道。”能够用语言表述的，不是永恒的道。“吾不知其名，强字之曰道，强为之名曰大。”我不知道这种东西的名字，只好称它为“道”，勉强形容的话，就是“大”。换句话说，“道”只是一个勉强取的名字，很难解释它是什么。庄子与老子不同，他喜欢说故事。他说的故事有什么特色呢？简言之，就是虚虚实实，根据某些历史资料，再搭配他想象中的人物和言论，然后画龙点睛一般，展现他的基本观念。他的观念不但发人深省，而且可以付诸实践。

《庄子·田子方》有一段记载如下：“百里奚不把爵位俸禄放在心上，

所以养牛而牛肥，让秦穆公忘记他地位卑贱，把国政交给他。舜不把生死放在心上，所以孝行感动世人。”[①]从时间先后来说，舜在前而百里奚在后；就困难程度而言，不在乎生死显然高于不在乎爵禄。庄子在这里强调的是修养的顺序。百里奚要感动的是秦穆公一人，舜所感化的则是天下百姓。关键在于，他们都是无心而为，一方面不考虑外在的利害，不存着刻意的目的；另一方面，则是专心尽好自己的本分，然后顺其自然。在这两个历史人物之后，庄子才道出了他所编的故事：

宋元君将画图，众史皆至，受揖而立，舐笔和墨，在外者半。有一史后至者，儃儃然不趋，受揖不立，因之舍。公使人视之，则解衣盘礴，裸。君曰：“可矣，是真画者也。”

（《庄子·田子方》）

宋元君打算画些图样，所有的画师都来了，行礼作揖之后站在一旁，调理笔墨，半数的人都站到门外去了。有一位画师稍晚才到，悠闲地走进来，行礼作揖之后也不站立恭候，直接到画室去了。宋元君派人去察看，他已经解开衣襟，袒露上身，盘腿端坐着。宋元君说：“行了，这才是真正的画师。”

画师是有专业技能的人，但也要守规矩。因为守规矩，所以给国君画像时，难免有点放不开，变得太拘谨了。有一位画师很特别，他迟到了，进来之后，作了揖，行了礼，就直接到画室去了，表现得非常从容。为什么？他认为你既然要我来画画，我就画，其他外在礼节点到为止，我要表现的是一个画师的风范，把自己的专长展现出来，而不在意别人的称赞或批评。所以他到了画室，解开衣襟，袒露上身，盘腿坐好，干什么？准备施展他的绘画技术。一个人要在很自在的状态下，才能充分发挥他的创意，要不然画画的时候穿那么整齐，施展不开怎么办？所以，宋元君不用看他的画，只看他的

---

① 百里奚，原虞国大夫，虞国被晋国灭亡后，他被卖到秦国为人养牛。舜多次被父亲、继母和弟弟所谋害，依然不改孝悌。

态度、行止，就断定他是一位真正的画师。

庄子用这个故事说明一个追随道家的人所应表现出来的潇洒风度。这个故事显然影响到东晋的一位大书法家王羲之，《世说新语》里有个关于他的故事：郗鉴与王导都是朝廷大官，门当户对。郗鉴想去王导家挑女婿，派了一位使者，言明来意。王导说："你到东厢房去挑吧，那里住的都是子侄辈，有好几位年轻人。"使者就到东厢房去看，看了之后回去跟郗鉴报告，说王家的子侄都是人才，每个人都庄重沉稳，只有一位比较特别，"在东床上袒腹卧，如不闻"，这人好像没有听过选女婿这事一样，不像别人那样打扮得整整齐齐，而是躺在东床上，露出上半身在那儿睡觉呢。郗鉴一听，说："好，就是他吧。"打听之下，原来这个人是王羲之，于是把女儿嫁给他了。

这个真实的故事创造了一个成语"东床快婿"。当时的上层社会常是家族聚居，子侄辈也生活在一起。王家是大户人家，众子侄听说郗太傅挑女婿，自然梳洗打扮一番，刻意表现得文质彬彬，希望可以雀屏中选。只有王羲之保持他原来洒脱的个性，结果反而获得青睐。为什么？因为郗鉴所欣赏的，是不做作的自然本性，唯有真实的面貌才能持续一生。若是为了讨好别人而装模作样，将来结婚之后还能如此文雅吗？不一定。而对王羲之来说，挑女婿是别人在决定，谁能预测其判断标准呢？因此与其迁就别人而委屈自己，不如老老实实表现出平常的态度，"得之我幸，不得我命"，世事岂可强求？

郗鉴和王羲之显然都念过《庄子》，知道这段故事。这种潇洒的态度是道家思想在生活上的应用。道家思想以"道"来看待万物的变化，既然一切变化都涵括在"道"这个整体中，我们又何必在意一时的得失成败呢？既然人生的起起伏伏也在这个整体中，我们又何必放弃真实的自我呢？放弃真实的自我，所得到的又是什么呢？庄子身为道家，一再用各种各样的故事，劝我们明白这个道理。

5.虚己以游世

“虚己以游世”是庄子讲过的一个比喻。

方舟而济于河，有虚船来触舟，虽有惼心之人不怒。有一人在其上，则呼张歙之；一呼而不闻，再呼而不闻，于是三呼邪，则必以恶声随之。向也不怒而今也怒，向也虚而今也实。人能虚己以游世，其孰能害之？

（《庄子·山木》）

乘船渡河时，被一艘空船撞上了，就算是急躁的人也不会发怒。如果有一个人在船上，那么快要碰撞时，就会呼喊要他避开；一次呼喊不听，二次呼喊不听，到了第三次呼喊时，就会骂出难听的话。刚才不发怒而现在发怒，是因为刚才船上无人而现在有人。人若能空虚自我而在世间遨游，那么谁能伤害他呢？

通常我们都把自己当作船上的人。我这艘船上有个主体，这个主体是“我”，我有尊严，尊严不能被侵犯，所以我跟别人互动时，发生任何一点误会或摩擦，我都会生怕，别人也会生气。为什么？因为我有一个自我，别人也有他的自我。庄子认为，如果你把自我化解掉，让自己变成空船的状态，就算不小心得罪别人，别人也不会怪你，因为知道你是无心的。你很谦虚，不狂妄自大，不会为一点小事跟别人争，别人也不会跟你计较。所以，你活在世界上，能够让自己空虚——并不是说真的没有自我，而是不以自我跟别人对抗，就没有人可以伤害你。自我存在的目的是做身心灵不断向上提升的主体，这种修炼不仅是道德方面的，更是一种智慧的觉悟。

庄子说“精神生于道”，我们的精神是从“道”中产生的。“道”怎么产生精神呢？要设法让心进入空虚的状态。这其实是从老子一路下来的方法，叫作“虚静”。把心中的各种欲望排除掉之后，它自然就虚了；虚了之后，心就静下来；静下来，精神层面才能够展现。换言之，要学习“把自己变成一艘空船”是关键所在。当你的心虚静时，你的自我才能够消解掉。这种消解绝不是虚无主义，只是不让自己跟别人出现对立的状况。别人要这个，我也要；别人要争，我也争——其实，真的有所争，也不在于有形可见的层面，不在于身体多么强壮或者书念得多么好，而在于身心与“道”是否能够结合。一旦结合，心灵的状态是无所不包容的，好像“道”无所不在一样。你进入这样的修养境界，在与人相处时，就没有什么对自我的执着，也没有人可以伤害你；成功了不欣喜，失败了不难过；你不必离群索居，就可以虚己以游世。

也许有人会觉得，道家是不是有避世倾向？如果我总是不与人争，设法避开各种复杂的情况，那不就意味着把天下交给另一些喜欢争斗的人了吗？庄子认为，外表我跟别人一样，做我该做的事，但关键在于我不要求非要有什么样的结果不可。通常人类的各种争端，都来自非要有什么样的成果。为什么别人做得到我做不到？为什么别人有的我没有？他不能忍受。再进一步了解会发现，任何事情都是因缘和合，条件、时机到了，自然就会出现这样的结果。我学庄子有个心得叫作“不得已”。所谓“不得已”就是当各种条件成熟的时候，你就顺其自然；当条件还不成熟时，你不要勉强，否则做起来事倍功半，再怎么努力也效果不彰。

学习道家，第一步是要先知道人情世故，要去判断条件是否成熟。如果你对人情世故不了解，光凭一颗赤子之心，很单纯，跟小孩子一样，那也不是办法。道家认为的智慧不是天真幼稚，而是深深了解世界的各种规则，包括竞争的原则、人的喜怒哀乐、各种情绪的变化等，然后再从中判断，条件成熟了吗？该说什么话？该做什么事？条件成熟再去做，很容易就可以达到目标。

庄子说，人活在世界上，“饱食而敖游，泛若不系之舟，虚而敖游者也”，吃饱之后到处遨游，飘飘然就像解缆的船，空荡荡地到处逍遥。“泛若不系之舟”这六个字非常潇洒。我们可以想象，一艘小船，没有系在岸边，风往哪里吹，它就往哪里走；风停了，它也停了。人的一生如果能达到这样自由洒脱的境界，夫复何求？

6.外化而内不化

庄子的思想不论如何精妙宏伟，最后总要落实于日常生活。这时如果选择一句简单扼要的口诀，大概要选“外化而内不化”了。“外化”是指因循世间的规范，外表上跟别人同化。譬如别人穿什么服装，我跟他一样；别人说什么话，我跟他类似；别人做什么事情，我跟他差不多。不刻意突显自己，因为一旦刻意突显自己，很容易成为别人打击对付的目标。至于“内不化”，很难做到。一般人容易“外化内也化”，只照着世俗标准和社会要求去生活，没了自我；还有些人是“外不化而内化”，表面上坚持自己的原则，不知变通，而内心根本没有任何主张。

古之人，外化而内不化；今之人，内化而外不化。与物化者，一不化者也。安化安不化，安与之相靡，必与之莫多。

（《庄子·知北游》）

古代的人，随外物变化而内心保持不变；现在的人内心多变，而不能随外物变化。能随外物变化的人，就是因为内心持守不变。他能安于变化，也能安于不变化，要能安然与变化相顺应，就须合乎分寸。

“外化”的要旨是要按照世间的规范和人相处，因为任何一种人际关系都有其约定俗成（包括礼仪与法律）的正确模式，若是有所违背，会引起非议。古代儒家所谓的君臣、父子、夫妇、兄弟、朋友五伦，每一种人际关系都有相对应的要求。这种“外化”没什么不好，庄子也很赞成。譬如你在家对父母亲该孝顺就孝顺，出外对朋友该讲道义讲信用就尽量去做，但是一定要记得真诚，要忠于内心的感受。庄子所批评的儒家是你原来希望真诚，到最后反而变成虚伪。因为儒家重视礼乐、重视仁义，很多人就从外表来判断一个人。你这一判断，很多人就做给你看，变成虚伪了，求真诚而成虚伪，当然会受到庄子的批判。

庄子说，你要“外化”，但必须是真诚的“外化”，而且一样要遵守社会规范。譬如上班的时候坐在那儿，老板问我：做什么呢？我说，无为。那不行！无为不是无所作为，而是无心而为，为还是要为，做我该做的事，该打卡打卡，该上班上班，好好做，但要无心而为，不要有刻意的目的，因为人生的压力和痛苦多来自刻意的目的。你设定一个目标，就会有压力，会担心自己能不能达成，工作的乐趣就变成压力了。

所以，依循规范，无心而为，这是“外化”的一面。但是庄子认为能够做到“外化”，是因为做到了后面那一半“内不化”。“内不化”是指内心觉悟了“道”，跟“道”结合，对于宇宙精神有一个真切的了解，坚持我的原则，做一个真人。真人是不虚伪的人。我外在跟你化在一起，但是我不受你的影响，内在保持一个主体精神；我外面跟你妥协，但内心绝不妥协，不妥协不是为了对抗，而是我根本已经看透了这一切，通过智慧了解到一切无差别，一切平等。

如果一个人能做到“内不化”，内心就不会再有得失成败的忧虑了。因为不管外面再怎么变化，“道”是一个整体，人在整体里没有什么得失成败的问题。楚王失弓，楚人得之，何必王？楚王失弓，人得之，何必楚？失之，得之，何必人？到最后不在乎是谁得到，反正都在地球上面，在这个宇宙里。有这种“内不化”的觉悟，会觉得生命实在是一种很好的福气，值得我们去加以肯定和欣赏。

人活在世界上真的是有功课要做的，这个功课就是你在年轻的时候先学儒家的想法，为什么？因为你要念书、升学、进入社会，要照规矩来，儒家把这些规矩都说得很清楚，你照儒家的方式去做，没有问题，到三十岁左右都可以走得很好。但你到了中年，过了四十岁以后，会发现仅有儒家的思想还不够，因为人生有许多不公平的事情，善无善报，恶无恶报，怎么办？必须看开一点。怎么看开？从整体来看，到更高的层次来看，跟“道”结合，做到屈伸自如，进退有度，“外化而内不化”。这是我们所向往的一种人生的境界。

第五章　与道相通

1.鱼快乐吗

对《庄子》稍有了解的人都知道，这个题目是必谈的：鱼快乐吗？

庄子与惠子游于濠梁之上。庄子曰："鲦鱼出游从容，是鱼之乐也。"惠子曰："子非鱼，安知鱼之乐？"庄子曰："子非我，安知我不知鱼之乐？"惠子曰："我非子，固不知子矣；子固非鱼也，子之不知鱼之乐，全矣！"庄子曰："请循其本。子曰'汝安知鱼乐'云者，既已知吾知之而问我，我知之濠上也。"

（《庄子·秋水》）

庄子与惠施在濠水的桥上游览。庄子说："白鱼在水中从容地游来游去，这是鱼的快乐啊。"惠子说："你不是鱼，怎么知道鱼快乐呢？"庄子说："你不是我，怎么知道我不知道鱼快乐呢？"惠子说："我不是你，当然不知道你的情况，而你也不是鱼，所以你不知道鱼快乐，这样就说完了。”庄子说：“还是回到我们开头所谈的。你说‘你怎么知道鱼快乐’这句话时，你已经知道我知道鱼快乐，所以才来问我。我是在濠水的桥上知道的啊！”

惠施又称惠子，是《庄子》一书中经常出现的名字。说来庄子也真孤单，在他几万字的著述中，唯一写下名字的朋友就是惠施。惠施本身是名家的代表，喜欢辩论，自认为口才天下第一，但他碰到庄子，就屡战屡败，从来没赢过。我们知道，辩论往往是说出最后一句话的人获胜，因为他使对方无话可答。当然有些人会说，那是因为庄子在书里把自己辩输的话都删掉了。也有些人可能会认为庄子诡辩，因为他最终也没能讲清楚他是如何知道鱼快乐的。这些先不去管它，且看这段辩论。

两个老朋友在春暖花开的时候，约了到郊外踏青。走到一座桥上，往下一看，看见白鱼在水里出游从容，这使庄子觉得鱼一定很快乐。结果惠施说，你不是鱼，你怎么知道鱼快乐呢？这问题问得真好。但庄子的回答也很漂亮，他说：你不是我，你怎么知道我不知道鱼快乐？惠施接着的反诘出了大问题，因为他先退了一步，说：我不是你，所以我不知道你的情况，但你也不是鱼呀，你也不应该知道鱼的情况啊，因此你前面说鱼快乐是乱讲的。一般来说，辩到这里应该算惠施赢了。但庄子毕竟是庄子，他说回到开头说的话，当你问我怎么知道鱼快乐的时候，你是因为知道我知道鱼快乐才来问我的，这不是跟“我不是你，所以我不知道你的情况”自相矛盾吗？这次，庄子又赢了。

庄子在辩论中用到的概念在西方叫作“移情作用”。譬如我看到鱼在水中从容地游来游去，就把自己的感情投射在鱼身上，心想如果我是那条鱼，在春暖花开的时节里，在水里游来游去，当然很快乐嘛。一般人都能理解这种移情作用，但问题是你再怎么移情，你也不是鱼啊，你怎么能有把握鱼就快乐呢？这时候就要解释了，庄子之所以认为人可以知道鱼的快乐，是因为认为人的生命和其他万物的生命是相通的。怎么相通呢？譬如家里养了一条狗，你回家的时候不会说，哎呀，这条狗有毛病吧，怎么尾巴都快摇断了呢，要不要带它看医生啊？你不会这样说，因为你知道狗摇尾巴是因为看到你很快乐，你是它的主人，主人回来了代表它有食物吃了。这说明什么？说明人和狗是可以心意相通的，是借由生命的姿态来相通的。相反，狗不快乐的时候，你一定也知道，因为它垂头丧气的，一看就知道不高兴嘛。同样的道理，人和植物也可以相通。譬如我走过花园，看到一朵玫瑰花开得很好，我说，这朵花真快乐啊，没人会觉得我乱讲。相反，我看到一朵花枯萎了，却说这朵花很快乐吧，别人会觉得你有毛病，花都枯萎了你还说花快乐，不是有毛病吗？这些例子说明什么？说明在某种程度上，人确实可以把感情投射在其他生命身上，甚至投射在一座山上，所谓“我见青山多妩媚，料青山见我应如是”，人和山还可以相看两不厌呢。这时候我们就知道，原来人的生命是很开阔的，人与自然万物都有联系互通的管道。庄子在辩论中能赢，在于他认识到了这一点，能够把生命敞开来，跟万物互动。

即便如此，这一切也并不能作为定论，让惠施哑口无言。让一个辩论高手哑口无言的办法只有一个，就是让他陷入自相矛盾。惠施的口才好得不得了，这一次他为什么不讲话了呢？不光是因为庄子的思想比他高明，可以想到人和动物相互沟通的问题，还因为庄子用了一种使对方在语言上陷入自相矛盾的辩法。你前面听我说鱼快乐，才来问我怎么知道鱼快乐，后面又说，你不是我，所以你不知道我的情况；前面知道我在说什么，后面又说不知道我在说什么，这样一来，你不是自相矛盾吗？而且等于人类的语言将失去作用，因为它无法传达情意，天下没有任何两个人可以互通讯息。这样一来，他又凭什么在听到我的话之后，对我提出质疑呢？当庄子把这一点指出来的时候，惠子确实没话说了。

2.彼此相忘

庄子作为一个道家人物，对儒家向来不吝于批判。司马迁说庄子写书“以诋訿孔子之徒，以明老子之术”。他写孔子拜访老子之后，眼界大开，整整三天不讲话。弟子们请教是怎么回事，孔子说："我到现在才在那儿见到龙了！龙合起来成为一个整体，散开来成为锦绣文章，驾着云气，翱翔于天地之间。"庄子这么形容孔子对老子的崇拜似乎有点夸张，不过孔子拜访过老子，并且把老子比喻成龙，却是事实。《史记》记载孔子见完老子后，对弟子说："吾今日见老子，其犹龙邪！"庄子于是杜撰了一些孔子向老子求道的故事，借老子之口对儒家的许多观点进行批判。

孔子见老聃而语仁义。老聃曰："夫播糠眯目，则天地四方易位矣；蚊虻噆肤，则通昔不寐矣。夫仁义憯然乃愤吾心，乱莫大焉。"

（《庄子·天运》）

孔子拜访老子时谈论仁义。老子说："飞扬的米糠掉到眼睛里，天地四方看起来位置都变了；蚊虻叮咬到皮肤，让人整夜都无法入睡。仁义作祟而扰乱我的心，没有比这更大的祸害了。"

孔子在老子面前谈仁义，老子却以播糠、蚊虻比喻仁义对人造成的困扰。庄子这么说，并不是因为他反对仁义道德，而是他认为一个人真实的性情表现出来，本来就会有道德仁义的行为。人有他该做的事情，顺其自然去做好了，不需要刻意设置许多外在的标准和规范，到处去宣扬仁义。一旦你跟天下人说，我们要行仁义，我们要行仁义，那就糟了。很多人习惯把这个当成口号，做任何事都考虑到：不是我真心愿意去做，而是我要去符合那个仁义的要求。我对你好，是因为对你好可以赢得别人的称赞和鼓励，不是因为我真心想对你好。这样一来，变成本末倒置，做久了之后，变成完全不用内在的情感。道家强调的是，儒家原来的理想很好，是出于内心真诚的情感，但是到后代就变成口号，道家最反对口号、形式和教条。所以，老子会把仁义比喻成咬人的蚊虻和掉进眼里的米糠。老子说："你只需使天下人不失去淳朴的本性，你自己也顺着习俗去行动，把握天赋来处世，又何必费尽力气好像敲着大鼓去追赶那逃走的人呢？"接着，老子讲了一个简单的比喻：

鹄不日浴而白，乌不日黔而黑。黑白之朴，不足以为辩，名誉之观，不足以为广。泉涸，鱼相与处于陆，相呴以湿，相濡以沫，不若相忘于江湖。

（《庄子 · 天运》）

天鹅不必天天洗澡，自然洁白；乌鸦不必天天浸染，自然漆黑。黑白是天生的，不值得辩论；名声是表面的，不值得推广。泉水干涸了，几条鱼一起困在陆地上，互相吐气来湿润对方，互相吐沫来润泽对方，这实在不如在江湖中互相忘记对方。

天鹅和乌鸦，一白一黑，这是天生的，你再怎么努力改变，也不可能改掉这种天生的特质。况且，黑和白是我们人类看到的颜色，人类所看到的跟其他生物所看到的是否一样？未必。其他生物所看到的恐怕超出了我们见到的红、橙、黄、绿、蓝、靛、紫。如此，又何必说黑和白哪样更好呢？老子用名声来跟黑白对照，认为人的名声是外在的，并不值得推广。譬如这个人听说很仁义，名声很好，你跟他见面一谈，才知道并没有外界说得那么好；或者这个人据说不仁不义，名声不好，但他也许是被冤枉的，是天下人都看错了。所以，你不要从名声这种外在的东西来判断一个人。

接着，就是那句著名的“相濡以沫，不若相忘于江湖”。什么意思呢？化解对于仁义的执着。我们脑子里总是在不停地判定谁是好人、谁是坏人、谁是大官、谁是小民，结果活在世间一点都不自在。就像几条鱼失去了水，困处在陆地上，相互吐气、吐沫来苟延残喘，这种情况很可怜啊。庄子说，还不如在江湖里互相忘记对方呢。“江湖”是什么？道。鱼可以在江湖中相互忘记，人可以在“道”中相互忘记。但事实上就鱼来说，鱼怎么可能自己选择不要江湖呢？是不得已，被迫的。人也一样，没有人可以完全心想事成。人在某些环境下的遭遇，一定是不得已的，无能为力的。这时候就看你有没有眼光、智慧可以觉悟“道”。觉悟了“道”，你就会发现，你本来已经具备一切所需要的东西，内在的这种觉悟能力，每一个人都是平等的。假如我设定我的目标是要追求仁义，那我恐怕会为了这个目标牺牲其他更有价值的东西。更有价值的东西是什么？就是觉悟“道”。

“道”是一个整体，人活在“道”中，本来没有欠缺，那又何必执着呢？执着于我要这样做或那样做，执着于这是我的或不是我的。“我的”跟“不是我的”比，当然不成比例。“我的”这么小，这么少，而天地那么大，万物那么多，当然会觉得，哎呀，这个生命真是委屈呀。可是如果你能够把这些执着化解掉，马上就会感到一种生命的乐趣，像苏东坡写的“惟江上之清风，与山间之明月：耳得之而为声，目遇之而成色。取之无禁，用之不竭”，在大自然的美景中，在“道”的江湖里，逍遥自在。

3.朝三暮四

现代人说到“朝三暮四”这个词，觉得是在批评一个人没什么定性，看风使舵、随风摇摆，早上这么说，晚上就变了。事实上古人的用法并非如此，《庄子》里所说的“朝三暮四”，原意不但不是批评，还是一种非常高的人生境界。

狙公赋芧曰：“朝三而暮四。”众狙皆怒。曰：“然则朝四而暮三。”众狙皆悦。名实未亏而喜怒为用，亦因是也。

（《庄子·齐物论》）

有一个养猴子的人拿栗子喂猴子，说：“早上三颗，晚上四颗。”猴子听了都很生气。他改口说：“那么早上四颗，晚上三颗吧。”猴子听了都很高兴。名与实都没有改变，而应用之时可以左右猴子的喜怒，这也是顺着情势去做啊！

三加四等于七，四加三也等于七，庄子讲这样的故事是要说明猴子算术不好吗？当然不是。庄子讲“朝三暮四”之前先说了一个深奥的道理。他说："树枝与屋梁，丑人与西施，以及各种夸大、反常、诡异、奇特的现象，从道来看都是相通的一个整体。有所分解，就有所生成；有所生成，就有所毁灭，所以万物没有生成与毁灭，还会再度相通为一体。只有明理的人知道万物相通为一体，因此不再争论而寄托于平庸的道理上。"也就是说，只要觉悟了"道"是一个整体，就不会计较名称与实质的改变了。因为，真正改变的只是名称，以及随着名称而使人"以为改变"的实质罢了。接下来，他才拿猴子开玩笑，提醒我们人生就像"朝三暮四"的寓言一样，有些人先得到的少，后得到的多；另外一些人先得到的多，后得到的少。用平常话来说，如果你是朝四暮三，先多后少，那你叫作"少年得志"，年纪轻轻，什么都有了，但晚年就未必有这么好的运气了，因为很少有人是一辈子都顺利；反过来，如果朝三暮四，先少后多，那你是"大器晚成"，年轻的时候比较辛苦，年纪大了可以多收成一点。但是人的生命是一个整体，无论你这一生得到什么失去什么，总量是一样的，都是七，先四后三，或先三后四，其实没有差别。所以，从这个角度来讲，人对于一时的成败得失、荣辱进退，实在不必有太多的情绪，像猴子那样，朝三暮四就生气，朝四暮三就高兴。先拿得多，就好吗？先拿得多，会赢吗？不一定，因为你不知道后面的情况还会怎么变化。

西方有一个概念"EQ"，即情绪智商。美国做过一个实验，在幼儿园里找了很多四岁左右的小朋友，给他们两个选择：第一，你立刻可以吃到很好吃的巧克力，但是只能吃一颗；第二，你可以吃两颗巧克力，但要等一位大哥哥出门再回来，而等待的时间是不确定的。换句话说，小孩分两种，第一种是我才不管呢，立刻要吃，虽然只能吃一颗，但我的欲望不能等；第二种是为了吃到两颗，我必须约束我的欲望，等一等再吃。调查发现，选择等一等再吃的小孩子，长大以后往往比较有成就，这是因为当孩子选择延迟满足，就必须在等待中学习忍耐，想办法让自己转移注意力，好让等待的过程不那么难熬，比如看书、画画，或者做点别的事情。在等待的过程中，他内心会慢慢培养一种忍耐的能力。而人的情绪智商，说到底是看你能不能自我克制，能不能调节自己的情绪，能不能在想要大发脾气或者想要得到某种东西的时候，稍微忍耐一下，沉潜一下。如果能做到这些，你的情商就比较高，这一生往后的发展会比较顺利，这也是可以预期的。相反，如果一个人不懂得调节自己的情绪，从来不肯让欲望稍微等待一下，那他这一生可能不会有太大成就。

这个实验跟庄子所讲“朝三暮四”的道理是一样的，是要告诉我们，“道”是一个整体，人生也是一个整体；在整体里面，得失成败都是相对的。人的一生，付出多少代价，就会有多少收获，其实是蛮公平的，又何必先悲后喜，或者先喜后悲呢？这些情绪的反应难道不是多余而毫无必要的吗？如果陷入情绪反应的循环过程之中，人生不是将在来去匆匆之际，茫然而大惑不解吗？这样的人生不是太可惜了吗？

道家很重视情绪的调节，因为通常我们的能量是在情绪变动的过程中消耗了，在不必要的情绪反应中消耗了大部分。道家思想常常提到“全身保真”，让生命保持完整，恢复真实的状态，才能发挥生命的极限。而人生最高的境界是跟“道”结合，结合之后整个生命会保持在一种非常安详、从容、自在的状态中，好像没有什么事情值得你去紧张、去焦虑，你不再去计较那些名称与实质的改变，更何况是让它们来左右自己的悲喜。

4.每下愈况

我们现代人常常用的一个词叫“每况愈下”，意思是情况越来越糟。这个词源自“每下愈况”，但意思与“每况愈下”完全不一样。“每下愈况”是用来说明“道”的，跟“道”有关。

东郭子问于庄子曰：“所谓道，恶乎在？”庄子曰：“无所不在。”东郭子曰：“期而后可。”庄子曰：“在蝼蚁。”曰：“何其下邪？”曰：“在稊稗。”曰：“何其愈下邪？”曰：“在瓦甓。”曰：“何其愈甚邪？”曰：“在屎溺。”东郭子不应。

（《庄子·知北游》）

东郭子请教庄子说：“所谓的道，在哪里呢？”庄子说：“无所不在。”东郭子说：“一定要说个地方才可以。”庄子说：“在蝼蚁中。”东郭子说：“为什么如此卑微呢？”庄子说：“在杂草中。”东郭子说：“为什么更加卑微呢？”庄子说：“在瓦块中。”东郭子说：“为什么越说越过分呢？”庄子说：“在屎尿中。”东郭子不出声了。

庄子常常提到“道”，因此有人问他，“道”在哪里呢？是什么样子呢？能不能够描述一下？结果发生了这段简单的对话。庄子首先说，“道”在蚂蚁身上。一般人听了会吓一跳。大家都以为“道”一定在高天之上，要不然在什么富丽堂皇的地方，或者秀丽的风景区也好，怎么会在蚂蚁身上呢，这是昆虫啊。所以别人就问，“道”怎么会这么卑微呢？庄子接着说，“道”在杂草里。蚂蚁还算是昆虫，算动物，杂草就是植物了，而且是没用的植物。别人听了之后，更加奇怪，说你怎么越说越卑微呢？庄子继续说，“道”在瓦块里，成矿物了。再问，变成“道”在屎尿中，成废物、排泄物了。所以问的人不出声了，不敢再问了，再问不知道还有什么样的答案出来。

庄子为什么要这样说呢？他是故意的吗？不是的，他确实认为“道”是无所不在的。为了说明这一点，他说“道”在蝼蚁、杂草、瓦块、屎尿中，从动物（昆虫）到植物、矿物（无生物）再到废物。意思是：连最卑贱低微之物中都有“道”在其中，所以“道”是无所不在的，“道”是一个整体，在整体之中没有高低贵贱之分，所谓“以道观之，物无贵贱”。但“道”的无所不在并非“无所不是”。这两者要严格区分开。如果说“道”是无所不是的，等于“道”就是万物，万物就是“道”，如果哪一天万物毁灭、消失了，“道”也跟着毁灭、消失，但那就不是道家的“道”了，道家的“道”是“独立而不改，周行而不殆”的，独立长存而不改变，循环运行而不止息，它除了遍布在万物之中外，还拥有一种超越性，不会随着万物的变化而变化。所以只能说“道”是无所不在的，万物变化生灭，“道”却完全不受影响。因此，“在”与“是”一字之差，决定了理解是否正确。只能说“道”无所不在，而非无所不是。接着，庄子说到了“每下愈况”这个词。

庄子曰：“夫子之问也，固不及质。正获之问于监市履狶也，每下愈况。”

（《庄子·知北游》）

庄子说：“先生的问题，本来就没有触及实质。有个市场监督官，名叫作获的，他向屠夫询问检查大猪肥瘦的方法，就是用脚踩，愈往腿下的部分如果还有肉，这只猪就愈肥。”

什么意思呢？古代社会跟现代不一样，没有那么好的设备把一头猪用秤去称一称，看看斤两。没有那么多人力、物力，怎么办？要依靠屠夫的经验，用脚去踩猪的腿，腿当然有肉；再踩到小腿，还有肉，这当然是更肥的猪了；一直踩到猪蹄子旁边，如果还有肉，那真是最肥的猪了。所以越往下踩，如果还有肉，猪越肥，这叫作“每下愈况”。庄子为什么用这个比喻呢？因为“道”是无所不在的，任何卑微的地方只要你踩得到，都有“道”存在其中。庄子这个对“道”的比喻，让人印象深刻。

英国生化学家李约瑟写的《中国科学技术史》有五十多册，第二册专门谈中国的科学思想，其中就提到了庄子这段话，认为是中国古代的科学思想萌芽。为什么呢？因为在科学家眼中，没有什么脏不脏、高低贵贱的问题。譬如医生给你检查身体，排泄物也要查，不会说这个太脏，不要查了。科学家眼中没有这种分别，所有存在的东西都可以作为研究观察的对象。对于这段话被李约瑟认为具有科学精神，恐怕庄子自己也觉得很意外，因为他讲的不是科学，而是道家的智慧。他说由于“道”是无所不在的，所以我们可以“一起遨游于无何有之乡，混同万物来谈论，一切都是无穷尽的啊！让我们一起无所作为！恬淡又安静啊！漠然又清幽啊！平和又悠闲啊！我的心思空虚寂寥，出去了不知到达何处，回来了不知停在哪里。我来来往往啊，不知终点何在；翱翔于辽阔无边的境界，运用最大的智力，也不知边界何在”①。细读这段话，再回想庄子遍布全书的那些不着边际的话语，就不免发出会心的微笑。如果“道”无所不在，人又何必执着呢？人活在世界上，从气而来，气散而归，回到天地之间，生命就这么简单。你要把握住中间这段时间，从身到心再到精神层次跟“道”结合，让每一天的生活都有喜悦，都有快乐，这就是庄子的真正用意。

5.庄周梦蝶

“庄周梦蝶”是千古传诵的典故。这个典故后来被唐朝诗人李商隐用在他著名的《锦瑟》诗中：“锦瑟无端五十弦，一弦一柱思华年。庄生晓梦迷蝴蝶，望帝春心托杜鹃。沧海月明珠有泪，蓝田日暖玉生烟。此情可待成追忆，只是当时已惘然。”这段故事的原文其实很短：

昔者庄周梦为胡蝶，栩栩然胡蝶也，自喻适志与！不知周也。俄然觉，则蘧蘧然周也。不知周之梦为胡蝶与？胡蝶之梦为周与？周与胡蝶，则必有分矣。此之谓物化。

（《庄子·齐物论》）

从前庄周梦见自己变成蝴蝶，真是一只自在飞舞的蝴蝶，十分开心得意！不知道还有庄周的存在。忽然醒过来，发现自己就是一个僵卧不动的庄周。不知道是庄周梦见自己变成蝴蝶呢，还是蝴蝶梦见自己变成庄周呢？庄

① 尝相与游乎无何有之宫，同合而论，无所终穷乎！尝相与无为乎！澹而静乎！漠而清乎！调而闲乎！寥已吾志，无往焉而不知其所至，去而来不知其所止,吾已往来焉而不知其所终，彷徨乎冯闳，大知入焉而不知其所穷。（《庄子·知北游》）

周与蝴蝶一定各有自然之分。这种梦境所代表的，就称为物我同化。

做梦是十分普遍的经验，“日有所思，夜有所梦”，几乎是个自然现象。但是，当我们想起过去发生的事，不是也有“如梦似幻”之感，简直让人无法分辨孰真孰假吗？庄子在另一篇文章里曾分析过梦，并且把人生也看成一场梦。他说：“一个人，晚上梦见饮酒作乐，早上醒来却悲伤哭泣；晚上梦见悲伤哭泣，早上起来却打猎作乐。人在梦中，不知道自己在做梦。在梦中还要问梦的吉凶如何，醒来后才知道在做梦。要有大清醒，然后才知道这是一场大梦。但是愚人自以为清醒，好像自己什么都知道。整天君啊臣啊，真是浅陋极了！”

依此看来，人生应该怎么安排才好呢？难道庄子会期望我们糊里糊涂过日子，因为“大清醒”实在太困难了？即使做到“众人皆醉我独醒”，那么我的清醒在众人眼中会不会反而成了离经叛道的怪异现象呢？为了弄清问题的症结，必须辨明庄子所谓的“物化”是什么意思。一方面，庄周与蝴蝶各有自然之分，亦即若在庄周，就接受自己是僵卧不动的、与别人格格不入的、在世间走投无路的一个人；若是蝴蝶，那就自在飞舞、开心得意，尽情享受生命的喜悦吧！另一方面，不管你是庄周还是蝴蝶，其实都是整体中的一小部分，而整体中的一切都在相互转化啊！

《庄子·知北游》有一段话，直接答复了有关“物化”的问题。舜请教丞说：“道可以获得而拥有吗？”丞说：“你的身体都不是你所拥有的，你怎么能拥有道呢？”舜说：“我的身体不是我所拥有的，那么是谁拥有它呢？”丞说：“它是天地所赋予的形体；生存不是你所拥有的，是天地所赋予的中和之气；性命不是你所拥有的，是天地所赋予的顺应过程；子孙不是你所拥有的，是天地所赋予的蜕变结果。所以，行路不知去处，居住不知保养，饮食不知滋味。这一切都是天地间变动的气，又怎么可能被你拥有呢？”

原来，我们所见的一切都是气的变化。天代表主动的阳气，地代表受动的阴气，两者搭配而化生了万物。既然如此，物我同化就十分自然了。若要抵达这样的观点，还有一个关键的念头，那就是分辨“我有”与“我是”。所谓“我有”是指肯定自己拥有身体、生存、性命、子孙。庄子已经清楚告诉我们这是无法成立的想法。至于“我是”，则是肯定自己“即是”或“等于”这四者。理由是：我与这四者都是天地所造就的。说得更浅显一些，就是不要执着于自己的存在，以为自己是个可以拥有某些东西的主宰者。

如此说来，庄子不是有些消极吗？其实不然。他认为，人的生命包含了身体与心智，但是另外还有更高的精神层次。宇宙万物的变化也许真是一场梦，但是做梦的人一旦清醒，就会觉悟人生的可贵在于展现精神层次的意境。这才是庄子立说的用心所在。

图书在版编目（CIP）数据

国学的天空 / 傅佩荣著 . -- 长沙：岳麓书社，2020.2

ISBN 978-7-5538-1252-6

Ⅰ . ①国… Ⅱ . ①傅… Ⅲ . ①国学—通俗读物 Ⅳ . ① Z126-49

中国版本图书馆 CIP 数据核字（2020）第 000006 号

GUOXUE DE TIANKONG

国学的天空

作　　者：傅佩荣

责任编辑：奉懿梓

监　　制：于向勇

特约策划：楚　静

营销编辑：王　凤

版式设计：李　洁

封面设计：末末美书

岳麓书社出版

地址：湖南省长沙市爱民路 47 号

直销电话：0731-88804152　88885616

邮编：410006

2020 年 2 月第 1 版　2020 年 2 月第 1 次印刷

开本：680×955　1/16

印张：22

字数：350 千字

书号：ISBN 978-7-5538-1252-6

定价：56.00 元

承印：三河市兴博印务有限公司

若有质量问题，请致电质量监督电话：010-59096394

团购电话：010-59320018